HERMES

在古希腊神话中，赫耳墨斯是宙斯和迈亚的儿子，奥林波斯神们的信使，道路与边界之神，睡眠与梦想之神，亡灵的引导者，演说者、商人、小偷、旅者和牧人的保护神……

西方传统 经典与解释 **HERMES**
Classici et Commentarii
世界历史地理丛编
Library of World History and Geography
刘小枫 ◎主编

施米特与国际战略

Strategie und Sicherheitspolitik.
Perspektiven im Werk von Carl Schmitt

[德] 埃里希·瓦德 Erich Vad ｜ 著
温玉伟 ｜ 译

 本书为"中央民族大学世界史地研究中心"成果
中央民族大学区域国别研究院专项资金资助

目　录

中译本前言（温玉伟）……………………………………… 1

中文版序 ……………………………………………………… 1
德文版序 ……………………………………………………… 1

引　言 ………………………………………………………… 1
一　安全政策与战略的变量 ………………………………… 10
二　对抗与冲突 ……………………………………………… 52
三　权力的优先性与例外状况 ……………………………… 88
四　武力与权利：米洛斯对话 ……………………………… 98
五　政治性的空间与秩序思想 ……………………………… 105
六　扩展的战略概念 ………………………………………… 120
七　对克劳塞维茨的接受 …………………………………… 138
八　游击队理论 ……………………………………………… 156
九　正当性的范式转变 ……………………………………… 167

十　科技空间革命……………………………………… 179
十一　武力的升级………………………………………… 188
十二　制约大空间中的武力…………………………… 196
十三　全球维和的矛盾………………………………… 201
十四　政治与全球权力投射…………………………… 211
十五　安全政策的秩序与冲突线……………………… 228
十六　中间状态………………………………………… 236
十七　欧洲：大空间秩序与国家利益格局之间……… 243
十八　对和平的定位…………………………………… 255
十九　总结与展望……………………………………… 263

出处与文献………………………………………………… 270
　一　说明………………………………………………… 270
　二　施米特文章、专著、报告大纲…………………… 272
　三　其他文献以及施米特遗产的图书馆资料………… 280

中译本前言

温玉伟

当你的女友已改名玛丽,你怎能送她一首《菩萨蛮》?
———余光中

Jeder Name ist eine Nahme［任何命名都是占取］。
———施米特

这部作品的翻译过程中,中美之间的"贸易战"正在挑动全球的神经。按照 20 世纪政治思想家施米特(Carl Schmitt, 1888—1985)所理解的"整体战争"概念,中美两国眼下无疑正在敌对,也就是说,两国正处于战争状态,

> 所谓的整体战争扬弃了军人与非军人的区别,除了军事战争之外,也把一种非军事的战争(经济战、宣传战)视为敌对的结果。……战争是在一个全新的、提高了的层次上作为一种不再纯为军事的敌对行动进行的。这里的整体化在于,即使是军事之外的事情(经济、宣传、非军人心理上和伦理上的士气)也被纳入敌对的斗争。超出纯军事领域的一步不仅带来了量

的扩展,而且带来了质的提高。因此,它并不意味着敌对的缓和,而是意味着敌对的强化。单是由于对强度的这样一种提高的可能性,朋友与敌人的概念就又自动地变成了政治的,即使是在完全淡化了政治特征的地方,也摆脱了私人用语和心理学用语的领域。(《政治的概念》增补附论,中译本2018版,页115)

这场战争虽然没有刺鼻的硝烟,没有呼啸而过的炮弹,但是,贸易制裁、增加关税等措施的实施,无不影响与我们息息相关的日常。贸易战、经济战的打响,不仅直接涉及两国人民,与中美两国贸易关系密切的世界各国,也无不心惊肉跳。但是这样的"战争"不可避免,因为,

在经济时代,如果一个国家不把握或操纵各种经济关系,面对政治问题和政治决断时就不得不宣布保持中立,从而放弃自己对统治权的要求。(同上,页131)

如果我们这个时代的人们没有那么健忘,"苏联"的前车之鉴就应该时时刻刻警醒着被政治自由主义麻痹了神经的我们,一个泱泱大国的崩溃或者说"和平演变",除了源于其国内的积弊之外,西方国家(尤其是对峙一方的美国)的信息战、经济封锁、经济战都曾起到过决定性的作用。经历过"一战"的欧洲人民事后常常重复一句话,1914年夏天的欧洲各民族"晕头晕脑地卷入了战争"。经历过"苏东剧变"的苏联人民,嘴边也可能挂着"晕头晕脑地从社会主义梦中惊醒"之类的话吧。

网络时代的我们并没有远离战争,毋宁说与战争——即整

体战争——的距离更近了一步。今天,种种迹象表明,大地的法开始奏响了新一轮的三和弦:占取、划分、养育。中国作为崛起的大国,与美国之间的摩擦、对立不可避免,重要的是,在未来的地缘政治角逐中,谁才具有国际法的定义权。网络时代的占取对象会更为广泛,其占取方式可能会避免直接的暴力。在现代战争中,尤其在整体战争中,与我们日常最为贴近的手机屏幕、电脑屏幕都会不可避免地成为战场,按照瓦德的说法,

> "信息战"和电子战场的非血腥手段,促使科技上势均力敌的国家在对战中,在以传统武力形式交火之前就能分出胜负。倘若信息主导了某个地理空间,那么,它就已被"占领"。(本书页[150])

在施米特看来,即便"真诚的孤独思想家"也无法摆脱信息化时代带来的同化。因为,在人们能够通过某种行为弄清问题之前,其观点早已被占领。不难设想,倘若我们的法学家和公共知识分子们一味强调形形色色的"权利",而闭口不讲"义务",倘若我们的年轻人一路追捧好莱坞超人和"韩流"明星,遗忘了本土的神话和侠义恩仇故事,更不用说我们基层的教师、公务员……那么他们也许已经被西方(美式)普世价值的意见所占领。如果我们要规避因为"晕头晕脑"而犯错误,那么,施米特的洞见以及这本研究专著,就应该引起我们关注。

作为一名外国语言和外国文学学习者,笔者在翻译完这部作品之后关心的是外语在地缘政治中扮演的角色。

清季,西方耀眼的炮弹和五光十色的主义,将古代中国拉入现代的洪流,中国学人不得不同时面对古今中西之争这样的难

题。在内忧外患中，朝廷设立同文馆。不过，外语学习的建制，或者某门外语成为二级学科，还得等到科举的被废、文教体制的彻底西化。不难想见，最初教习的外语不外乎是与清王朝签订不平等条约的列强国家语言（英、法、俄、德、日）。可以说，自近代以来，我国的外语学习就是地缘政治冲突伴生的产物，而外语学习者的使命自一开始就与国家的危亡兴衰密切相连。即便今日，从国内的外语流行程度也可以看出列强在全球政治中的势力对比关系。作为 lingua franca［通用语］的英语（英式、美式），与英国曾经的、美国如今的霸权地位息息相关，而其他与英、美相比实力较弱国家的语言，只能作为非通用语，也就是我们常说的"小语种"，出现在我们的二级学科中。

因此，就外语学习者本身而言，他即便不用置身枪林弹雨之中，也已经身处地缘政治纠葛的最前线，甚至自从他一开始接触外语、外国文学，这种处境就已经开始。"一战"后，国联在《凡尔赛和约》的框架内勾销了德国在太平洋地区的殖民地（包括我国山东地区）。20 世纪 20 年代，重新崛起的魏玛民国为了与其他列强争夺在亚太地区的利益，亟需一套行之有效的地缘政治策略。1924 年，德国地缘政治学家豪斯霍弗（Karl Haushofer, 1869—1946）在其论著《太平洋地缘政治学》（*Geopolitik des Pazifischen Ozeans*，1938 年第 3 版）中强调，德国必须重返太平洋，他建议同胞，

> 每一本德国书，每个在德国留学的东亚人（当然，不必到处观摩我们最核心的机械）都是我们重返太平洋的先锋。在这种情况下，我们需要做的是施行民族心理学和地缘政治学，对人进行最细致的区分。（《太平洋地缘政治学》，页 100，译按：此为原书页码，下文引本书亦同）

豪斯霍弗之所以有这样的论断，是因为美国人早前的做法对他有所启示，

> 尤其是世界大战之后(引按：一战)，为了征服西属美洲市场和传播思想，美国付出了巨大的努力，花费了大量的宣传费用。语言和民族风俗的微妙适应手段也得到了充分运用，在这一点上，我们德国人早些时候具有一定优势。之前，德国为了这个目的有了一整套教科书，里面充满了各种实用的提示。现在，唤醒德国人对太平洋-美洲的地缘政治意识的时刻到了！(同上，页118)

豪斯霍弗从美国人的一份报告得知，美国在太平洋小国推行的语言-文化政策成效显著，

> 太平洋所有重要民族的五万名儿童在学习美国历史、美国理念、美国政治、美国政府的运作方式，他们都在说美式英语，不再吟唱本民族的旧式英雄歌曲，而是吟唱美国的歌曲，不再穿波利尼西亚人的缀满花环的服装，而是以穿美国式的服装为荣。这在民族合作上是一个卓越的尝试。但是，这同样是一个对下述变化的卓越证明：一个幸福的、自足的岛屿王国变成了一个依赖于制糖业的市场，从一个曾经统治太平洋中部的王国变成了一个珍珠港海军基地的附属物。(同上，页197–198)

豪斯霍弗其实很清楚，早在"一战"前，德国人在中国殖民地就已经实施过类似的政策，而且，在豪斯霍弗看来，德国人在对中国问题的处理上甚至是美国人的老师。只不过"一战"的

爆发及其后果，使得德国人不得不放弃亚太地区，无奈地再次退守到欧洲大陆中心。豪斯霍弗提到的文化政治家有来到山东的传教士、后来成为汉学家的卫礼贤（Richard Wilhelm，1873—1930），他也是中国第一代日耳曼语言文学家的老师；还有在上海活动的德国前海军军医福沙伯（Oscar von Schab，1862—1934），即同济大学的创始人之一（第二任校长）。凭借这些经验丰富的文化政治家的努力，德国在山东的问题"越来越朝着非暴力的方向发展，或者至少是避免了恶的出现"（同上，页237）。

倘若不是"一战"的爆发及其后果，德国的这一政策一定会取得更大的效果。因为，

> 1914年战争的爆发阻止了德国推行这一文化政策，德国文化政策的敌人精心策划，尤其是依照国际法完全站不住脚地驱逐了那些手无寸铁、爱好和平的德国医生、传教士和教师，就连中国人也反对这一驱逐行为。（同上，页237）

很明显，德国文化政治家在当地实施的民族心理学以及对人做的最细微的区分起到了本应起到的作用，因为这种人和人之间心理上的微妙联系，足以产生爱憎分明的情感，一旦"那些手无寸铁、爱好和平的德国医生、传教士和教师"被驱逐，与他们心意相连的中国人也会起来反对。不过，鉴于这种业已建立起来的情感上的联系，豪斯霍弗有理由对德国未来重返亚太（尤其是中国）的可能性保持乐观，

> 在这种暴力［驱逐］行为之后仍然存在诸多线索，这些线索是不可摧毁的，它们是通过一种文化感觉编织

而成的,这种文化感觉预示着内在的命运亲缘(innere Schicksalsverwandtschaft)。这是一个充满希望的、使德国与太平洋更新关系的要点,同时也是取得经济联系的要点。(同上,页238)

笔者在赞叹豪斯霍弗敏锐的地缘政治眼光的同时,却又不能不感到震惊,因为,当年豪斯霍弗的苦心孤诣,在21世纪初(甚至更早的时候),随着我国的改革开放和中德两国合作的进一步加深,已然成为令人瞩目的现实,中国的土地上也不再缺少他所要求的"先锋"!——笔者清楚记得在上海读书时的一天,一位教授对着课堂上一群将来可能走上讲堂的青年学子,吹捧了一番德国制造举世无双之后,不无得意地说:

学习德语嘛,就是要培养亲德派……

笔者当时的疑惑是,我们学习一门外语难道必须成为亲某某国家派吗?比如Germanophilie[亲德派]、Frankophilie/Gallophilie[亲法派]、Japanophilie[亲日派]……可是,无论莱辛的例子、歌德的例子,甚至是而立之年仍立心学习古希腊文翻译柏拉图对话的门德尔松的例子,都值得我们再次反思:之所以学习外语,难道不是要借助它与这个民族的优秀头脑、高尚灵魂交流和对话?难道不是要借助它来倾听最伟大灵魂之间的交谈?难道不是要借助它来研读记录了这些对话的伟大著作?

此时,笔者更加好奇的是,当年的同窗如果已经走上教学岗位,为人师表,他们是否也在将充满稚气的学生们培养成"先锋"?

这部书稿本来由徐戬博士承译,后来笔者中途受命,硬着头皮"啃"完了似乎与自己专业不相干的一本书。翻译过程中参考了徐戬博士之前翻译的第八章内容,在此表示感谢。

2019 年春
于德国比勒菲尔德

献给安妮可、伊奈可和露易丝。

当然,旧法已经瓦解了,与其相关的一整套传承下来的标准、规范和关系也随之消失。但是,将要诞生的却不仅仅是混乱和虚无。即使在新旧力量的激烈较量中也能产生公正的尺度,并各得其所。这里仍由诸神主宰,他们法力无边。

——施米特

新的普罗米修斯式人物带来了不同的思想和新的火种。——下一个世纪属于提坦们。

——恽格尔

中文版序

当今国际格局的特点是,多种区域秩序和国家处于彻头彻尾的例外状态之中。有不少"失败国家"(failed states)陷入无序和武力冲突。全球化和支离破碎在世界范围内并行不悖。全球力量关系没有中心,国际体系还不具有天然优势。西方自由主义一方面处于与更像国家–集权制体系的国家的竞争之中,另一方面则处于与21世纪似乎最为危险的意识形态的竞争之中。普京总统治下的俄罗斯,试图在后苏联地区一家独大,并成为与欧盟、美国以及中国并立的欧亚权力中心。施米特(Carl Schmitt)在其政治和国家理论背景下所分析的分配、隔离、友谊界限——它们也可以变为文明的冲突线——如今正变为有争议的边界。

全球性的政治和战略挑战悄然而生,人们只有在这样一条道路上才能够应付这些挑战,即一种包括中国在内的新国际秩序和一种对安全扩大化和网络化的理解。

拙著《施米特与国际战略》说到,1985年以97岁高龄去世的施米特,不仅潜心于国家法和宪法,而且也致力于研究基本的和现实的地缘政治和安全政策以及战争理论和战略。正是鉴于施米特无所不包的博学,阿隆(Raymond Aron)在后来回忆施米特时如是说,

> 他属于那一类伟大的学者,他们超出自己的专业领域,贯

通了所有社会连带政治的问题，因此应该被称为哲人，正如韦伯以他的方式那样。

与17世纪的霍布斯（Thomas Hobbes）一样，施米特在20世纪也发展出一种政治思想，主要以未规范化的格局、例外状态，以及国家内部和国家间无序和武力的恒久可能性为出发点。

如今，对施米特的重视和世界范围内对他的接受，尤其可以从他具有划时代意义的政治学说得到说明。他从核心上明确洞见到，政治是对敌友的区分。他在1927年首次发表的著名作品《政治的概念》中这样说，

> 只要一个民族在政治的环境中生存，就必须——即便对于最极端的情况，它自行决定该情况是否存在——自行决定敌友的区分。其政治性生存的本质便寓于其中。

直至今日，人们仍在批评施米特对政治的这一定义。

然而，这个事实在国际关系，尤其在安全政策实践中，总是或隐或显地摆在人们面前。对于施米特而言，核心问题始终在于，我们应该如何对待这个严肃且中心性的政治标准。

尽管有许多不同的声音，施米特以区分敌友给政治下的定义，即使在今天仍有效。比如，美国实际上将其他国家如伊拉克从联合国排除出去，或者2001年9月的袭击之后，美国将国际恐怖主义和政治上不可计算的支持恐怖主义的国家列为敌人。

今天，人们对这些发展应作出什么样的反应，或者用施米特批判性的问题来思考：今天，敌人是谁，敌人何在？谁有权定义敌人并竭尽所有手段去进攻它？谁有权对敌人施加惩罚，并且

在必要时预防性地去实施惩罚？如何创造一种国际性的法律，并且在必要时以武力手段将其付诸实践？最后，如何防止国际法被国家权力和势力政治所利用？针对"敌对的"国际恐怖主义斗争，赋予了美国多次干涉他国（不仅是伊拉克、阿富汗或者巴基斯坦）的国际法正当性。

施米特认识到，政治和战争发展的趋势是全面涵盖一切人类生活领域，这种固有的趋势以新的影响模式继续作为极端的现实性危险而存在。施米特在30年代末期发展出的在安全政策上自主的"大空间"和禁止"空间外部势力"干涉的方案——尽管有官方的禁忌——在1945年之后以及"冷战"盛期，都是两个超级大国外交和安全政策活动不成文的原则。即便苏联解体，这一点也几乎没有变化。那些在政治、军事以及经济上有发展潜力的国家，一如既往地在构建自己的势力范围，并通过适当的地缘政治和地缘战略措施来进行防卫。虽然人们不愿公开承认，即便在今日西方与俄罗斯或者中国的当下冲突中，核心仍然是地缘战略势力范围的扩张及控制。有鉴于"超越空间的"新势力的兴起及其对传统国家性的持续动摇，施米特试图在作品中确定新的安全政策因素。

在观察历史性的发展，尤其是海权国家如英国和北美的崛起时，施米特认识到事关安全政策的大空间秩序意义重大。在施米特眼中，具有典范特征的是美国人于1823年制定的"门罗主义"，它曾影响了作为美国利益范围的西半球，时至今日，它仍是美国外交和安全政策的基石。众所周知，"门罗主义"在19、20世纪使美国在拉丁美洲进行了无数的干涉，其手段包括通过特工、私人雇佣军或者专业人士与常规部队联手。有名的例子有20世纪60年代针对古巴的行动，1973年血腥推翻智利总统阿连德（Salvador Allende），以及美国领导下对拉美国家，比如在波多黎各、危地马拉、阿根廷、多米尼克共和国、巴拿马、海地以及格林纳达等国进行的无数干涉。

在此语境下，有意思的是，中国以经济上的影响力这一和平方式"介入"拉美，并参与建造"第二条巴拿马运河"。人们会看到，中国在美洲大陆愈来愈多的存在将会发挥怎样的影响。

施米特思想传统中，"大空间秩序"的安全政策范畴和对安全政策势力范围的要求，仍然具有极度的现实性。这两点可以从中国在太平洋地区（尤其是中国南海），或者俄罗斯在乌克兰、克里米亚、黑海以及巴尔干半岛部分地区的问题上清晰地观察到。

施米特一直寄希望于安全政策"大空间"的多元论，并且一直都是多极化世界的捍卫者。他曾表达过这样的愿望，

> 地球将会比美国更为广大，即便在今天，它对于诸多大空间而言也仍足够广大，生活于大空间、爱好自由的人们懂得去保护和捍卫他们的历史、经济以及精神实体和独特性。

许多方面都说明，决定未来战争的，更多地将会是与赛博战士相关的恐怖分子和游击队员，而非典型的、传统的武装力量。施米特的《游击队理论》在核心上仍然有效。原本的"枪杆子里出政权"——毛泽东曾如是说，将会越来越多地转变成非常规战队发动战争，他们或以私人、或以雇佣军、或以触犯法律的黑客团伙形式，无论是否有国家支持。虽然网络战中的黑客和手柄旁的无人机飞行员会造成极大的破坏，但他们会极大地避免遭受威胁，尽管可能会遭到一些反制措施和报复行为。如

今,策划和实施恐怖活动常常有着全球性的标准。在世界范围内活动的军阀,会成为如今这种新的武装斗争形式更有可能的参与者。人们无法确定,比起恐怖分子,赛博战士是否对发达工业社会造成的威胁更大。网络攻击在未来不仅会被应用于间谍和阴谋活动,而且——与武装的非常规战争一起——会被用于攻击基于电脑的基本设施、水电供给、健康服务以及经济、金融市场。

施米特的敌友区分在这些场景中会变得困难。在新形式的战争中,谁是无谓的平头百姓、无害的黑客或者告密者,而谁又是战士、恐怖分子和间谍? 2007年,被认为是俄罗斯黑客对北约成员国爱沙尼亚的攻击,是由俄罗斯操纵的吗,或者,对美国电影出品公司索尼的黑客攻击,是由朝鲜操纵的吗? 也许美国前国防部部长帕内塔(Leon Panetta)所说的"网络攻击在今天是针对新'珍珠港'最大的潜在威胁",将被证明是正确的。

日益增多的武力非国家化和私人化,也在飞速增长的私人雇佣军服务商的增长率中得到体现。私人雇佣军服务商大多数是由特种兵退伍军人、前特工部门成员以及警察组成的正规大集团,这些集团也在国际股票交易市场上市。在上一次伊拉克战争中,它们与招募的当地人一起构成第二大参战部队。这些私人雇佣军服务商轻描淡写地自称为"私人保镖""风险管理者"或者"安全助手"。他们被视为教练,操作和养护先进的武器系统,进行巡查,保障关键基础设施,护送运输,给受到威胁的要员做贴身保镖,在战争中参与战斗。俄罗斯的雇佣军服务商也在全球提供服务,他们甚至拥有自家的武装直升机和装甲车。私人雇佣军公司在世界范围内广泛的活动说明,战争的私人化早已在很大程度上挺进了本质上纯粹军事战场的领域。

"新雇佣军"更为廉价，因为，他们不用承担消耗巨大的特工训练费用，并且，一般也不用担负医疗保险或者养老和伤残保险。因此，私人雇佣军的成员最少可以获得三倍于早期的军饷。对于正规军而言，私人雇佣军的"外包服务"不仅具有财政上的优势，而且也可以摆脱故障统计，免受公众和议会的支配。由此，一些不被许可、非官方以及隐蔽的军事行动，都可以得以贯彻。所谓的正规战争，在今天不仅与这些私人雇佣军，而且与特工力量和非正规战斗人员，在内战地区、网络战、互联网、传统行动和用高科技武器进行的战斗中有着紧密的关联。今天，不仅私人雇佣军，而且像"真主党"这样的游击队活动，都在践行上述"混合战"。"真主党"在 2006 年令以色列损失惨重的交火中，首次明确运用了战斗的混合手段。

当今恐怖分子的战斗规模呈现为跨区域和全球性——用施米特的话来说是 tellurisch［乡土的］和 terran［大地的］。典型的例子是今天阿富汗、巴尔干、高加索、非洲以及中亚国家等地"基地组织"跨空间的战事。众所周知，针对美国的恐怖袭击计划是在阿富汗山区和欧洲腹地德国得到构想，并在另一个大洲付诸实施的。

仅用美工刀武装起来的"9·11"恐怖分子，用飞机这种典型的全球化运输工具作为武器，用它来象征性地针对美国世界经济的标志——世贸中心。这一行动是不对称的，因为，它不是针对在技术上武装到牙齿的强大美军，而是出其不意地在最虚弱但充满象征意义的地方打击对手。

此外，运输和财政支出与随袭击而来的应对也是不对等的。恐怖分子需要大约 50 万美元，而他们所造成的损失却极其高昂，美国用于应对的花销则是天文数字。无论是这个还是其他,尤其是非国家的和私人化的武力形式,总之,所有具有低强度战争和赛博战情特点的,在今天都是对现代安全政策的主要威胁。原则上,它们并不是什么新事物,施米特在1960年代的《游击队理论》中就提到过。甚至,修昔底德在《伯罗奔半岛战争史》中就已经提到过这种形式的战斗。类似的还有克劳塞维茨,或者深受他影响的革命战争理论家和实践者,如恩格斯、列宁、毛泽东、越南人武元甲或者切·格瓦拉。甚至一位最早期的理论家,中国战争理论家孙子,早已意识到战争的变幻莫测,他在2500年前的兵法书中断言:"兵无常势,水无常形。"

其他的世界强国,比如俄罗斯,也在不同的正当性基础上践行混合战。比如,俄罗斯在乌克兰东部不宣而战,决定性地得到自称为"分裂主义者"、特工势力以及貌似休假期间的俄国士兵的支持,他们把枪炮和坦克运过国际边境,用这种或多或少武力的方式来达到政治目的。从核心来看,关键是要危害 res publica [公共事务],即危害国家和公众,并毁坏"社会体系"——如施米特在其《游击队理论》中所说。世界范围内的人们不得不做好准备来应对的是新形式的武力冲突,而非空间辽阔的传统军事作战和坦克战。

宗教或宗教激进主义的神话、由参谋部作出的计划以及阔绰的财政资源,构成了当今战争形象得以改变的前提。伊斯兰国(IS)在伊拉克北部和叙利亚的活动是令人发指的例子。叙利亚反对阿萨德政权的内战,使"伊斯兰国"的扩张有了可乘之机,并把西方拉入泥沼。西方通过空袭插手反对"伊斯兰国"的斗争,却因此也巩固了阿萨德政权。此外,"伊斯兰国"得以挺进的后果使西方在不远的将来必须重新评估伊朗。施米特在前面提到的、在当今仍具现实意义的《游击队理论》中,完全准确地预见了当今安全局势的核心,尤其是他强调了作为武器的狂热信仰的意义。

　　现代游击队不指望敌人尊重其权利,也不期望被施予恩典。游击队撇开受遏制和限制的战争的传统针对性,进入了另一种实际的敌对性领域,这种实际的敌对性通过恐怖与反恐怖上升为毁灭。

　　现代国际法为政治现状的稳定提供概念,并从法学上建立对扰乱国际秩序者的控制,以此方式与上述发展保持步调一致。世界强国的标志是以普世性的诉求来定义法学概念,然后自主地决断何为正当、何为非正当。

　　安全政策实践的现实例子表明,施米特的判断依然极其中肯。一边削弱国际法,一边为其赋予实定性,施米特写道,唯有天时地利,正当方为正当。

　　不受限制的主权和定义具体情形下何为正当的权力,在国际体系中与是否支配着核武器息息相关。这可以解释像伊朗这样的发展中国家为何意欲拥有核武器。他们从萨达姆的命运和阿萨德治下的叙利亚等例子看到,倘若没有热核武器,就会遭受来自外部的干涉。实际上不得不忍受干涉的国家只有那些在武器储备中没有核武器的国家。从俄罗斯和乌克兰的冲突中,人们可以发现,为了令俄罗斯保障领土完整,在1994年签署的《布达佩斯备忘录》中,乌克兰主动归还遗留的核武器很明显是个战略错误。

　　此外,在应对类似的国际法保障中,未来任何对核武器的归还都变得不再可能。也许这是俄乌冲突影响最深远的后果和教训,主权即是支配核武器并拥有报复性打击的能力。很不幸,这一认知是对施米特《政治的神学》中的名言"主权即是对例外状态的决断"在核时代必然的精确表达。

比起国际法条约,核武器似乎能更好地保障战略稳定。而且,如施米特在《游击队理论》中说的,它约束了战争并促进了战争发展,"使得战争行动在 1945 年之后具有了游击战性质"。热核时代保卫核强国之间和平的,不是圣经《山上宝训》的平和心态与和平主义,而是核武器的第二次打击能力。倘若没有与核武器对等的武器支配和以此方式所保障的对等的消灭,国际体系中类似的冲突很快就会升级为战争。

尽管如此,核震慑逻辑的前提是参与者的理性。这一理性必须能够强制参与的各方回到理性。一旦宗教激进主义、极端主义的国家或恐怖组织占有了大规模杀伤性武器,这一理性便会不起作用。施米特很在理地问道:"是否存在这样一种保障:使现代毁灭性武器总是落入正义之手,并且无法设想非常规战争?"他还认识到大规模杀伤性武器泛滥潜在的危险。

"现代游击队……也许未来也会用战术核武器来战斗。"到时只有坚定不移的、预防性的应对战略,以及像美国这样的世界强国的决心,才能有助于在全球以武力方式参与到反对恐怖主义的斗争中来。

世界大国如中国、印度、俄罗斯以及美国的未来都是不确定的,我们甚至无法预测未来的格局将会如何。

可以预见的是,美国会针对中国在太平洋地区遵循类似的均势战略,一如 19 世纪英国针对欧陆各国所做的那样。也许美国会成功地将其他大国(如印度)纳入太平洋地区的地缘战略,从而制约中国。

中国在一系列安全政策势力范围中将如何应对这些挑战，仍然悬而未决。不过，单单寄托于军事对立和冲突，将会是彻底的失误。

当今的世界强国需要有长久的耐力和耐心。在世界范围的军事投射能力之外，它必须在文化、经济、财政政策以及技术方面对于其他人和国家而言有外向的吸引力。

今天，一个世界强国必须一直拥有如创新力和文化吸引力这样的"软实力"。另外，它必须是航天强国。它必须积极参与到联合国框架下的全球维和使命中来。它必须强制地在施米特的思想传统中具有一种地缘叙事，即发出一种面向世界上所有人且具有吸引力的讯息，这一讯息应是普遍接受的，而非以武力强加的。施米特曾这样表达"精神中心领域"的意义，

> 断定一个民族或社会群体是否抱有历史使命，以及它的历史时刻是否已经来临，其标准只能在神话中找到。

埃利希·瓦德

德文版序

这项研究伴随了我的职业生涯,在此期间,我在布鲁塞尔的西欧联盟以及波恩的联邦国防部军事政策参谋部任职。我对本书内容承担个人责任。

我需要向对本书写作做出贡献的诸多人士致谢:

在为本书提供学术建议、建设性意见以及鼓励的人士中,我要感谢托米森(Piet Tommissen)教授、夸里奇(Helmut Quaritsch)博士、薛思乐(Dietmar Schössler)博士、阿梅隆(Eberhard Amelung)博士和莱西勒(Luc Reychler)博士,以及比利时鲁汶大学政治学系的学生们。

凯泽(Joseph H. Kaiser)教授慷慨应允我查阅杜塞尔多夫的北威州州立档案馆中的施米特遗稿,维尔博(Dieter Werber)先生在我查阅档案时提供了无法代替的帮助,在此一并致谢。

需要感谢的还有克劳塞维茨协会,协会曾举办各种学术研讨会和专题讨论会,我在涉及本书论题之外的安全及军事政策、战略乃至近代史的诸多问题上获益良多。

感谢华盛顿的美国友人塔什吉安(John E. Tashjean)博士,我们之间进行了多年的思想交流。就地缘政治以及安全政策的全球关联而言,他为我开启了视野。

我的朋友、经济学硕士海德维希和赫尔穆特(Hedwig/Helmut Ehret)审阅了全稿,我们之间的交谈亦提供了不少内容上的启发,在此谨表谢忱。

尤其感谢布莱克(Marianne Dewaele-Bleck)女士,她付出极大的细致、努力和贯穿始终的热心,承担了对辗转于布鲁塞尔和波恩之间的大量草稿进行抄写和校对的艰辛任务。

谨以此书献给我的妻子及我们的两个女儿。她们的支持令我欢欣和鼓舞,使我得以在写作中优游岁月。

1996年5月于波恩

埃利希·瓦德

引 言

[11]在一封答霍夫盖斯玛(Hofgeismar)新教学会的邀请函中,施米特回复道:

> 贵学会"权力与法权"的主题,我已浸淫多年,其实[它贯穿了]我整个学术生涯……[1]

实际上,权力与法权、伦理与统治或空间秩序、规范与例外状况、正当性与合法性以及政治与权力投射等历史-政治世界中始终充满张力的关系,居于施米特学术旨趣的中心。

在超过40余部专著和200余篇论文和随笔中,施米特尝试以多元学科的方式去接近自己的核心问题。施米特研究的光谱不仅涵盖了狭义上的法学,而且包括历史哲学、社会学、宪法学、神学以及安全政策和战略理论等问题。

最为严厉的施米特批评者,如吕特斯和冯·克罗科夫,都证明了施米特作品所具有的现实性和重要性,并且承认他具有普遍适用性的言辞所散发的光彩、分析的敏锐和实在。[2]

---

[1] 参 Carl Schmitt,1952年8月7日信,见施米特遗产:RW265-93/61。
[2] Vgl. Bernd Rüthers, *Carl Schmitt im dritten Reich*, 2, Auflage, München, 1990 ; C. Graf von Krockow, *Von deutschen Mythen. Rückblick und Ausblick*, Stuttgart, 1995.

"施米特事件"是他毫无争议、暂时在学术上支持纳粹政权的结果。从学术标准和所有作品的体量来看，施米特1936年以前的几部著作都表现出难以理解的迷失。它们成为施米特智力上合作和服务的证据。①

　　尤其在1917至1945年之间的欧洲内战期间，施米特的国家至上论、民族主义以及天主教主义极为突出。② 他生命的这些"基本底色"决定并推动着他。③ 施米特的国家至上论和强国的坚定主张，可以被理解为他对1919年至1923年德国内战以及1932年至1934年内战的复发危险的反对，[12]以及他与具有国家社会主义色彩的一党国家的对立。国家在这种一党国家中沦落为党派的工具。

　　施米特的精神底色正是他的政治思想同纳粹思想不相协调的原因，1937年，罗森伯格政府一份翔实的专家鉴定书给他开具了这样的证明。在这份提供罪证的鉴定中，人们指责他的基督教信仰和国家至上主义以及同犹太人的友谊。在一年前，施米特已经是严密调查的对象。就在同一年，施米特丧失了"国

---

　　① 施米特，《论断与概念：在与魏玛、日内瓦、凡尔赛的斗争中（1923-1939）》，朱雁冰译，上海：上海人民出版社，2006，页200及以下；以及 *Deutsche Juristen-Zeitung*, 41. Jg., 1936, 栏 1193 及以下。[译按]本书中，凡有中译本的外文作品，直接注明中译本信息，再次出现时仅注明作者、书名及页码。无中译本的外文作品，第一次出现时给出完整文献信息，再次出现时亦仅注明作者、书名及页码。

　　② E. Nolte, *Der europäische Bürgerkrieg 1917–1945. Nationalismus und Bolschewismus*, 4, Auflage, Frankfurt/M.&Berlin, 1989; E. Nolte, *Geschichtsdenken im 20. Jahrhundert*, Frankfurt/M., 1991, S. 143ff.

　　③ Vgl. H. Quaritsch, *Positionen und Begriffe Carl Schmitts*, Zweite, erweiterte Auflage, Berlin, 1991, S.13.

家社会主义法学家联盟高校教师帝国专业小组"组长和《德意志法学家报》主编等职务。至晚于1936年末，施米特与第三帝国合作的天真尝试及其在政治上参与的意图皆归于失败。后来直至1985年4月7日逝世前的时光，他都被晾在观察者的位置，如夸里奇所说的，"也许也是从谬误的位置来到真理的位置"（同上，页122）。

诺阿克、夸里奇、吕特斯以及托米森等人的研究，很大程度上梳理了施米特的生平及其在第三帝国中充满矛盾的角色。1945年之后，人们很少听闻施米特的自我批评，尽管批评和强加于他身上"沉默的稳妥"中的角色，在最深处令他伤心。[1] 他的日记证明了这一点。

恽格尔（Ernst Jünger）在1985年11月15日的日记中谈到施米特，

> 威斯特法利亚人的固执和罗马人的精辟在他身上结合。也许他需要的只是另一个国家，而非另一个头脑。[2]

时至今日，"施米特事件"引发了两极化的影响和看起来势不两立的对立阵营。克罗科夫称施米特为"妄想的宣谕者"，不久后又称之为"德意志灾祸的幕后帮凶"，虽然如此，他也承认，

---

[1] Vgl. Dirk van Laak, *Gespräche in der Sicherheit des Schweigens. Carl Schmitt in der politischen Geistesgeschichte der frühen Bundesrepublik*, Berlin, 1993.

[2] E. Jünger, *Siebzig verweht III*, Stuttgart, 1993, S.574.

施米特在这里被看作即便不是 20 世纪最重要的,也是最著名的法学家,而他永远都会是这样的法学家。①

其他批评者则称施米特为纳粹的"思想军需官"和"桂冠法学家",或"迷失方向的市民阶级无节操的代表",[13]而支持者则称他为"晚近政治思想经典作家"。②

尽管施米特与纳粹有短暂的共事,但是宗教哲人、拉比陶伯斯(Jacob Taubes)承认施米特"精神上的强力,它远胜过文人所有粗鄙的文章"。关于施米特 1945 年之后的作品《从囹圄中获救》,陶伯斯如是说,

> 我从未见过我们这代人写过如此私密却又如此高贵(且如此真诚)的文章,我从中读到了自我清算。③

阿隆(Raymond Aron)曾与福伦德(Julien Freund)一道,将法文版《政治的概念》和《游击队理论》发表在阿隆主编的"精神的自由"中,阿隆在回忆录中这样评价施米特,

> 他属于那一类伟大的学者,他们超出自己的专业领域,贯

---

① C. Graf von Krockow, S.45, 54.
② P. Noack, *Carl Schmitt. Eine Biographie*, Berlin&Frankfurt/M., 1993, S. 9; B. Willms, Carl Schmitt – jüngster Klassiker des politischen Denkens? in: H. Quaritsch(Hsg.), *Complexio Oppositorum. Über Carl Schmitt*, Berlin, 1988.
③ 陶伯斯致施米特,1952 年 2 月 14 日,见遗产 RW 265-407/M 2。[译按]中译见陶伯斯,《保罗政治神学》,吴增定等译,上海:华东师范大学出版社,2016,页 243。

通了所有社会连带政治的问题,因此应该被称为哲人,正如韦伯以他的方式那样。①

关于这位富有争议的作者的正派和意义,真相也许更在于赞赏和拒斥的两极之间。当人们尝试在施米特所有公开发表和身后发表的论文、文集、报章文字以及残篇中探寻其踪迹时,才会得出一幅完善和未被扭曲的施米特形象。

人们对他持续的接受无可争议。基本上每个月就有一本关于施米特的新专著问世,它以要么正面、要么消极、要么多变的方式分析施米特作品的片段。几乎所有政治学或者人文科学的纪念文集,都至少含有一篇讨论施米特的文章。②

对我们来说重要的是对如下追问的回答,即施米特就安全政策和战略理论的相关分析和研究的竞争力和现实性如何。笔者关心的是,检验施米特全部学术作品的洞见和概念在当今政治发展的应用中的影响,而非为施米特辩护或者对其作品进行回顾性的历史研究。

[14]与之前的霍布斯一样,施米特从非常规化的处境及其独特的特点和要求出发,进而发展出自己的政治思想。这使得两位作者在和平时期无疑显得可疑,成为所有表面上的和平的搅局者。

鉴于世界范围内族群和霸权冲突及战争的蔓延,如波斯尼

---

① R. Aron, *Erkenntnis und Verantwortung. Lebenserinnerungen*, München, 1985, S. 418.

② M. Schmitz, Aporien der Staatstheorie(n) Carl Schmitts, in W. Jäger/H.-O. Mühleisen, H. J. Veen Hsg, *Republik und Dritte Welt. Festschrift für Dieter Oberndörfer zum 65. Geburtstag*, Paderborn, 1994, S.393ff.

亚、卢旺达、索马里、高加索地区等新近的例子展示的,很显然,联合国既没有政治意志,也没有能力制止这些冲突和战争。人们不由自主地想到后期的国联,它是施米特关注的诸多大主题之一。

如施米特揭示的,这个日内瓦的机构被证明既是具体利益的工具,又由于它的无能而无能力促进牢固的和平秩序。国联的终结时期充满了战争与和平的失控的中间状态,它的终结在当时带来了一种新的政治和社会的世界秩序,用施米特的话来讲,即一种新的大地的法。

如今,有许多方面都说明,我们生活在过渡时期之中,并且准备塑造一种新的法度。这就表明,施米特许多基本的认知仍具有不竭的现实性,我们接下来要进一步讨论。

施米特备受批评的敌友区分及其后果,即便在冷战的条件下仍然行之有效吗?他的"禁止外部空间势力干涉"难道不是几十年以来,即便在冷战盛期,都是两个超级强国外交和安全政策不成文的行事原则?[1] 华约组织崩溃和冷战结束之后,政治对立、干涉以及干涉禁令——以另外的影响形式、以不同的内容以及在另外的地缘空间——难道变得过时了?

接下来的研究将要揭示,在新的世界力量格局中,这些基本的关联和一致,仍然会是安全政策活动的重要范畴。施米特的大空间理论,那种克服旧式民族国家的新组织形式,在二战后,

---

[1] Carl Schmitt, *Völkerrechtliche Großraumordnung mit Interventionsverbot für raumfremde Mächte. Ein Beitrag zum Reichsbegriff im Völkerrecht*, Berlin/Wien/Leipzig,1939,als Neuauflage nach der Vierten Auflage,Berlin,1991。[译按]中译参施米特,《禁止外国势力干涉的国际法大空间秩序》,见娄林编,《地缘政治学的历史片段》,北京:华夏出版社,2018,页83及以下。

随着苏美两大阵营的胜利逐渐形成,并在欧洲创造了两个超级大国相应的霸权秩序。即便在两极化终结之后,各个强国也以不同的方式践行着全球(planetarisch)大空间政治。世界范围内正以极明显的方式形成新的政治、经济大空间秩序,[15]这些显明了施米特这一政治范畴的现实性。

在第二次海湾战争中,由美国主导的反伊拉克同盟关心的是,重建中东的权力政治均衡和新空间秩序。此外,巴尔干冲突也表明了空间秩序范畴的核心意义,以及"占取、划分、养育"、敌友格局、或显或隐的利益冲突对峙和同盟等举措的严重后果。——我们接下来会看到,施米特在其政治理论中已经预先强调过这一点。

难道施米特所分析的民族概念及其政治神学——如其今时今日无所不在的表现,结合了"神话的力量"和使用武力的决心——不再是不容低估的政治要素?[1] 世界范围内,民族国家作为政治活动舞台上的参与者的复兴和宗教激进主义,都指明了这一点。

施米特批判保守的市民阶级和自由主义世界模式避免做"决断"的行为,难道没有在西方工业国家联合体对重要的和平保障问题缺乏政治意志中找到现实性的对应?施米特所分析的制约战争、进步、恐怖主义等问题领域,难道不会因有利于军事的高科技和大规模杀伤性武器在全球的滋蔓而达到其政治量级?它们都是生存性的挑战,并且揭示了施米特这类核心概念未曾断绝的现实性。

上述问题也暗示了德国外交和安全政策的核心问题。该问

---

[1] 施米特,《政治神话论》(1923),见《论断与概念》,页3及以下。

题产生于应对施米特政治理论中具有核心意义的紧急状况,这种状况是愈发以和平为导向的社会越来越需要面对的。具体而言,这个问题的关键是,在超出狭义的国防的使命范围中,德国很明显可能在军事上投入,尽管从近代历史来看这很成问题。

另外,问题还有,多种多样的游击队和恐怖主义形式,不断对现代的开放性社会秩序造成心理和物质上的损害。出现国家和社会紧急状况的恒久可能性,使人们重新意识到外交和安全政策高度的责任,并指出了主权者的政治决断固有的问题。施米特在偶尔显得令人惊骇的具体思想中,[16]细致入微地表达了这一点。这体现在,国家"公然安排人们生活"的权能是成问题的。①

人们会以可想而知和重大的理由来否认使用武力和战争的必要性,以"维和使命"或"强制和平"等婉语来替代武力冲突概念或者军事行动,以及对国家的支配性决断进行商议和委托。施米特毫不含糊地指出,人们不会怀疑决断紧急状况的深刻意义,以及与此相关的外交和安全政策决断者的责任。

显而易见,施米特的思想范畴和概念,在习传事物终结、曾经结构稳固的事物被动摇、变革纷起以及新的导向变得必要的时代获得了现实性。取消对一位有争议的作者的"战后隔离",似乎与两次大战以及冷战的结束息息相关。② 在这些过渡局势中,施米特根本性的政治视野、跨时空视野以及战略理论视野

---

① 施米特,《政治的概念》,刘小枫编,刘宗坤/朱雁冰等译,上海:上海人民出版社,2018,页56。

② Vgl. K. Hansen, Feindberührungen mit versöhnlichem Ausgang, in: K. Hansen/H. Lietzmann (Hsg.), *Carl Schmitt und die Liberalismus-Kritik*, Opladen 1988, S. 13.

等,为人们理解不断变化的政治世界,开辟了新的可能性。

在施米特遗产档案和残篇中,几乎任何一张写过或者打印的纸张上,都满是一条接一条的拼贴、修改、评注以及删划,它们都表明了作者渴望不懈地接近探究对象的真理。施米特总是把自己的表述理解为某种需要不断修订和持续思考的暂时性的东西。因此,在谈到自己和自己的学术作品时,他如是说,

   我们是公海上的航海家,每一本书都不能再被视为航海日志。[①]

在此意义上,施米特的政治思想并不为艰难局势提供药剂,相反,它为评价历史-政治现实提供检验标准。它不是具体的政治时局诊断和评价的替代品。不过,在我们试图解密兴起的新世界时,它有助于我们提出正确的问题。

[17] 眼下的这部作品想要借助此前未刊的档案材料,来揭示施米特对于当今安全政策、战略理论问题等方面的意义。这部研究首先援引的是施米特的晚期作品,即他在二战后获得的洞见。此外,对于笔者而言重要的是,力求凭借施米特思想的范畴,尤其是其方法,来更好地理解政治现实的具体实践,并认知新"大地的法"的可能轮廓。

---

 ① 施米特致信坎普纳(Robert M. W. Kempner)教授时对如下问题的回答:您在多大程度上支持了希特勒大空间政治的理论论证? (1947年4月18日,纽伦堡,历史学院[Institut für Zeitgeschichte], AK: 7856/90, Best. ED 179/1)。

一 安全政策与战略的变量

[19]接下来思考的出发点是施米特晚期作品的重要部分,而该部分在此前的二手文献中差不多完全被忽视。施米特在战争期间的多次演讲和文章中,研究了主要以陆地和主要以海洋为定位的生存——即大陆性和海洋性国家的生存——对于各自主导的法权概念的影响。由于恰逢战争年代,这一发现无论在德国还是在国外,都几乎未引起注意;二战之后,由于作者备受争议的人格,他的发现在学术上很难找到成功的有利条件。施米特将自己的心血总结到1950年发表的《欧洲公法的国际法中的大地法》。[①]这个文本要通过国际法历史来证明他在《陆地和海洋》(1942)中的论点是有理有据的。[②]正是这一定向将读者的数量局限在国际法的行家之中,也就是说,局限在一个很小的圈子之中。只有很少人认识到,这部作品的意义也许远远超出了国际法历史的意义。

即便对于法学家而言,施米特这部伟大的晚期作品也不那么容易理解。它包含了对于貌似边缘性主题的大段题外话,利用了各种主题完全相近的报告和鉴定书。这部作品不那么一

[①] 施米特,《大地的法》,刘毅、张陈果译,上海:上海人民出版社,2017。

[②] 施米特,《陆地和海洋》,林国基、周敏译,上海:华东师范大学出版社,2006。

气呵成,因此十分难解。故而,我们需要注意的是战争期间和1946年至1950年作品形成的这段时期,当时施米特不再能够接触到公共图书馆,而且,1945年秋,他也因为查封而失去了自己的私人图书馆。虽然施米特在其他几篇文章中说明过这个主题,但是,1952年至1959年期间的这些文章都发表在鲜为人知的角落,主要是在与专业不那么相关的专业外人士的纪念文集或者国外的纪念文集。

施米特的法(Nomos)并非从实定法中派生出的概念,毋宁说,实定的法权秩序从法中获得推动和根本的秩序。因此,法先于法权。只要法对法权发挥效力,它的探求和描述就是法权理论,在国际法中就是"国际法理论"。只要法在创造着政治,尤其是创造着国家机构,并影响着它们的活动,那么,它就是政治理论。

本书关心的即是法的这个方面。[20]施米特在他的政治人本学、法的三段进程(占取、划分、养育),[1] 他分析的"例外状态"的"具体生存性"、[2] 他的敌友区分、四大元素——陆地、海洋、天空、太空——的地缘政治相互影响、统治形式和空间秩序的不断转变与权力和权利以及"保护和顺从"的内在关联中,[3] 分析安全政策基本的常量、元素以及影响

---

[1] 参 Carl schmit, Nehmen/Teilen/Weiden, in: *Rechtsstaatlichkeit und Sozialstaatlichkeit*, Darmstadt, 1968, S.97ff. 施米特对该文做了大量注释,见遗产 RW 265-338/B 1 O。

[2] 施米特,《政治的概念》,页80。

[3] 施米特在这里指的是霍布斯《利维坦》结语中关于"保护与顺从的相互关系",参霍布斯,《利维坦》,黎思复、黎廷弼译,杨昌裕校,北京:商务印书馆,1986,页577;参施米特,《政治的概念》,页63及以下。

要素。借助这些"基本范畴"和对立组合,他试图在作品中把握和理解历史和政治活动的结构。① 它们不符合人类活动的多样性,而是有意识地聚焦于"最小公分母"。人们必须从这个最小公分母出发去理解历史和具体的政治局势。施米特的范畴并非终结性的和绝对的事物,相反,它是用来理解纷繁复杂的政治世界的辅助手段。② 施米特政治思想的目标是,使一种稳妥、跨学科、"贯穿多种专门科学的设问"成为可能。③

对"常态"的否定,也就是说,使用武力的可能或者实际的"例外状态",在施米特的政治范畴中发挥着——如仍需揭示的——决定作用。施米特思想的基本特征是战争学的(polemologisch),因为,在表现为多种形式的政治现实中,武力和战争作为可能性永远存在,并且作为政治性的数值。是举足轻重的。因此,对施米特而言,关键不是为冲突辩护,而是承认政治世界中永远充满威胁的可能性,以及由此造成的在安全政策、总体战略和国际法等方面调和的使命。

---

① Carl schmit, Nehmen/Teilen/Weiden, S.97.
② 还需要揭示的是,施米特政治的战争论范畴、对立关系以及常量,在何种程度上能够恰恰等同于维特根斯坦《逻辑哲学论》的倒数第二句话,"我的命题通过下述方式进行阐释:凡是理解我的人,当他扼住这些命题,攀登上去并超越它们时,最后会认识到它们是无意义的。(可以说,在爬上梯子之后,他必须把梯子丢掉。)",见维特根斯坦,《逻辑哲学论》,6.54,见维特根斯坦,《维特根斯坦全集》,卷一,陈启伟译,石家庄:河北教育出版社,2002,页263。
③ Carl schmit, Nehmen/Teilen/Weiden, S.97.

1 政治人本学

[21]倘若不顾及各种问题中暗含的根本的人性观问题,和平难题和阻止武力冲突难题就无法从根基上得到回答。任何安全政策、任何追问军事手段资格的战略,甚至武器库中的兵器,都以人的某种观感为前提。最终,我们从周围的现实中获得的自身形象,就不仅仅是理性计算的结果,同时并且常常主要是我们自己思想和想象的摹画。在极端情形中,"两种可能的道德理论会如同两个极端那样"互相对立,

> 其中一种是基督教–人文主义的,宣布个体神圣不可侵犯,并且称,数学规则并不能适用于人类的各个单元;另一种理论的基本原则认为,为了目的可以不择手段,不仅允许,而且要求,个体在任何方面都隶属于社群,必要时要为之献身,作为实验品或者牺牲品,或者以任何需要的方式……谁被赋予权力和责任,一有机会便会发现,在必须作出实际决断时,他就得做抉择,大事件的逻辑把他不断地推向另外的备选方案……在紧急情况下——政治即为永恒的紧急情况——统治者要能够一直以需要采取特殊措施的特殊情形为依据。自从国家和阶级存在以来,他们便生活在持续的紧急防卫状态,这个状态迫使他们将人文主义理想的实际应用推延到更好的时代。[①]

---

① A. Koestler, *Sonnenfinsternis ('Darkness at noon')*, Frankfurt – Berlin – Wien, 1979, S.134f.

因此，并不存在一种唯一的道德和强制性的安全政策世界观，而是存在多种多样相互独立的伦理行为准则，它们要么造成原则中永远可能的深刻不和，它具有清晰的对立结构，或者使得政治包容堕落为来者不拒的虚无主义。

在需要进一步讨论的人本学常量的背景下，今天——至少在受西方影响的文明中——普遍接受的是大众消费、放任自流、享乐主义等原则上无限的和随意的变化可能，以及与此相应的代表性思维方式的智性混乱。人类的世界观成为可以随意构造的，它将人与关于人的早期观念——作为有意义的更大的整全的一部分——剥离开来。使理性与人类本能、文化与自然相和谐的市民原则，首先针对的是对人类非理性和凶邪的主宰。[22] 技术理性和进步的解放被施米特称为"进攻性"的，它同时增强了人类追求享乐和自我实现的人本学变量。人更像是需求、非理性、本能、权力和性渴求的奴隶，而非富有理性的动物。全球 - 大众民主（planetarisch-massendemkratisch）社会的人性样态，以曾经发挥天资和能力的市民理想为代价，躲避到愈发狭隘的自我心灵的角落，规规矩矩地在受电子化操纵的感知和印象的大潮中随波逐流。降低到不再属于自己的内在性的他，将自身视为外来的和莫测的力量或者社会机能的玩物，失去了从前宗教带来的意义和理智。

绘画、艺术、文学以及电影，悉数成为大众民主的梦工厂，讲述的更多是可企及的人性样态的图像而非语言。哲学和科学为诸种价值、世界的解释，以及世界图景的随意性和相对性提供根据。它们以这种方式为扩张的思想自助商店提供了理论的上层建筑,这个商店的"购物单"可以为任何人提供喜欢的事物。①尤其在西方工业国家,个体化在不断发展,与之相伴,人脱离直接的外部世界现实及其律令,这二者似乎势不可挡。对现实的意识变成了间接性的。电脑和信息时代的电子和虚拟现实,在诸多方面取代了现实世界。一旦在这个人工虚拟世界流连忘返,人就会形成一种看似无边界的新权力特许,它令人遗忘掉,假想的参与者只是被操纵的一体化世界的对象和可替换的微小元素。在信息社会中,影响意识的不再是存在,而是装满知识、信息、图像的虚拟世界的机关。它的生产者表面上是新的统治阶层的一员,而人们看到,消费大众构成了用户和知识工人的新社会阶层。电子革命中的人从总体来看——包括他从前的私人领域在内——是被联系起来的和网络化的。他日益在"赛博空间"的虚拟世界中交流、融合,甚至相爱、仇恨和斗争。城市化、蜂巢状分布的人性样态,被囚禁在不断变化和再生产的电子王国,而这些变化和再生产使人们遗忘社会现实的所有孤单乏味。

"地球村"概念中包含的通过电子数据传输使世界在交流上连接起来,将导致革命性的社会、政治、文化变革,这将动摇业已风雨飘摇的西方人性观。[23]施米特在作品中多次揭示了人类进步具有破坏性这一矛盾,这一矛盾也表现在,信息和图像如脱缰野马般泛滥的世界和意图全面发展消费的世界有可能突破时间和空间。全球化和网络化的同时,世界与国际和谐仍相

---

① P. Kondylis, *Der Niedergang der bürgerlichen Denk- und Lebensform. Die liberale Moderne und die massendemokratische Postmoderne*, Weinheim, 1995.

距甚远。在政治、经济以及军事方面,国际舞台上起主导作用的是权力和势力政治的特别利益。惹人注目的是世界各地区的分歧,一些地区几乎无法接受军队和武器装备,另一些地区则剧烈地进行军备扩充。这暗示了一种古老的人类洞见:存在潜在冲突和军事不平等的地方,就永远存在着使用武力解决政治、经济、社会对立的危险。

在这一背景下,一种有共同需求的国际性世界社会(Weltgesellschaft)得以发展出来。克服财富的匮乏,以及舍弃如禁欲、克制或者自我约束等早期市民价值,都是该社会的核心特点。大众民主和大众消费尤其亟需的是享乐主义态度和价值多元主义,以便行之有效并保持生命力。于是,消费成为工作之外新型人性样态的核心价值。消费品、信息、休闲以及娱乐等巨大的供应,让个人有可能进一步使其生活个体化。

大众民主社会的纵向和横向灵活性由如下能力得到补充,即它赋予个人一种从未有过的思想和心灵的灵活性,它提供了一种不断体验新的印象、想法、心理状态以及智性态度的可能性。在现代,超越界限的交流手段深刻影响着大众民主下人们的日常,将个人与不同的地点和时间织成网络。在缺乏个性但有着愈发平等的交往形式的大众社会中,人变成原则上可被替代的演员和戴面具的人。这一点尤其适用于西方世界快节奏且可被随意替代的精英。及时辨识出获得半数以上票数和取得一致的能力,是常规时期生存的座右铭。不张扬、不出头、不提错误的问题——与公众意识不相容的问题——成为政治和社会智慧的准则。不显眼、合规矩、缺魅力(Charisma)、无愿景,这些都符合许多西方精英的成功形象。

流水般轮换的效率精英表现得亲民,至少从外表看起来必须

一　安全政策与战略的变量　17

如此,好像他们同路上的人们很热络。[24]"明星崇拜"和屡被提及的"透明度"、消除对私人和公共生活的早期区分、基于福利国家的物质享受而转向私人事务、拉平社会年龄阶层和性别,以及包容一切事物,包括精神变态和罪犯,这些都是西方人性样态新意识的标志。在其他世人面前,西方丧失了早期的模范角色。许多亚洲国家正发展出一种心灵、政治、经济和军事纲领,与之相对立的是仍在被宣传但被半心半意辩护的西方价值社会,然而东方的自我意识和效率意识愈发地对西方发出质疑的声音。

无论人类行为如何不确定,其可能性如何多变,诸如对自我保存和扩大权力的追求这样可靠的常量都仍然保持不变,这些常量会抛出问题:安全政策方面的世界图景中的那些因素具体呈现为何种面貌,从中会生成怎样的政治。很明显,克服19世纪和20世纪意识形态的权力斗争并不会导致内战各派系、各民族、各国家之间冲突和战争的终结。倘若涉及生存性的事物,如生态安全的生存空间、空气或水源,或者当处于变革,也许是新的大地法的具体政治和经济安排面临停滞,或者统治和空间秩序似乎在改变,世界图景在交替时,那么大众社会中被视为可容忍和可克服的意识形态对立就成为可以忽略的论争和冲突的理由。人类政治行为的定义也依赖于人类是以朋友抑或以仇敌相待,他们如何处理权力、武力、战争等现象,以及在紧急状况和危险空间的生存处境中如何反应。

施米特的贡献在于,在普遍意义上分析了政治的这些变量的意义和恒久性,并且在特殊意义上进一步分析了安全政策活动的意义和恒久性。施米特根本性的政治和冲突范畴的特点核心是以霍布斯和克劳塞维茨为向导的安全政策人本学,其中重要的是人的独特本性和状态,因此他不会放弃同其他人的冲突,不会安稳地生活。

施米特尤其在《政治的概念》这部奠基性的研究中阐发了自己的人本学范畴,他主张,政治就是为了自保以及维护利益、权力和势力的斗争。在正文第七章中,也就是讨论过政治的评判标准之后,[25]施米特针对作为政治理论构建前提的人本学进一步作了以下探讨。

> 所有的国家理论和政治观念均可按照它们所依据的人类学来检验之,并由此分为两类,即那些有意识或无意识地假定人在"本性上是恶的",以及那些有意识或无意识地假定人在"本性上是善的"。①

与迥异和多变的人本学前提相符合的,是不同的政治理论和人们从政治世界获得的图景。与将政治从伦理和经济中区分开来的做法相同,施米特也按照政治的观点,将人的本性分为"危险的"和"不危险的"(同上)。通过回溯17、18世纪从人的自然状态推论出的国家哲学,以及马基雅维利、狄尔泰、施普郎格、普莱斯纳等人主张人的天性在原则上对所有趋势都保持开放的人本学,施米特得出结论,"所有真正的政治理论都是"以人的"恶"为前提,即人不是绝无问题的,而是"危险和动态的生物"(同上,页75-76)。因而,"恶"的潜力不在乎它是人的根本,而在于它形成了具体的政治视角,我们必须在此视角下去审视政治事务中的人。

"最善"抑或"最恶"的人本学、"人之于人是人"与霍布斯

---

① 施米特,《政治的概念》,页72。

的"人之于人是狼"的分歧,[1]在今日的安全政策图景中再清晰不过。全球范围内宣扬的人权普世论尤其面临大规模杀伤性武器激增的问题,这些武器投入使用的可能性,是以潜在地以歧视眼光将敌人视为值得消灭的对象和一文不值的东西为前提的。[2]另外,人类充分掌握技术的能力和对其以利益为取向的应用愈发急速发展,这一进程可能会使人——即使在武器技术之外——最终成为自己自大的敌人,

> 也就是说,人会使某些神学家此前就上帝的位格或统一所做的神学表述或者歌德的一句名言所表达的变为现实,即上帝只有一个敌人,就是他自身。[3]

[26]在施米特看来,任何政治理论都以人本学前提为根基,

> 每一种政治观均以不同方式对人的"本性"采取某种立场,不是假定"人性善",就是假定"人性恶"。[4]

在消极情形下,政治的主要任务在于保证安全、权利和秩

---

[1] 施米特将其遗产中关于人本学问题的笔记称为 *Homo homini Homo*,他在其中尝试区分各种可能的人性观,见遗产 RW 265-447 Nr. 4。

[2] 施米特,《游击队理论》,见施米特,《政治的概念》,页229。

[3] Carl schmit, Von der TV-Demokratie. Die Aggressivität des Fortschritts, 见 *Deutsches Allgemeines Sonntagsblatt*, Nr. 26. V. 28. Juni 1970, S. 8,见遗产 RW 265-229/M 10。

[4] 施米特,《政治的神学》,刘小枫编,刘宗坤/吴增定等译,上海:上海人民出版社,2014,页65。

序,在积极情形下则是去克服消极秩序。①

对政治活动正当性的追问依赖于判断者各自的人本学立场,也就是说,从天性上来讲,人应该被视为善的或至少有改善的潜能(卢梭),抑或是潜在的危险生物(马基雅维利、霍布斯),且作为一个物种绝没有根本"改善"的机会。在施米特看来,政治的具体特征在经验上证明了消极人本学作为政治理论前提的必要性,它是政治中敌友局面的根基,

> 比起任何动物,人相比于他所认为威胁到他自身的其他人要更为危险,就如与动物的武器相比,人类的武器更为危险那样。②

拉封丹的动物寓言作为"最佳的直观表达",适合用来说明政治领域和"有持续危险和威胁的空间"中的关系和事件。因此,侵略问题在狼和绵羊的寓言里得到十分根本和清晰的讨论,或者,对罪责问题的讨论在瘟疫罪责的寓言中同样如此。施米特认为,拉封丹可以凭借其寓言"形成一套明确易懂的政治

---

① 施米特,《政治的概念》,页72及以下。
② 施米特,《论权力及接近当权者之途径的对话》(吴增定译),见舒炜编,《施米特:政治的剩余价值》(思想与社会第2辑),上海:上海人民出版社,2002,页320。在施米特遗产中(RW 265-229/M12-14),有一本在《政治的概念》中提及过的拉封丹寓言(*La Fontaine Machiavel Francais*, André Siegfried编,Ventadour,1955),施米特为其做了大量注释并加了很多着重,尤其得到强调的是以下几则:群鼠的会议(Conseil tenu les Rats)、牧人与牧群(Le Berger et son Troupeau)、牧人与国王(Le Berger et le Roi)。[译按]第一则中译见拉封丹,《拉封丹寓言选》,远方译,北京:人民文学出版社,1998,页21-22。

和国际法理论"。① 在这一语境下,施米特引征丘吉尔1938年10月的讲话来说明裁军问题,丘吉尔在讲话中指出,"任何动物都将自己的牙齿看作防卫武器,而将敌人的角视为进攻武器"(同上,页88),这个事实在冷战时期的裁军争论中变得尤其明显。尽管动物寓言能够说明政治处境和人与人之间的关系,但是动物之间的敌对并不等同于人与人之间的敌对,

> 狗无法在精神和道德上质疑如此本质的猫,反之亦然。狗向猫狂吠或者猫向狗发出噗噗声,但它们做不到像人那样,有能力剥夺敌人作为人的品质。②

不同的人本学前提与不同的人类思考领域息息相关,其中,神学视角下的人类形象在如下方面与政治性的人类形象一致,即这种形象基于人的有罪或需要救赎,并且区分了被拣选和未被拣选者。③ 如施米特所说,因为,

> 在一个善的世界上,置身于善良人群之中,只有和平、安全与和谐占据主流。神甫、神学家与政治家、政客一样纯属多余。(同上)

---

① 施米特,《霍布斯国家学说中的利维坦》,应星/朱雁冰译,上海:华东师范大学出版社,2008,页87及以下。

② Carl schmit, Die geschichtliche Struktur des heutigen Welt-Gegensatzes von Ost und West. Bemerkungen zu Ernst Jüngers Schrift: „Der gordische Knoten", in: *Freundschaftliche Begegnungen. Festschrift für Ernst Jünger*, Frankfurt a. M., 1955, 页149及以下,其中有大量注释,见遗产RW 265-456/B 20。

③ 施米特,《政治的概念》,页79。

因此,人性中的"善"有赖于其生存的一系列外部条件,

> 人们一般就会说,只要一个人处境不错或者愿意宽容大度,他更喜欢幻想不受干扰的平静生活。(同上,页84)

与和平一样,冲突也同样受人本学的限制。原则上,人不会放弃武力,但是他也不会持续地以之为生和受其戕害。从这一观点来看,和平是一项不断需要解决的安全政策任务。该任务首先源自——至少暂时地——克制武装冲突的必要性,而非人类爱好和平的意图。因此,是一些人本学因素引起了战争,并使和平作为"幻想不受干扰的平静生活"成为可能(同上)。这种关联,即关于政治的"人性基础"的认知,符合霍布斯和克劳塞维茨的思想传统。[1] 施米特认为,极端冲突局面的发生时机总是"人们在人性之中歧视和剥夺消极者、害人虫或者捣乱者人之为人的品质,将其下降为'非人''非人格',从而使其陷入应该被消灭的'无价值'状态之时"。[2]

> 人类是一根绳索,连接在动物和超人之间——绳索悬于深渊上方……人之所以伟大,是因为他是一座桥梁,而非目的。[3]

---

[1] 施米特,《作为政治思想家的克劳塞维茨》,李柯译,见吴彦/黄涛编,《国家、战争与现代秩序——卡尔·施米特专辑》,上海:华东师范大学出版社,2017,页14。见遗产 RW 265-482/B 18。

[2] Carl schmit, Die legale Weltrevolution. Politischer Mehrwert als Prämie auf juristische Legalität und Superlegalität, in: *Der Staat*, 17. Band, Heft 3, 1978, S. 18.。这篇文献中有大量注释,见遗产 RW 265-457/B13。

[3] 尼采,《扎拉图斯特拉如是说》,黄明嘉、娄林译,上海:华东师范大学出版社,2007,页38。

尼采想要表达的是,生命是一条道路而非状态,[28]是深渊之上的绳索而非绿油油的草场或者纯粹的生存,人由于惧怕深渊而扭曲着身体,牢牢握住绳索不敢向前迈出半步;相反,生活意味着面临生存性的威胁而不断自我克服。施米特将这个出自尼采《扎拉图斯特拉如是说》中的思想进一步深化,使人们想到政治世界史的三组歧视性概念:希腊人与野蛮人、基督徒与异教徒、人与非人或者超人与次人。如人类种族灭绝屠杀史所证明的那样,最后一组概念可以唤起最为强烈的不对称。在施米特看来,"法"的三个过程——占取、划分、养育——的具体实行,以及这三大范畴的顺序和评价,都与人类关于自己、地球以及自身历史-政治处境的观念息息相关。在这个语境下,施米特指出,

> 即便山上宝训中必将承受地土的(《马太福音》5:5)温和的人……不凭借占取和划分也无法进行承受。①

用 homo homini homo[人之于人是人]这一反题拒绝霍布斯的政治人本学,施米特批评这种拒绝是经验上无约束力的"纯粹漠然的原点",然而,这个原点在政治的实践过程中转变为分歧,并使得两极对立转变为上文已经提到的"非对称",

> 有的上升,有的跌落;magnus homo[大人]"够到了神性",成为工厂主;parvus homo[小人]"变得与动物相比而不及",成为产品。Lupus[狼]终归还是十分人性的范畴,

---

① Carl schmit, Nehmen/Teilen/Weiden, S. 99.

> 与 brave new world［华丽的新世界］的产品相比,狼仍是个造物！[1]

施米特把霍布斯的现实－政治人本学与唯心主义的"纯粹"、"未受侵染"、具有市民教养"激情和客套"的人之形象对立起来,以便在这个语境下指出,近代德意志史的悲剧也产生于唯心主义哲学和政治处境之间不再可以忍受的分歧,根据同时代人的感受,施米特称那种处境为"堕入完全肮脏的深渊"(同上,页112)。政治革命在这样的精神处境中发生,整个民族走向没落的道路,

> 一种目前为止完全空洞的、不为人知的个体,从社会、道德、智性虚无的晦暗中,从纯粹的流氓无产阶级中,从无家可归的无教养者的避难所中粉墨登场,[29]用当时有教养的德意志的言辞和激情来丰富自己。(同上)

施米特认为,基于唯心主义人性观的高度发达的文化和文明会助长对政治处境的误判。单纯认同纯粹人性中的人为最高价值是成问题的,因为相应的政治伦理必须服从各种权力政治的挑战,而且在实践中会归于失败。幸福论和享乐主义会导致智性、心理、道德以及身体上舒适的状态,而这一状态会扭曲审视政治现实及其律令的眼光。在这一处境中,人们一般会控诉

---

[1] 参 Carl Schmit, *Glossarium. Aufzeichnungen der Jahre 1947–1951*, Gerd Giesler/Martin Tielke 编,第2版,Berlin,2015,页62及以下;亦参源自帕斯卡的人本学,"总之,伟大且卑微,人既伟大又弱小,既多又少,总之,他是个与真人一般大小的侏儒巨人",见页156。

这位虚幻和平的扰乱者为"人类之敌",因为人们钟情于幻想而无法长期容忍"悲观的预言者"(同上,页156)。

施米特在其政治人本学中首要关心的是,揭示人类具体政治活动背后永恒的因素。他的政治理论认为,行动的人是 zoon politikon［政治动物］,也就是说,历史上,人们在政治领域曾如何活动,在当下,他们具体和实际上正如何活动,以及在将来,他们很可能将会如何活动。在施米特眼中,不断重复和恒定不变是政治人性观的典型。与之相对,他认为,政治领域中人类活动的发展能力和多变性意义微乎其微。凭借这样的政治人本学,施米特在精神上接近于布克哈特、帕累托、尼采、格伦以及科斯特勒。[①]与卢梭关于人是善良且爱好和平的前提不同,施米特的政治理论中的人性观视人为一种极度受到威胁、在政治领域中生存面临不幸并且易被利用的生物,

> 人的身躯和心灵就如同乐器,神秘演奏中不可见的演奏者常常在乐器上为我们这些乐器奏出欢快的、非常诙谐的音乐。

---

① 参布克哈特,《世界历史沉思录》,金寿福译,北京:北京大学出版社,2007,"导言";V. Pareto, *Trattato di Sociologia Generale*(德文节译本 Vilfredo Pareto. *Allgemeine Soziologie*, C. Brinkmann 译, Tübingen, 1955)。尼采在《人性的、太人性的》中所持的基本人本学假设为,"只有过于天真的人才会相信能将人的自然天性转变为纯粹的逻辑性",参尼采,《人性的、太人性的》,魏育青等译,上海:华东师范大学出版社,2008,页47。格伦和科斯特勒的方案也符合施米特的政治人本学,参 A. Gehlen, *Moral und Hypermoral*, Wiesbaden, 1986; A. Koestler, Der Mensch im Labyrinth der Sackgassen, 见氏著 *Die Armut der Psychologie*, Bern & München, 1980。

根据施米特的说法，[30]"大多数人一定会感到自己如同残暴的掌权者手中的打击乐器"。①

那些对人性和人道有着普遍有效宣称（Geltungsanspruch）的、最为真诚的要求，在政治的过程中都会面临走到反面的危险，这种反面情形要求区分敌友，并且会导致毫不妥协的冲突。在认识到20世纪的意识形态冲突和现实之后，施米特写道，

> 倘若"人类"一词消失不见，精英们就会拔去炸弹的保险，大众就会寻找严防炸弹的掩体。（同上，页215）

如同施米特所表达的，人本学前提和基本的范畴在安全政策问题上可以总结如下，无论积极的人性观还是历史乐观主义和乐观的进步信念，都不合适作为现实的政治理论根基。

在政治领域，人的活动不可能长久地违背自己矛盾的"自然"和利益格局。② 因而，追求自保和权力扩张，在生存意义上以无法消除的方式使人的此在变得不安定。只有在国家状态中才存在一种相对的安定，这一安定在20世纪不断受到内战的威胁。任何人权普世论都囊括了重启以世俗形式出现的教派内战的危险。人们无法将普遍有效和以人本学为条件的正当性从政治范围中剔除，无法将其去政治化，因此，世界理性和世界政府的观

---

① Carl schmit, *Glossarium*, S. 127.
② 参《罗马书》中的相关表达，"我所愿意的善，我反不做；我所不愿意的恶，我倒去做"（圣经和合本，7:15,16,19）。

点要么是政治幻想,要么是具体政治意图和利益的工具。因为,政治格局并非超价值理念的结果,而是权力政治冲突和不断变化的结果。

如果要将施米特的政治人本学归入1945年之后的政治学流派,那么人们可以将其与现实主义学派的政治理论在内容上关联起来。该学派的主要代表有尼布尔(R. Niebuhr)、摩根索(H. J. Morgenthau)以及晚近的肯南(G. F. Kennan)与基辛格(H. Kissinger)。[①] 对于安全政策的现实主义理论家而言,政治是"现实政治",与其说它受理念、价值以及规范性的概念决定,不如说受权力和势力政治利益决定。

2 法的过程:占取—划分—养育

[31]任何社会和经济秩序都以施米特称之为"占取—划分—养育"的过程为前提,施米特在三重相应的意义上赋予该过程以古希腊语 Nomos [法]的概念。[②] 在施米特看来,所有法权、经济以及社会秩序都面临如下问题:

---

① R. Niebuhr, *Faith and History. A Comparison of Christian and Modern Views of History*, New York, 1949; H. J. Morgenthau, *Politics among Nations*, New York, 1960; G. F. Kennan, *Around the Cracked Hill, A Personal and Political Philosophy*, New York–London, 1993; H. Kissinger, *Diplomacy*, New York, 1994。

② Carl schmit, Nehmen/Teilen/Weiden, S. 97ff. 对施米特思想中法的概念的批评,见 Ernst-Wolfgang Böckenförde, *Thesen zu Carl Schmitt, Der Nomos der Erde im Jus Publicum Europeum*,见遗产 RW 265-323/M 2。

在何处并且如何进行占取？在何处并且如何进行划分？在何处并且如何进行生产？（同上，页99）

整个人类历史进程根本上都是按这个过程得到描述的，即便个别因素的顺序和价值大小根据具体的历史和政治处境有可能发生变化。

一开始总是和平或者暴力的"占取"：迁徙活动和占领之后的陆地占取，利用发现世界的大洋进行的"海洋占取"，建立海外交通线和贸易线，利用建立航空线进行对空域的"占取"，最后还有通过卫星、载人和非载人空间站、航天飞船对宇宙的"占取"，以及对星体（比如月球）的占取。

对于施米特而言，"占取"是"最终的合法要求"，是"极端的合法要求"（radical title，同上，页100），一如《圣经》中经典而持续有效的描述。在这个语境下，施米特追溯到《马太福音》（5:5）中的《山上宝训》，根据这个文本，即便那些将承受地土的温和的人也无法避免预先的陆地占取。《民数记》(34)和《约书亚记》(11:23)中，以色列人对迦南地的占取典型而经典地表明了，占取是法的基本范畴（同上，页99，注释3以及页100及以下）。紧接着占取的是划分，即确立具体的政治、社会、法律以及经济秩序，紧随其后的是"养育"，即通过生产来经营管理占取和划分所得。

施米特后来以文章封面上的概念注释——"占取：夺取（ergreifen）、把握（erfassen）、开拓（erschliessen）、培育（entwickeln）"——来解释"占取"的过程。"占取"可以是对陆地的占取，也有可能是致使经济空间开放，比如英国和美国迫使近代中国和日本开放。15、16世纪的"占取"也是"对海洋的占取",即通过西班牙和葡萄牙两个王国像对待"陆地"一样对待大西洋和太平洋,[32]并通过教宗获得单独的使用。

紧接着占取的第二个过程是划分,比起貌似具有返祖现象的占取,划分给人留下了更为深刻的印象(同上,页101)。"划分"可能意味着对陆地和垄断的分配,比如在古代和近代的再分配和重新分配(比如通过社会主义),或者将所占取的任由列强即各个强国自由地博弈。划分的消极影响带来的是不同的反应:帝国主义通常以进一步扩张作出答复,而自由主义则以不断增加消费品生产来做出反应,历史上大的海洋强国和世界经济强国都证明了这一点。

占取(比如发现无人居住的陆地之后的殖民)可能是以和平的方式进行的,而决定第二个"法"的根本进程的则是具体的力量和权力关系,为了决定"占取者的分配"——施米特后来在文本上如此评注——上述具体关系并不会排除武装和战争冲突这个选项(同上)。因此,社会问题最后全部成了划分的问题(同上,页102及以下),社会主义的答案是再分配和重新分配,帝国主义的回答是扩张;为了避免"占取"这一非自由主义的难题,并更为轻松和更易忍受地进行"划分",自由主义的答案是增加生产和消费品(同上,页103)。① 在施米特看来,海洋强国和世界经济强国英国和美国都具有自由主义范本的典型特征。

---

① 施米特把手写的"生命成了免费的"添加到了文章中,以此注解自由主义经济模式的发达状态,在这种模式中,占取的过程越来越隶属于划分和生产的过程。

法的第三个基本范畴被施米特称为"养育",它指的是在经济"牧场"之上的生产活动以及产品生产和加工的方式。施米特在后来的注释中指出,"消费"也属于法的第三个含义(同上)。"养育"指的是在分得的空间进行的生产劳动,除了商品生产和商品加工以及消费等方式之外,通过海上航线利用海洋进行自由的商品交通,以及通过航空航线对太空的利用等,也属于上述活动。由此可以清楚看到,"划分"和"养育"联系得何其紧密,交通以——无论对于航船还是对于飞机——邦法(Landrechte)以及"划分"的范畴为前提。[33] 这个在安全政策方面意义重大的关系的复杂性在于,政治-国家界限与国际企业的活动空间并不一致,这些企业在"国外"生产,利用的是"异邦"生产力和异邦的地产和土地。

与英、美这些强国在经济和政治上的腾飞紧密相连,有待分析的海上强国的思维和法律范畴对国际法律秩序的影响,是施米特作品的一个基本主题。鉴于今日的安全政策处境,从施米特"法"的范畴可以看到如下问题:

一、今天的国际政治处境在核心上究竟是占取、划分还是生产的问题?

二、占取的过程是否已经结束,世界是否正走在统一的路途上? 如果答案是肯定的,那么谁是大的划分者、"统一的世界生产的操纵者和计划者"? 今天谁是划分和生产的主要参与者? (同上,页109)

三、我们是否仍然面对法的第一个范畴,即占取? 我们是否走在通往新的多元和世界多样化的道路上? 如果答案为肯定,那么这一新的全球多样性的地缘政治和战略理论特征是怎样的? 今天谁是占取的主要参与者?

四、是否可以确定法的重心转移到了划分、生产以及消费等范畴?

在这些现实问题背后是这样一种历史理解:根据施米特的说法,历史被定义为持续的进步或借助多种"占取"途径不断变迁的进程,正如该过程在作为陆地占取、海洋占取、工业占取,直到"当下的天空和太空占取"的世界史中曾经出现和正在显现的那样(同上,页111)。这个历史形象当下的安全政策和战略理论背景再明显不过。对政治、经济、军事、文化、宗教以及意识形态等势力阵地、组织阵地以及权力阵地的具体占领,始终隐含着预先的占取和划分。法的进程的方法论,即对占取、划分、生产的手段和途径的追问,就各自具体的历史–政治处境而言,核心上是安全政策问题。

[34]占取、划分以及养育的具体外化形式是变动不居的。"占取"会采取最极端的武力形式,也会采取伦理的"清洗"和放逐,也会表现为经济和社会的独立。占取的整个光谱包含了从血腥的驱逐和消灭到多种多样被掩盖的独立关系。"占取"的政治成就,常常是内在的武力对抗和冲突的后果。在历史–政治的世界,事实证明,可能的和实际的战争冲突是决断权力和势力关系的坚强而具有调节作用的原则。

然而,战争或者武力冲突并不总是具有调控作用的决定性原则。"经济战"在国家和经济的紧密联手之下,不费一兵一卒便可产生政治决断和转变。早期苏联的权力地位就是被和平地,尤其是被西方联盟的封锁和经济优势削弱的。

法的进程在任何时代以及任何地缘地区的世界史上上演着。地球上几乎没有任何地缘空间不成为以这种方式被决定命运的历史–政治空间。

特定空间的人口发展以及经济状况，在世界史中一再被证明是引起法的进程的决定性因素。人口压力会引起迁徙活动，这些活动一开始并不显示出任何政治特征，但是在这个持续膨胀的进程中会具有安全政策意义。紧随经济交往之后的常常是政治占领。这一点可以很清楚地从本章第三节呈现的英、美两国的历史发展观察到。这些"利维坦"的历史表明，法的进程同经济紧密相连。

时至今日，强国间相互竞争的新局面仍在不断发展：从作为最初的政治统一体的部落，经早期大国如埃及、海地特、亚述、波斯、古希腊海权、迦太基、罗马、拜占庭，到近代早期哈布斯堡、法兰西、奥斯曼帝国之间的强国局面，再到冷战时期的两极化，最后再到20世纪末政治和经济大空间秩序显著的多元化。政治的整体局势的特征曾是而且一直会是至少两个、常常多个政治秩序的角逐，是多样（Pluriversum）而非某个单独强国的普世性（Universalität）。

［35］与占取、划分、养育过程一直如影随形的是相应的辩护和意识形态动员，施米特称之为"正当性"。无论十字军、阿拉伯人、欧洲殖民活动、英国帝国主义、纳粹的扩张，还是美国所追求的普世世界和平秩序，它们不断辩护的精神根基所提供的都是法的进程的辩护样式。人们曾经且将一直以某个更高价值的目标为名，进行占取、划分以及生产和消费。

在法的范畴的背景下，安全政策和战略理论可能会披上在政治上具有破坏性的外衣，根据施米特提及的两个因素，这个外衣越来越具有尖锐性。首先，施米特提及的"占取（prendre）和理解（comprendre）在语言上的联系"会对应现实的关系（同上），据此可以说,差异化的并且有区分性的理解能力会使人程序化。其次,倘若人在之前以某种方式占取了的话,他只会践行所有世俗宗教都认定的给予戒律,

> 只有从虚无中创造出世界的上帝才会给予而不占取,而且也只是在由他从虚无中创造出的世界的框架中。(同上,103)①

如世界范围内给予者和占取者之间的不对称所表明的,地球上发达工业国家的消费也以预先的占取为前提。现代国家被简化为确保不受抑制的消费可能性和实施分配与再分配的功能,当它在行使社会性生存的预防措施时遇到阻碍,它便在政治上受到挑战。因此,这不仅暗示了此问题中的内部政治斗争,也暗示出安全政策和地缘政治维度上的南－北冲突。此外,从核心来看,这里关键是占取或被占取物的正当性问题,是对重新分配和再分配的要求,以及获得人人公平消费机会的愿望。

鉴于冷战之后的新秩序和冲突边界,法的范畴所指称的事实被证明在安全政策上具有当下意义,并且很大程度上充满冲突。这些事实暗示了新的法和多元的政治大空间。②

---

① 施米特后来补充评价该文章结尾关于法的范畴时写道:"最后一句是纯粹文化中的'政治神学'。"他以此指出,占取是个政治的概念,因此最终也是个世俗化的神学概念。

② Carl schmit, Der neue Nomos der Erde, in: *Gemeinschaft und Politik*, 3. Jg., Heft 1, 1955, S. 7ff., (im Nachlaß: RW 265–429/B34).

3 统治与空间秩序的变迁

[36]人类生存的基本生活领域是陆地、海洋以及天空。[①]在我们看来,人类历史实际上似乎——如施米特所言——就像穿过以火作为补充的四大古典元素的旅行,最终都化归为这些元素。[②]在施米特看来,陆地、海洋、天空等元素对统治和空间秩序深具影响的范例,就是英国和美国的历史-政治发展。

施米特在作品中一再使用的两个神话形象"利维坦"和"贝俄摩斯",是陆权和海权国家及其对于发挥权力和势力有差异的可能性的安全政策隐喻。在施米特看来,英、美两个海权国家在自身的历史中典型地描画出法——占取、划分、养育——的进程。施米特认为,英、美两国是毁坏ius publicum europeum[欧洲公法]和尝试建立普世世界秩序的主要参与者。[③]

英国的权力和势力政治史以诺曼人于1066年大规模的陆地占取为开端。12世纪,亨利二世则以相反的路径,即面向欧洲大陆,并以占领诺曼底、布列塔尼以及缅因、安茹、图赖讷、阿

---

① Vgl. zum folgenden Carl schmit, Behemoth, Leviathan und Greif. Vom Wandel der Herrschaftsformen, in: *Deutsche Kolonialzeitung*, 55. Jg. Heft 2/Feb. 1943, S. 29ff (im Nachlaß: RW 265429/B14); ders, Staatliche Souveränität und freies Meer. Über den Gegensatz von Land und See im Völkerrecht der Neuzeit, in: *Das Reich und Europa*, Leipzig, 1941, S. 91ff (im Nachlaß: RW 265–403/BO); ders, *Die geschichtliche Struktur des heutigen Welt-Gegensatzes von Ost und West*, S. 135ff.

② Vgl. zum folgenden Carl schmit, Behemoth, Leviathan und Greif, S. 32ff.

③ 施米特,《大地的法》,页264及以下;施米特,《陆地与海洋》;以及遗产中《明镜周刊》文章 *Die Heerin der Meere. Englands Flotte als Grundlage britischer Weltmacht*, 1979年第5期,见遗产RW 265–349/M1.

基坦延续了这种占取,英国最终于14世纪得以觊觎法国的王冠。1339年至1453年英法两国之间的"百年战争"使得英国首先退守到海岸线,并且在战争末期退回到海岛。1588年,在摧毁了西班牙舰队之后,英国便通过建立全球范围的贸易公司和进行激烈的海盗战争,开始了海上权力和势力的拓展。亨利三世组建的"皇家海军"以一支海盗船队起家,他们臭名昭彰的代表人物如霍金斯(Hawkins)、德拉克(Drake)以及雷利(Raleigh)摧毁了葡萄牙和西班牙的海上航线。继西班牙之后,来自荷兰的经济竞争者也在多次海战之后归于沉寂。[37] 1707年,英格兰和苏格兰合并,于是大不列颠兴起。英国针对欧洲大陆的"均势"政策开始于18世纪初的西班牙王位继承战争,与此同时,英国殖民地王国得以形成,并在美洲殖民地独立和1815年拿破仑折戟沙场后发展为一个大帝国。

英国与拿破仑交战期间,纳尔逊(Horatio Nelson)在七年之内发动了四次海战。他打败了西班牙,将法国舰队从埃及(阿布基尔)驱逐出去,在丹麦国门前摧毁了丹麦舰队,并于1805年在特拉法加获胜。追求更为安全的海外海上交通线的愿望和对世界范围内倾销市场的寻求,不断促使英国扩张势力范围。帝国首先将加拿大、英属圭亚那和洪都拉斯囊括在内,并于1788年开始向澳大利亚和新西兰殖民,进而将新加坡(1819)、印度(1858)以及缅甸(1886)吞并。

英国的地中海商路得到马耳他、塞浦路斯、1882年被占领并于1914年沦为被庇护国的埃及,以及亚丁和索马里的保障。鉴于阿曼和波斯湾的科威特在战略地位上的重要性,英国相继将其占领。在非洲,好望角、冈比亚、塞拉利昂以及尼日利亚相继被纳入英国势力范围。大英帝国一度拥有600个殖民地和自治领，其面积几乎十倍于古罗马帝国。1870年至1900年，英国曾占据拥有9000万人口的1300万平方公里土地。一战后，通过接管当时的德意志殖民地以及美索不达米亚和巴勒斯坦，大英帝国的扩张达到鼎盛。直到19世纪末，英国都是在政治、经济和技术上领先的世界强国。

1916年5月31日，英国与德国舰队在斯卡格拉克海峡狭路相逢，尽管英国付出三倍代价，海战最终打成平手。1919年6月，德国舰队在斯卡帕湾自沉。海战和自沉行动之后，英国的海上优势于二战期间最终彻底被美国所取代。大英帝国的急速衰落以1947年的印度独立运动为开端，接下来的时间，大不列颠在反殖民运动的背景下丧失了位于亚洲、非洲以及近东地区的大多数领地。曾经的大帝国在今天仅剩下为数不多的小块领土。

美国的历史也为法的进程提供了范例。发现者和冒险者在占领土地之后，欧洲对北美的殖民活动在17世纪初展开。[38] 1776年，一系列英国殖民地宣布独立，并向英国宣战。大约自1800年起，成立于1778年的"美利坚合众国"开始占取西部领土，当地土生土长的印第安人因而进一步被消灭，他们的余部则被强制迁入规定的保护区。1803年，美国从法国手中购得路易斯安那州，1819年从西班牙手中购得佛罗里达州，得克萨斯从墨西哥独立出来，并于1855年被美国兼并。美墨战争（1846—1848）之后，墨西哥将亚利桑那州、新墨西哥州、犹他州，以及加利福尼亚州等拱手交给美国。1846年，美国通过合约得到俄勒冈州，1867年从沙俄手中购得阿拉斯加州。

南北战争（1861—1865）制止了南方各邦作为独立政治体脱离北方各邦的企图。19世纪上半叶，通过主要在经济上向太平洋空间扩张和与中美洲和南美洲对抗,美国得以发展。①古巴脱离西班牙之后陷入美国的势力范围,在美国势力范围内的还有波多黎各和巴拿马。随着德国和日本在二战中战败,欧洲和日本这两个地缘战略上的对极,双双沦为美国的势力范围。"冷战"时代也以美国的胜利落幕。

英、美两国之所以发展成为世界强国,在施米特看来,是由一种精神状态和特殊的空间理解所决定的。②因为,如施米特正确认识到的,从海洋来看,陆地是海洋的一部分,而不是相反;同样,从陆地来看,海洋是陆地的一部分。自从以内陆出发所理解的岛屿空间概念因海洋性的空间理解之故而被放弃,英国对海洋的占取和因此从陆地性的存在过渡为海洋性的存在便成为可能。英国不再自视为欧洲大陆的一分子,而是自由海洋的一部分。这种空间概念的后果是从海洋出发的地缘政治思维,该思维并不将"陆地"等同于具有广度和深度的内陆,而是首先将其理解为含有腹地的海岸,它并不将空间理解为陆地性的,而是将其理解为跨陆地的,即海洋性的。技术、工业化、占取天空和作为第三维的大气层,这些都加速了曾经有利于星球性空间理解的海洋空间概念的延展和扩张。

[39]如施米特以历史上武装冲突大跨步的发展所展现的,战争概念也与上述发展步调一致。以勒盘陀海战(1571)或者西班牙舰队的衰落(1588)为起点,经过以帆船为主导的克里米亚战争(1854—1856)的大步跨越,再到美国南北战争(1861—

---

① 1854年,以武力迫使日本经济开放;1896年,吞并夏威夷;1898年获得菲律宾。
② Vgl. Carl schmit, Das Meer gegen das Land, in: *Das Reich*, 9. März 1941 (im Nachlaß:RW 265-199/B41).

1863），该战争以装甲轮船为主导，是不同经济体系之间的冲突。施米特认为，美国南北战争标志着"现代工业和经济战争时代"的开端，这种战争在20世纪的一战和二战中达到顶峰。[1]

英国海洋帝国和后来帝国的拓展，是以一种新的空间秩序概念为基础的，这一概念随着新世界的发现和环球航行而产生，[2]如施米特所证明的，它们引起的后果是一系列根本性的变革。诞生于法国的国家主权政治决断和国家理由（Staatsräson）等思想，克服了教派内战局面。始于16世纪瓜分新世界的战争，不仅创造出新的强国局面，也创造出如文艺复兴、宗教改革、人文主义以及巴洛克等思潮。这些因素促进了当时的空间革命，并因此改变着世界（同上，页91）。基于陆地和土地、陆地性的国家概念，在当时受到海洋性的空间革命和国际法概念的动摇。随着发端于16世纪围绕世界海洋的斗争，（脱离于国家的）自由海洋的开放空间秩序概念产生，这样的概念必然与封闭的、基于国家性领土主权的国际法概念水火不容。陆地与海洋、国家—领土与岛屿性思维等对立，不仅表现在根基迥异的历史观、发展观和人文理想中，而且也表现在国家的开放性权力诉求与"在伦理—法治国上自我掩饰的主宰世界的诉求"的对立中（同上，页99）。

后果之一还包括战争和敌人概念的对立性。通过有组织的军队打的国家战争，根据其自我理解，并不会针对民众和私人财产，这种有底线的纯粹国家战争在根本上不同于海战，后者并不区分战士和非战士，它越过重重限制，将敌方民众的整个生存牵

---

[1] Vgl. Carl schmit, Behemoth, Leviathan und Greif, S. 31.
[2] Vgl. zum folgenden Carl schmit, Staatliche Souveränität und freies Meer, S. 91ff.

涉进来：无论经济、贸易还是战利品权利之外的私人财产。其前提通常是一种总体性敌人概念（同上）。

［40］施米特以利维坦和贝俄摩斯斗争的神话形象来比喻陆地和海洋生存在世界史中的冲突。这种冲突表现为雅典与斯巴达、迦太基与罗马或者英国与欧洲大陆之间的战争等古典冲突。间接的统治方式和战略成为海权国家用来践行其统治诉求的典型手段。[1] 在施米特看来，大的现代海权国家如英国和美国之所以能够取得世界范围内的战略目标，并不是通过国家的领土扩张，而是通过自由世界贸易中意识形态、社会、经济势力的扩张，通过世界范围内推动战争与和平的中间状态，通过贸易禁运或者封锁、经济和财政措施，也就是说通过间接的权力手段和方式。[2] 归根结底，其成就的根基是一种新的海洋性空间秩序概念，它超克了陆地性、领土性的秩序概念。

囊括了空域和太空的现代空间概念，与早期内容空洞的"纵深维度"毫无共性，施米特认为，现代空间概念指的是包含了陆地、海洋、天空等元素的"人类能量、活动与效能力场"的行星层面的概念。[3] 用施米特的话来说，当下时代的"空间革命"在于，我们不再在空间中理解世界，而是在世界中理解空间。古老的海洋、陆地、天空的划分已经不复存在，因为，海洋、陆地、天空航行已经无法描述形形色色的人类生存条件。人类迈向太空和太空航行，开启了拓展了的新空间概念的视野，因此也是一种

---

[1] 关于盎格鲁-撒克逊间接战略概念的论证和方案，参 B. H. Liddell Hart, *Strategy*, New York, 1954, 施米特集中地辨析过这种战略的政治和国际法后果。

[2] Carl schmit, Staatliche Souveränität und freies Meer, S. 114.

[3] Carl schmit, Behemoth, Leviathan und Greif, S. 32ff.

新的行星性法的视野。"无边无际、不受局限、无穷无尽的世界空间"向人类开启。① 人们得在生成中理解行星空间和世界意识。对法国在太平洋的核弹实验（1995—1996）的抗议、世界范围内对人权的要求，超教派的普世"世界伦理"愿景等，都为不断增长的跨民族的大国、超大国世界责任提供了鉴照。

地球的统治和空间秩序发生着不断嬗变，即便在当下也不断受到动摇。非－秩序压倒秩序占了上风，古老事物似乎被克服，新事物已在昏暗中微微示意。

［41］鉴于世界范围内的变革，施米特的洞见有了独特的当下意义，他曾说，

> 人类对新事物的恐惧与对空无的恐惧一样巨大，即便新事物是对空无的克服。因此，当一种新意义在现实中为其秩序斗争时，许多人只看到无意义的非秩序。当然，旧的法衰落时，与之一道衰落的是流传下来的准则、规范、关系的整个体系。但是未来的事物并不仅仅是滋蔓无度或对法充满敌意的虚无。即便在新老势力残酷的战争中，也会产生正义的法度，并形成有意义的比例。这里也有诸神，他们在这里宰治，他们的规尺洋洋乎大哉。②

---

① Carl schmit, Staatliche Souveränität und freies Meer, S. 96.

② Carl schmit, Behemoth, Leviathan und Greif, S. 33；对列强的崛起和衰落以及相关影响因素深刻的地缘政治分析，见 G. Eisermann, Aufstieg und Fall, in: *Der Staat*, 30. Bd. Heft 1, Berlin, 1991, S. 106 ff.

4 世界观与安全政策

[42]安全政策和战略理论不仅在特定的人性观和假设的人本学常量、法的进程以及统治和空间秩序变迁等背景下进行,具体的历史－政治处境也一直是人类特定精神状态的表现,如施米特所言,这种状态在欧洲过去的四个世纪当中已经显现为"嬗变的中心领域的阶段后果"。[①]因而,每种认知都一直是对某个具体的和得到塑造的当下的认知。特定的政治－文化处境既决定了思维的视野,也决定了思维的内容。

与此相应,可以按照四个观念史阶段的先后顺序,在各阶段精英变化的视角下来呈现近代,即从神学的到形而上学的,从形而上学的到人文－道德的,最后在我们的时代再到经济的即人类生存的精神中心和中点。尽管现实的处境突出表现为混杂的形式,并且是多个精神中心的并列,但是,施米特的四阶段模式描述了时代变迁中精英基本的精神取向。

伴随着哲学思想的历史,人类生存的精神中心不断转移。欧洲16世纪神学向17世纪形而上学的过渡便是第一个历史转折点,紧随其后的是18世纪经由自然神论和启蒙道路而来的道德的主宰。19世纪进入了"审美－浪漫主义和经济－技术等趋势的联合"。生产和消费成为核心参考值,如施米特精确表述的,因为,

---

① 施米特,《政治的概念》,页125及以下。

> 这条精致的审美消费和享受之路是最为可靠也最为舒适的道路,他们由此走向了把精神生活普遍经济学化的道路,并导致这样一种精神状况,即人们发现人类生存的中心范畴乃生产与消费。(同上,页127)

经由使一切人类生活领域审美化的浪漫派,经济最终在19世纪成为主导精英精神的中心,并在20世纪得到了技术的补充和修正。

[43]施米特认为,过去四个世纪发展背后的原则是世俗化和中立化,以及因此坚信在当下可以用技术解决一切问题的信念。[①]在施米特看来,坚信经济和技术发展具有无限可能性,在20世纪导致了一种"技术进步的宗教……一种技术奇迹、人类成就和征服自然的宗教"形成。[②]我们在这里可以看出韦伯社会学视野的影响,在施米特的其他作品中也同样如此,施米特在其中形成了社会变迁理论和对政治的理解,他认为,政治是对"权力分配、权力保存或者权力转移等利益的表达",[③]并且是"精神"领域和知识分子世界围绕权力和统治的冲突。[④]

只有通过理解各个精神中心领域的具体内容,特定历史-政治时期的概念、语汇、观念等才能获得意义。施米特就这一

---

① 作为如今科技"中心领域"及其地缘经济挑战的具体化,参 K. Seitz 等,*Die planlosen Eliten*, München, 1992。

② 施米特,《政治的概念》,页128。

③ 参韦伯,《政治作为一种志业》,见韦伯,《韦伯作品集·卷一:学术与政治》,钱永祥等译,桂林:广西师范大学出版社,2004,页197。

④ Vgl. dazu G. L. Ulmen, *Politischer Mehrwert. Eine Studie über Max Weber und Carl Schmitt*, Weinheim, 1991.

事实所举的例子是 cuis regio eius religio［谁的地盘就信谁的宗教］这句话，它在宗教－神学的中心领域——并且只在这里——的背景下具有重要的政治和实践意义。这句话在民族性原则的背景下演变为 cuius regio eius natio［谁的地盘就是谁的民族］，直至冷战结束，它仍作为 cuius regio eius oeconomia［谁的地盘就是谁的经济］原则而具有政治意义。含义的转变直接与其他不断改变的概念内容一致。因此，与"精神的中心领域"发展相对应，战争概念亦从宗教战争经由民族战争继而发展为经济和贸易战争。施米特思想中的精神中心领域总是不断轮替和斗争的精英的"战场"。这表明，精神世界也绝非超验、超世俗、无冲突的世界。

从此一中心领域向另一中心领域的过渡通常意味着毫不妥协的精神对峙，这种对峙在历史－政治世界无法通过讨论来澄清，而是由改革、革命、大体和平但更多时候是武力的变革来决定的。故而每个精神中心领域绝非中立的领域。政治力量背后掩藏着追求"现状的安稳"及其舒适的敌友对立局面，也掩藏着否定这种局面的人。[1]

[44]施米特坚信，政治领域中连贯的思想不可避免地会被牵扯到斗争的党派和团体的对立中，而且他自己的命运也证实了这一认识的现实感。即便至关重要的是称为"中心领域"的概念，但是，自由讨论通常都以对峙和决绝的决断收尾。

16世纪欧洲人文主义的主要代表人物伊拉斯谟（Erasmus von Rotterdam）早已认识到精神参考值充满的内在冲突。与施米特一样，他也否定和平、高尚、厌弃一切意志对立的科学和宗教立场，

---

[1] 施米特，《政治的概念》，页138。

廊下派与托马斯主义者、唯名论者与唯实论者、柏拉图主义者与逍遥学派等的斗争如此剧烈,以至于在事实上再细微不过的事情上也争执不下,常常就山羊毛而吵翻了天,直至独语的热情由说理上升为谩骂,由谩骂继而大打出手方肯罢休。倘若事情不能用拳头和长矛来解决,他们就用蘸过毒药的笔杆子互泯恩仇,互相在纸面上进行厮杀,都向对方投射致命的唇枪舌剑……除了宗教神圣的锚,留存的还有什么呢?……有如此多的派系,如此多的团契,多明我会与小兄弟会不和,本笃会与熙笃会不和,有如此多的名目,如此多的装束,如此多对于各色庆典的嗜好……若要尽数那些上了年纪的先生们,这些牛皮大王和蠢货,留着长须身着大氅的年高德劭者,引发了多少战争,但最终仍在有学养和神圣地思考问题。真是耻辱。①

施米特就是在上述意义上在《作为政治思想家的克劳塞维茨》一文结尾引用了兰波(Arthur Rimbaud)的话,同时将其作为对克劳塞维茨生平的总结:"精神战争就如人世的战争一样惨烈。"② 在施米特看来,学术"价值中立"的理想对此改变不了任何东西。施米特认为,类似于"价值中立"这样的范畴,只会把握不到真理和政治的现实,因为,价值哲学归根结底是从政治性的朋友中制造出纯粹的价值,从政治性的敌人中制造出"非价值"。③

时至今日,核心的精神概念不断变迁的意涵与这些概念在

---

① 关于施米特对敌友关系的理解,参 Eramus von Rotterdam, *Querela pacis*, München–Zürich, 1985, 页 55 及以下。
② A. Rimbaud, *Une saison en enfer. Oeuvres*, Paris, 1950, S. 198.
③ 施米特,《作为政治思想家的克劳塞维茨》,页 35。

历史上的多元性,并未阻止人类顽强地争取、反对或是为了这些核心精神概念而斗争。[45]因此,施米特在评价近代历史时不得不做出此说:

> 今天,我们……懂得了人们以和平的名义来发动最残酷的战争,以自由的名义来施加最沉重的压迫,以人道的名义来制造最可怕的非人道。[1]

施米特认为,需要区分涉及"中心领域"的、"具有政治破坏性的"意识形态和宗教敌对——一如它们在历史上无数次上演——与国家之间的政治敌对,后者应该决定的是现实的政治利益对立、权力和强弱关系,而不是非物质性的事物。人们只需要解除敌人的权力,而不是将其消灭。[2] 政治的任务在于,领会有效力的精神力量,将其理性化,并阻止其爆发。人们只能从不同的精神中心和将其制度化的精神-文化力量来理解不同的历史-政治处境。这些力量无法中立化,即便通过纯粹的进步和技术信念也无法做到。因为,技术、工业、生产力和经济最终都是精神力量和作用的产物,只有从这里,它们方才获得动力和意义。

基于不同的生活条件、传统、习惯或者宗教(Religionen)所获得的各种世界观和世界概念,构成了特定的地理空间的特征,施米特根据法国地缘政治家格特曼的观点,将这些空间称为"圣

---

[1] 施米特,《政治的概念》,页139。
[2] 施米特,《作为政治思想家的克劳塞维茨》,页22、32-33。

像学"(Ikonographie)。① 这些世界观的基础是决断和与此相联系的对权力的诉求,② 它们在空间和地理上"有其位置",并且"在历史上是具体的"。③ 从安全政策方面来看,世界观作为精神—文化单位具有重大意义。④ 在政治领域,精神的中心领域是"对大规划的意义设定",由每个时代的精英所构造,为了给自身以及由他们所指引的民众创造政治活动的精神参照框架。⑤

[46] 我们可以在宗教领域观察到上文已经提到的精神"中心领域"的中立化进程,在宗教由认信某个信仰到信仰理论性

---

① Vgl. J. Gottmann, *La politique des États et leur géographie*, Paris, 1952; Carl schmit, Die geschichtliche Struktur des heutigen Weltgegensatzes von Ost und West, S. 139.

② 对施米特的中心领域理论的解释,见 P. Kondylis, *Macht und Entscheidung. Die Herausbildung der Weltbilder und die Wertfrage*, Stuttgart, 1984, S. 14ff.

③ Carl schmit, Die geschichtliche Struktur des heutigen Weltgegensatzes von Ost und West, 前揭,页 139。

④ Dazu S. P. Huntington, The Clash of Civilizations, in: *Foreign Affairs*, Summer 1993, S. 22ff.

⑤ 参施米特,Drei Stufen historischer Sinngebung, in: 见 *Universitas. Zeitschrift für Wissenschaft und Kultur*, Bd. 5, Tübingen, 1950, 页 927 及以下,施米特在该文上做过大量注解,见遗产 RW 265-459/B7;在恢复了原始题目和小标题的亲手补加的注释中,施米特划去了 Drei Stufen historischer Sinngebung,取而代之的是 Drei Möglichkeiten eines christlichen Geschichtsbildes,并且附上了三个小标题:1, Die grosse Parallele; 2, Der Katechon; 3, Das Marianische Geschichtsbild。这篇文章其实谈到关于作者的"自我定位",他自称为认信了 Katechon [抵挡者]的"基督教的厄庇墨透斯"。在施米特这里,末世论信念与历史 - 政治意识作为一体,紧密联系在一起。施米特在重提洛维特的《历史中的意义》(Meaning in History, 1929)时还写到,"当时(1950 年),我还不知道洛维特曾化名菲奥拉(Fiola)于 1936 年写过一篇反对我的东西"。

的信念的相似性再到"普遍的虔信"的发展过程中,人们可以发现宗教信念"极端一体化"的现象。①

总之,施米特要借助他的历史哲学思考表明,具体的历史－政治处境永远都和与生俱来的形而上学意义设定相联系。倘若没有这种形式的绝对化或者精神"中心领域",任何历史－政治处境都是行不通的。即便内容在时代中改变,原则仍然不变。对具体政治处境的理解,终究只有通过理解其形而上学的精神关联才是可能的。在施米特看来,"中心领域"或者世界观的产生并不是基于理性思考或者合乎目的性的理由,而是通过对人类在具体生活和空间格局中直觉的抽象。

对海洋的占取以及与此相关的空间秩序观与特定的宗教影响分不开。施米特认为,即便埃及文化和文明及其诸神崇拜的发展,都是对具体地缘政治处境的特殊反应,他们的处境是由空间的调节和秩序使命及其对外敌的不断防御所规定的。②新教海权国家英国反对西班牙和葡萄牙这两个天主教强国海上霸权统治海洋的斗争,开始于16世纪,最终新教的英国胜出,这场斗争暗示了空间意识、安全政策以及"精神中心领域"(在这里即为宗教)之间的内在关联。③这个事实也清晰地表现在今天的安全政策格局中。④

---

① 施米特,《完成的宗教改革》,见施米特,《霍布斯国家学说中的利维坦》,页160;施米特曾对该文做了题献和大量注释,见遗产RW 265-482/B19。

② Carl schmit, Die geschichtliche Struktur des heutigen Welt-Gegensatzes, S. 152 ff.

③ Carl schmit, Staatliche Souveränität und freies Meer, S. 91ff.

④ 参本书第十五章。

[47]《创世记》(1:1)已经指出了人类陆地性和海洋性生存的对立,也就是陆地和海洋的对立。这个对立时至今日仍然有效。根据传统,基督教的创世神分开了陆与海,并把陆地分配给人作为家园,即一种陆地性的生存。[①]在施米特看来,陆地性生存的房屋根本上有别于海洋性生存的船。房屋所处的空间和船所游动的空间,为人们呈现的是根本上不同的精神视野,以及迥异的社会关系、传统和习惯(同上)。

陆地与海洋这一对立再次出现在早期的东西方对立上:一边是由美英海权国家主导的西方海洋性联盟,另一边是由陆权国家苏联主宰的"华约"。无论花费多么巨大的努力,陆权国家——由于地缘政治因素,也因为精神状况的原因——无法真正撼动西方全球范围的海洋霸权。[②]

作为精神和安全政策因素,宗教所扮演的角色在战争与和平等问题的语境中尤为明显。直至今日,人类历史为这个语境提供了不可胜数的经验材料。人类试图借助"精神中心领域"来说明自己的活动一再以新的形式再现。在施米特看来,它们决定性的动机"来自真正的生命本能的深处,而非推理或者合乎目的的权衡"。多种多样、不断适应具体历史–政治处境的

[①] 参施米特,《关于陆地、海洋与天空的对话》,见施米特,《陆地与海洋》,前揭,页102;施米特为本文做了注释,见遗产RW 265-206/BO。

[②] Vgl. dazu Carl schmit, Die geschichtliche Struktur des heutigen Welt-Gegensatzes。有趣的是,施米特在这篇作品中拾起了汤因比在《世界与西方》(*The World and the West*, 1953)中的观点,汤因比谈到了西方针对东方的侵略战。在汤因比看来,西方的侵略性经过四个世界表现在"四场运动中:与俄罗斯、伊斯兰教、印度以及东亚"。汤因比认为,西方始终利用的是"从基督教分离出的技术"。

"神话和世界图景"是人类活动神秘的推动者。[①]

无论是宗教神话,还是意识形态或者民族神话,对于人和宗教都具有同样深刻的约束性。神话能够替代宗教或者将自身提升为宗教的替代品。施米特认为,只有经由神话,人才能寻找到通往决断和行动的力量。[48]在政治领域,神话扮演着举足轻重的角色,真正挑战着理性的政治决断。在具体的安全政策处境中做判断时,人们必须将其考虑在内——即便它在帕累托的意义上只表现为"派生物"。[②]神话与理念、主导性的精神中心领域或现象与政治行动之间,存在着一种相互依赖的关系。

在施米特看来,政治活动受非理性因素、兴趣、倾向以及传统所决定,而它们在实际的政治过程中得到了正当化。很明显,施米特的政治理论在精神上接近帕累托的社会学及其关于"残留物"和"派生物"相互作用的理论。[③]因而,人们在政治领域也会为非物质的事物角逐,并且会以和平或者暴力冲突的方式来决断正当性和精神"中心领域"。世界观的作用体现在创造安全政策联盟之上,比如1815年的神圣同盟,基于1941年《大西洋宪章》的西方联军,或者1949年基于共同的价值、文化以及文明共同体建立的"北大西洋公约组织"。

坚持世界观的基础意义是与我们的安全政策关切相适应的。世界观为具体的"精神中心领域"设定了以位置为参照的

[①] 施米特,《当今议会制的思想史状况》,见施米特,《政治的浪漫派》,冯克利、刘锋译,上海:上海人民出版社,2004,页213-214,另参页15-16。

[②] 参施米特,《论断与概念》,页1及以下。

[③] V. Pareto, *Trattato di Sociologia Generale*, S. 50ff; G. Eisermann, *Vilfredo Pareto – Ein Klassiker der Soziologie*, Tübingen, 1987.

规范决断的前提,比如,对西方理解的人权、对民族自决权、对政治和宗教信仰自由、对宽容、对西方自由主义或者对开放的民主结构等的认可。对某种世界观的选择隐含下述诉求:维持并捍卫它,以及投身反对不同形式的极权主义,反对在人权、自由迁徙方面的压迫,以及实现被视为正当的种种自由。因此,安全政策并不是在价值中立的区域里活动,而总是在被视为"正当的"诉求与对这些诉求的否定之间的敌对空间中,也就是说,在一种潜在的敌友对立局面中活动。它表现在如今的安全政策格局中,比如,在大规模杀伤性武器泛滥的问题上。

[49]作为集体决断的世界观影响着身份、定位以及正当性,同时也影响着划界,以及需要定义和反对的非正当性。将一切现存的正当性一视同仁,在理论上可以设想,但是只有在自我放弃自己的世界观和政治单位集体自保的正当诉求时,才可以成为现实。

在理论上来看,主张具体的"精神中心领域"并不排除公平的理性讨论。如果人们随时准备为之奋斗、厮杀、献身,那么这种主张就会成为促成具体政治行动的世界观,在政治上就具有迫切的现实意义,在安全政策上意义重大。对于施米特而言,世界观所隐含的普适性有效诉求,是生存上敌对的原因。如下文将要指出的,只有在各种可能和选择以及权力和势力状况处于平衡的情形下,人们才可以对敌对的绝对形式做出区分。

施米特关于世界观意义的思考所具有的现实性和紧迫性有目共睹。世界在技术和媒介上的统一进程,面临不断增长的种族-宗教多样性和各种世界观的竞争等问题。表面上的普遍性愈发与精神-文化身份意识发生冲突,后者始终可以意识到自身远古和神话式的起源。在深深植根于种族历史和神话的独立性背景之下，与此相应的政治表现形式和暴力冲突形式，如游击战争和内战以及类似于内战的骚乱得以爆发，如巴尔干半岛、高加索地区、巴基斯坦、印度、斯里兰卡、拉美、非洲、缅甸、马来西亚以及印尼等地区所表现的那样。这些冲突核心上关心的是非物质的事物，即区域身份针对普世主义统治诉求的文化－精神反抗，正如图像、卫星、网络、虚拟现实以及世界范围内的经济一体化形式所传达的普世主义诉求。从这里我们看到，当面对普世性的一体化力量时，种种世界观明显具有优势。经济一体化并不必然隐含文化与政治合作，相反，分歧性的世界观愈发决定着经济和政治竞争。

无论在质量还是数量方面，世界观都决定着国家和民族的相互作用。世界上近两百个民族国家所面对的是上千个有着不同传统、神话、宗教的文化。它们在政治领域创造出国家内部和国家之间冲突领域各种各样的精神根基。

［50］世界范围内相互竞争的世界观为代表了它们的人所呈现的是生存性和精神性的财富，因为，与(尤其是西方工业国的)技术进步带来的精神空虚的个体化激情相反，世界观呈现的是变得更为过时的、赋予意义的机关，它们说明并解释人与自然和超自然、与生死、与他生活在其中的世界的关系。

二 对抗与冲突

贯穿于施米特毕生事业的核心关切针对的是国家内部和外部和平的条件和前提，国家始终面对着内部和外部的威胁，尽管在每个政治处境中的方式不同、前提不同。如前文提到的，施米特在其主要作品《大地的法》这部法学纲要中引入了法的概念，作为安排空间的进程，它是所有法权秩序的前提。①

施米特笔下法权与空间的关系及其具体的历史性，为具体的政治处境和现存力量和权力关系的实际情形赋予了在根本上具有决定性的功能，这一功能为民族和国际法权秩序提供了理据。因此，并非自然法或者超法权的主导思想——如加塞特、赫伊津哈、雅斯贝尔斯、汤因比——提供属人秩序的理据，施米特认为，这些思想最终得归因于基础性的元素，即土地、空间以及人类活动的历史 – 政治居所。故而，战争与和平、法权与权力、敌友、国家、经济与社会，始终都与前理性的神话 – 原始元素相关，因此始终得面对权力和无能为力的自然法则，如修昔底德《米洛斯对话》的经典表述所表现的那样。②

---

① 施米特，《大地的法》，页11及以下。
② 修昔底德，《伯罗奔尼撒战争史》，谢德风译，北京：商务印书馆，1985，第5卷第7章；亦参本书第四章。

1 潜在的敌友格局

无论方案和意向多么慷慨激昂,政治的世界即便在和平时期也受潜在的敌友局面所决定。

一、在《王制》中,柏拉图根据希腊人与希腊人或者希腊人与野蛮人战斗,将战争与内讧作为冲突的两种不同形式区分开来,

> 当希腊人反抗野蛮人(译按:译文根据德文有改动)或野蛮人反抗希腊人,我们会说,他们进行交战,双方是自然的敌人,这种对抗必须被称为战争。希腊人对希腊人,当他们在做这种事情,本质上他们是朋友,我们会说,希腊民族得了病,内部正在发生动乱,这种对抗必须被称为内讧。(470c)[①]

根据柏拉图在这里区分的敌人概念,人们与非希腊的野蛮人进行的是 polemos [战争] 意义上的战争,而与希腊人只在 stasis [内讧] 意义上发生内讧。在两个希腊对手之间,柏拉图只看到不带蹂躏和洗劫的有限战争概念。战争只会持续到"当那些制造分歧的人在无辜受难的人们的逼迫下不得不接受惩罚"(471b,同上,页198)。在柏拉图看来,"内讧"中势均力敌的对手应该为和平和共同的未来着想。他们在战争中应该"能够随时与人进行和谈,而不是一味靠战争解决问题"

[①] 柏拉图,《理想国》,王扬译,北京:华夏出版社,2012,页197。

(470e)。

不过,柏拉图的区分只停留在纸面。尤其在伯罗奔半岛战争中,雅典人全然地进行着针对其他希腊人的歼灭战,

> 凡适合于兵役年龄而被俘虏的人们都被雅典人杀了;妇女及孩童即出卖为奴隶。雅典人把米洛斯作为自己的领土,后来派了五百移民移居在那里。(V 116)[1]

二、康德《论永久和平》第六个条款再次出现的这一柏拉图思想,似乎通常都得到直接的利益攸关者、相互剑拔弩张和互相残杀的士兵的实践,[2]

> 凡是参过军的人都可以证明,针对所谓敌人的侵略情感在毫无安慰的战争日常中几乎不起作用,无名战士思想中充斥的并不是仇恨,而是乏味、恐惧、思乡以及对性欲的饥渴和对和平的渴望。看不见的敌人并不是侵略可以针对的个体,他不是人格,而是抽象的存在,是公分母和集体形象。士兵在和看不见的、非人格的敌人斗争……[3]

---

[1] 修昔底德,页 421。
[2] 康德,《永久和平论》,何兆武译,上海:上海人民出版社,2005,页 9—11。
[3] A. Koestler, Der Trieb zur Selbstzerstörung. Danksansprache anläßlich der Verleihung des Sonnigpreises an der Universität Kopenhagen im April 1968, in: ders, *Armut der Psychologie*, S. 321; Vgl. auch E. Canetti, *Masse und Macht*, Frankfurt/M., 1983, S. 72ff.

三、对非敌人战斗动机的描述也贯穿着恽格尔作为一战战士的经历记载,[①]

> 你孤独地蜷缩在地洞中,感觉自己被出卖给无情和盲目的消灭意志。你惊愕地意识到,你整个智力、能力、精神和身体的优势都变成了无足轻重和可笑的东西。当你脑子里想这些的时候,那个大铁疙瘩已经呼啸而至,将你击打成无形的空无。……你必须独自从体内获得所有坚持的力量。你甚至无法起身,开心地笑着点燃一支香烟,注视着战友们赞叹的眼光……

对于施米特而言,政治的标准是"联合(Assoziation)或分化(Dissoziation)的紧密程度,也就是——划分敌友"。[②] "广义地讲,敌人乃 hostis[公敌],而非 inimicus[仇人];是 polemios,而非 ecthros",[③] 也就是说,对于战斗中的战士而言,他所面对的并不是自己痛恨的私敌,而是具有敌对性的政治关系中匿名和执行的那部分。如施米特所说的,在此意义上,在战争中首当其冲的战士的敌对,首先并不在于从存在上对另外一种存在的否定,而在于他们——作为工具忠于职守,以确保任何形式的政治意志的完成——在危难和战斗中的团结。

---

① E. Jünger, *In Stahlgewittern*, Stuttgart, 1961, S. 136ff;作家黑塞(H. Hesse)所描写的前线战士的情况,以及战争报道很大程度上未提及的日常,令人影响深刻,参氏著 *Der Feldherr Psychologos*, Berlin, 1902,页 174 及以下;亦参 H. Karst 作品(*Das Bild des Soldaten. Versuch eines Umrisses*, 第 3 版,1969)中着眼于严峻战事深刻的战士形象。

② 施米特,《政治的神学续篇》,见《政治的神学》,页 136 及以下。

③ 施米特,《政治的概念》,页 37。

[54]政治关系由对抗上升到全面武装斗争的敌对,不仅是可以设想的,而且在现实中是可能的。所有游击队运动和解放运动的战略概念,都派生自"现实敌对"的概念,对于这种敌对,即便和平也显得只不过是敌对的一种表现形式,

> 即使在所谓冷战中,也仍然存在敌对关系。因此,冷战并非半战半和,而是实际的敌对关系以不同于公开暴力的另类手段进行的与事态相适应的活动。①

在施米特的思想中,友谊意味着人和人之间最紧密的联系,而敌对则意味着最强烈的紧张。政治理论在施米特的思想传统中,始终与极端状况、例外情形以及由此产生的决断之必要性息息相关。政治的标准是合规的、渐进的、具有相对性和非歧视性的准则,它所定义的敌人是生存上的、政治的以及公共的。"敌人只意味着公敌……是 hostis[公敌],而不是 inimicus[仇人]"。②

施米特旨在将敌人去道德化,将其还原为无论在国内还是国家间对本国政治生存和生活形式的否定者。敌人只是生存上的敌人,在施米特的政治理论中,敌人不可避免,因为凡是有政治单位存在的地方,就必然要划定界限。凡是政治单位促进认同的地方,它们同时而且必然会遇到对立。因此,任何形式的政治单位,都面对来自内部和外部的潜在威胁。作为具体利益格局的表达,任何具体的政治秩序都会面临在可能的暴力冲突例外处境影响下潜在的敌友局面。因而,政治隐含了潜在地和实

---

① 施米特,《游击队理论》,页198。
② 施米特,《政治的概念》,页37。

际上区分敌友的规律。

安宁、和平、稳定、有序等政治理想状态"不断被我们赖以生存的进步所危及"。[1] 在施米特看来,飞速的进步和与之伴随的政治和社会变革不断以新的表现形式带来现实的敌对可能性。

[55]施米特认为,现代的"侵略性"在于,

> 价值中立(wertfrei)的科学性与工业上进行利用的自由(Verwertungsfreiheit)以及自由市场的消费自由,即需求和满足需求的自由相联合。

倘若这三种自由进一步膨胀,人对其技术的可能性和由兴趣引导的运用的永久支配权不断扩大,那么在这一发展的终点,人最终会成为自己最大的敌人。

当下有可能引发敌友格局的因素,首先在于飞速的进步、不断的变革、价值中立的科学性、工业上进行利用的自由、消费的自由。进步、技术、科学,都可以"服务于对立的思潮、观念、信念以及相互对立的利益"。在施米特看来,它们并不是自然而然地促进和平的工具,

> 人类权力的巨大提升是否自然而然会给尘世带来和平,这是可疑的。(同上)

---

[1] Vgl. zum folgenden Carl schmit, Von der TV-Demokratie. Die Aggressivität des Fortschritts, S. 8.

史家汤因比也追溯了这些根本性的关联。在他看来,与军国主义现象紧密联系的战争军备所表现的是"一种哲学性的真理,整个在不断竞争中进步的武器的历史则是此真理的另一个证据"。[①]汤因比还认为,"大卫和歌利亚决斗的传说让我们直观地看到人类战争史的发展法则",战争史的戏剧不断"在一系列新旧战争技术之间的角斗中"上演(同上,页 115 及以下)。就如同大卫战胜歌利亚,即微不足道的、不那么强大的战胜了强大的,手持弹弓未加防护的战胜了全副武装、全身甲胄的,新"战术"(即弹弓)的发明者战胜了另外一位不熟悉这一"战术"的;同样,在人类历史上,一种新的武器和技术不断代替另一种过时的。

可以看到,各民族的命运和幸存与对这一规律性的认识密切相关。比如,早在荷马《伊利亚特》中提及的第二次迈锡尼战争(前 650—前 620)中斯巴达人的排兵布阵技术,后来也在伯罗奔半岛战争(前 431—前 404)中得到极为成功的运用。在琉克特拉战役(公元前 371 年)中,埃帕米农达领导下的忒拜人以一种新的队形大获全胜,即斜线阵型。[56]继此之后形成的马其顿阵型为腓力和亚历山大大帝赢得了多次胜利,直至公元前 168 年,埃米利乌斯率领的罗马军团在彼得那战役中取得胜利(同上,页 116)。在汤因比看来,马其顿人的失败以及随之而来希腊的被征服和被奴役,其原因在于"老人般固执地坚持一种已经主宰一切长达五代之久的技术"(同上,页 117)。

然而,罗马军团也遇到了更强大的对手,他们于公元前 53 年首次被安息人打败,大约四百年之后(378 年)在阿德里安堡

[①] A. J. Toynbee, *Krieg und Kultur*, Frankfurt-Hamburg, 1958, S. 115.

战役中败给西哥特人。这一次,后者借助新的战术——轻型骑射手和装甲长矛骑兵——为罗马人带来了毁灭性的失败。不过这次的后果更为严重,罗马帝国由此开始走向最终灭亡。三十年之后(410年),西哥特人洗劫了罗马。面对罗马人战无不胜的西哥特人的战术到了13世纪时则显得已经过时,蒙古人于1258年结束了阿拉伯人对亚细亚的统治,因为过时的装甲长矛骑兵已经不是灵活新型的骑射手的对手。

当然,汤因比所描述的战术和科技进步,并不意味着文化的进一步发展,

> "钢柜子"、潜水艇、轰炸机或者我们这个机械时代的任何一种杀人机器,完完全全都会成为打仗充满魔力的手段,而不用同时去证明是否文明。(同上,页133)

不过,单纯怀有奋力防御外敌的意志显然是不够的(同上,页132),根据汤因比的"哲学真理",要能够宣示政治主权,合乎各个时代和技术水平的装备是必要的。即使科学的价值中立也不会阻碍或者克服战术的不断进步以及潜在的和具体的敌人。相反,科学的价值中立服务于飞速的进步,并且是不断变革的动力,于是,它无论愿不愿意,都会不断带来潜在的新敌友局面。不过,敌对的旧形式只会被新形式所取代,正如人类进步的所有领域中,新事物原则上被证明是旧事物的敌人。

[57] 1945年之后即所谓的"战后"的政治发展表明,民族、阶级、种族之间敌对的现实可能性一直存在。人们无法通过中立化的、委婉的说法(如"冲突""冲突中的伙伴""和平研究")适当地领会问题的状况。在这个语境下,施米特遗产中的一份柏林

新教学会有关"敌人—对手—竞争者"主题的会议安排（1965年11月26日至28日）就十分富有启发，施米特曾亲手对此安排作了批注。这个名为"青年政治家朋友圈"——未接到邀请的施米特用红笔圈起"朋友圈"——的会议引言提出的问题为，究竟还有没有理由去大谈敌人，或者，"政治和意识形态争论的伙伴"或"经济竞争中的竞争者"是否已经取代了敌人。施米特在此处添加了挑衅性的注释：

> 难道被谋杀者已成为谋杀者的冲突伙伴？

施米特想要说明，方案中的论点并不符合人类例外处境的现实生存状况。对于施米特而言，会议安排的文本是对他的敌友论断"精彩的证明"，因为文本不断使用暗示基本对立的概念，比如"意识形态""神学""敌人""他者""爱""执事"以及"模式"等等。施米特在注释中称，文本里道德化的企图和掩饰是"通过给本色增添鬃毛来揭示鬃毛狗的本色"。①

> 只要一个民族尚存在于这个政治世界中，这个民族就必须自己决定谁是朋友、谁是敌人，即使只是在最极端的情况下，而是否到了最极端的情况仍须由它自己来决定。这乃一个民族政治生存的本质所在。②

在施米特看来，政治的本质并不在于"一切人对一切人的

---

① 施米特亲笔注释，见遗产 RW 265-35, Nr. 32。
② 施米特，《政治的概念》，页 61。

战争",而在于政治地区分政治和公共敌友的必然性。施米特认为,一旦各种对立达到某种可以将人区分为敌友阵营的不协调强度,原则上任何现存的属人生活领域的对立,即宗教、种族、文化生活领域的对立,都能够转变为具体的政治对立。政治性的对峙可能导致进一步的政治分歧,而且经济性的利益竞争也无法摆脱这种政治机制。以经济为基础的强国在政治事务中活动,会采取政治措施,一方面为了自己的利益而要求在世界范围内保障人权、自由权、平等权、自由市场等,[58]另一方面则以进步、文明、人道等名义来阻止保护主义。

施米特的功绩还在于,认识到了强化政治对立的概念的教条和意识形态特征。施米特敌人概念的相对性、非歧视性功能在于对政治性敌友的相互认同。"敌人"在施米特这里所指的并非必须被消灭的人,而是政治性的他者,人们据其来对自身做分类、等级划分和定义。施米特于1947年被监禁期间写道,

> 当然,糟糕的是那些消灭者们,他们以人们必定会消灭他们这些消灭者来说明自己行为的正当性。[1]

对于施米特而言,政治斗争以及由此可能产生的武装冲突可以得到约束,因为敌对是政治现实中的敌对。施米特政治思想的理性便在于此。他的政治思想明确地区分敌人和罪犯。在施米特看来,没有敌人的世界就不再成其为政治世界,因为在这样的世界中不再有任何共性,所有区分都被扬弃,这样的世界是

---

[1] 施米特,《从囹圄中获救》,见《论断与概念》,页367;见遗产RW 265-407/M5。

绝对中立化的非人性世界，

> 谁如果除了死亡之外便不知道还有其他敌人，以为自己的敌人无非是空洞的机械论，他就离死亡而非生命更近……因为不是生命与死亡斗争，也不是精神与非精神斗争，而是精神与精神斗争、生命与生命斗争，人世秩序正是从完整地理解了这一点的力量中诞生的。**Ab integro nascitur ordo**[秩序出于完整性]。①

施米特认为，正是关于对立的知识使得人性生活和人的自我实现成为可能。这种自我实现必须得到践行，以求懂得是否实现了自我。施米特之所以赞成区分敌友，是因为区分赋予了人类尊严。"我们清楚，我们是你死我活的对立者，但是我们极好地理解了对方"，施米特的一位批判性的崇拜者表达出了这种基本态度。②

倘若不区分敌友，世界的变革和向国际性更善的世界的进步也是无法想象的，因为，

> 一个世界的主人其实并不想顺从，[59]而是要抗拒世界的改变，即便这个世界必须改变，也就是说误入了歧途，对于这位世界的主人来说，需要改变是命定了的，因此他不可能成为一个已经改变了的新世界的解放者和缔造者的朋友。他们是

---

① 施米特，《政治的概念》，页139。
② 陶伯斯，《保罗的政治神学》，页114；施米特在这里的敌人概念与巴特的神学有相似性，陶伯斯称之为"绝对者和决断的奋锐党人"。

所谓自发(von Selbst)的敌人。①

在施米特看来,为了普世性人道主义之故而放弃差别化和对敌友的区分隐含着"可能最深刻的不平等",因为后果的不平等迫使人们在人和人中间作出区分,迫使人们在好人和坏人、有害的人和无害的人、有妨害的人和无妨害的人、有用的人和无用的人之间做出评估性的等级划分。在这条道路上会产生人类内部的、"人与非人、超人与次人"之间的差别化和歧视化。施米特认为,发展的终点总是标志着出于表面上的人道理由所进行的"一切人对一切人的战争",

> 于是,与其他人斗争的人在其自我理解中发现自己面对着一个无疑是劣等的比较对象,他愈发地将自己衬托为真正的人。②

在施米特看来,"人"的概念的论证潜力必然导致具有强烈不对称性的对立,由此会导致总体性的人类–敌人概念。在我们接下来会进一步分析的文章《作为政治思想家的克劳塞维茨》中,施米特区分开了(政治)敌人概念和意识形态的、道德化的或者歧视性的诱惑。③ 因此,格奈斯瑙、香恩霍斯特、克劳塞维茨身边的普鲁士改革家,在确定拿破仑这样的具体敌人时,只受政治考量,而不受宗教、神学、哲学、意识形态或者乌托邦式考量的引导。这是政治性的敌对,来自将军们的安全政策和现实

---

① 施米特,《政治的神学续篇》,页214。
② 参施米特,Die legale Weltrevolution, in: *Der Staat*, Heft 3 / 1978 (有注释,见遗产 RW 265-457/B 13)。
③ 施米特,《作为政治思想家的克劳塞维茨》,页31。

政治格局评估。① 因此,敌对和战争无法避免,但是限制战争并阻止非人性的武力冲突也成为可能。

施米特的政治理论中没有任何一个概念像他的政治标准即区分敌友那样,造成了针对施米特立场的两极化,并最终造成独特的敌友局面。[60]施米特在日记中问道,

> 难道我伤及了一个隐秘的约定?也许甚至是这个时代的奥秘?关于恶的奥秘?抑或只是众多无害的生活谎言中的一个?……或者,是我不够审慎?难道我触犯了那条准则……?抑或,在流放者面前不应该谈黑名单,或者在灾难中不应说不吉利的话?敌人是否已经被驱赶到神学里面?他会否再次回到神话中?神话随着大众化出现并隶属于后者。②

对于施米特而言,从根本上来看,整个人类历史一方面是持续的证明和肯定,另一方面是同样持续的质疑和被质疑。"一语道尽的历史,即敌友。"(同上,页164)对他来说,政治问题就是,作为该隐和亚伯这对古老的友爱敌人的后嗣,我们应该如何处理这种敌对。

在施米特看来,从有关政治世界中的区分和对立的知识中,人们才会得到发现自己政治身份的可能性。

> 因此,我们需要那些使我们意识到我们的局限的人。由

---

① 施米特在这里引用了克劳塞维茨1812年2月12日的《自白书》,见 W. Hahlweg (Hsg.), *Carl von Clausewitz. Schriften–Aufsätze–Briefe*, Band 1, Göttingen, 1966, S. 682 ff.

② Carl schmit, *Glossarium*, S. 9.

于我们从有关善恶的知识中得到了敌友,因此可以说,为了存活,我们需要我们的敌人。[1]

在这个意义上,人们才能够换一种方式阐释《山上宝训》,[2]

> 然而,爱仇敌不是要放弃武力和战争,而是安排自己的生活,使得敌人也发现,与敌人共同生活并且掌握毁灭性的敌对潜力,比如武力和战争,对于他自己的生活而言是多么美好……倘若1927年我不是生在柏林,而是生在莫斯科或者基辅,我的生命就会是另一副样子……如果我想要我的影子兄弟达不到其目的,因为这从我所能认识到的一切来看是致命的,那么,我对他意图的反驳只能这样发生,他从而会为我保留相同的未来希望,正如我会为他做的那样。[3]

2 武力冲突的形态变迁

[61]由于存在政治敌对的可能性,于是就有了如何理解战争的问题。施米特在《大地的法》中描述了战争概念的发展演进。[4]

---

[1] S. Lehming, Die Feindesliebe zwischen den politischen Systemen: Weder Ost noch West allein trägt das ganze Bild vom Menschen in sich, in: *Deutsches Allgemeines Sonntagsblatt*, Nr. 17, 28. April 1985, S. 16.

[2] F. Alt, *Frieden ist möglich. Die Politik der Bergpredigt*, München-Zürich, 1983;亦参因分析精到而颇有说服力的反驳, M. Hättich, *Weltfrieden durch Friedfertigkeit? Eine Antwort an Franz Alt*, München, 1983。

[3] S. Lehming, S. 16.

[4] 施米特,《大地的法》,页128。

对于中世纪的战争概念而言，根本性的是战争和法权的归属。战争被理解为以武力方式展开诉讼，受中世纪武力自卫权的限制，仅仅有限的圈子，即可服兵役的骑士阶层，才有资格进行这种武力诉讼。中世纪后期不断发展的政治和社会秩序结构限制了骑士的武力自卫权。不过，这丝毫没有改变中世纪战争概念在品质上与武力自卫权的一致性，以及仅依据等级和政治后果来区分的事实。相应地，使自己在和约中的法权立场得到认同，而非消灭敌人，才是中世纪有时间限制的战争的目标，这种战争通常由财力雄厚的军阀带领着一千至两千人的军队进行。无论武力诉讼者之间预先的公开敌对声明，还是对武力诉讼行为预先在领土上的节制，都是义务性的。在这里，敌对指的是这样一种状态：敌对双方当中至少有一方表达了用武力解决诉讼的意志。

另一方面，中世纪战争的局限性所表现的并不是某种发达程度更高的道德，而是当时战争高昂成本的结果。道德神学的思考导致了一种对正义战争的辩护学说，并补充了日耳曼传统中对法权和战争的融合。在 iusta causa［正当理由］之外，阿奎那还提到了 auctoritas principis［主导战争的合法权威］和 intentio recta［正义的意图］作为正义战争的标准。于是，有资格进行武力自卫及战争的范围就被限制在一个普遍认同并有宗教权威的法权秩序框架中。

随着宗教改革的出现，此前限制着战争和武力自卫的封闭世界观分崩离析。它所带来的教派内战是一种新型战争，消灭其他信仰的对手是其与时代潮流相符的目标。对于霍布斯而言，作为国家秩序的终结，这种战争即是典型的自然状态，即他所称的"一切人对一切人的战争"，他从中得出国家绝对权力的必要性。[62] 在 status civilis [文明状态] 中,作为内战的战争已经被扬弃,可以设想的只有作为国家间关系的活动。如霍布斯在《利维坦》中所说,战争变成 artificial men [人造人] 的国家之间的关系。① 卢梭也将战争理解为国与国之间的关系:"战争绝不是人与人的一种关系,而是国与国的关系。"②

对和平或战争的追问所表达的是理性的、国与国之间的功利考量,或者各个利益格局或权力状况的政治计算。对于霍布斯而言,人类的自然状态不是和平,而是战争,因为人们在极度的和平中无法确信有其反面。相应地,霍布斯定义了自己的战争概念,由此出发,他推导出和平概念,

> 战争的性质也不在于实际的战斗,而在于整个没有和平保障的时期中人所共知的战斗意图。所有其他的时期则是和平时期。③

随着在古典国际法中引入有关敌人的合法性的问题,对正当战争(bellum justum)的追问就转变成为对主权国家的武力对峙中谁是正当敌人(iustus hostis)的追问。主权成为战争理由的标准,并成为自中世纪以来不断发展的限制令战争正当化的终点。④ 随着启蒙运动对独立王权国家——它被视为战争的肇

---

① 霍布斯,《利维坦》,页149。
② 卢梭,《社会契约论》,何兆武译,北京:商务印书馆,2003,页14。
③ 霍布斯,《利维坦》,页94。
④ 博丹在《国是六书》中借助主权概念证明了战争的正当性,以便克服各派系之间的内战,他的作品出版于1576年,即1572年8月24日巴黎圣巴托洛缪之夜的四年之后;参施米特,《大地的法》,页101。

因——的批判,为和平和阻止战争所作出的努力首先旨在清除战争的肇因,即"旧政制"的国家。

　　康德于1795年发表的《论永久和平》的主题是追问[①]"和平的……万国同盟主义理性观念",[②] 即普遍的世界和平以什么样的方式才能最佳地得以实现。康德在文中说得十分清楚,他所致力追求的人类"世界内部的政治和平"[③]是个"无法实现的理念",[④] [63]人们只能不断接近它。康德深知自己立场的问题一方面处在与现实政治,另一方面处在与创造世界和平秩序的张力之中,一如《山上宝训》中安全政策与道德戒律的对立所表达的那样。康德试图奠立一种宪制性法律,"一方的任性和另一方的任性可以依据某种普遍的自由法则得到统一"。[⑤]康德认为,倘若这些法则要能够适用于国家间的关系,就像适用于国家内部的每个个人那样,那么,尽管可能存在"人类本性之恶",[⑥]国家也必须能够出于自身利益并自愿地服从上层的法权机构。康德将《论永久和平》划分为当时流行的和约形式,六则先决条款,三则正式条款,以及两则附属条款,并附加了一篇哲学附录。

　　[①]　康德,《永久和平论》,对该作品的解读,参 V. Gerhardt, *Immanuel Kants Entwurf „Zum ewigen Frieden". Eine Theorie der Politik*, Darmstadt, 1995。

　　[②]　康德,《道德形而上学》(张荣、李秋零译),见康德,《康德著作集·卷六》,李秋零编,北京:中国人民大学出版社,2007,页363。

　　[③]　C. F. v. Weizsäcker, *Der Garten des Menschlichen. Beiträge zur geschichtlichen Anthropologie*, München–Wien, 1977,页35。

　　[④]　康德,《道德形而上学》,页362。

　　[⑤]　U. Schulz, *Kant*, Hamburg, 1965, S. 122ff.

　　[⑥]　康德,《永久和平论》,页20。

二 对抗与冲突　69

尽管为这篇论和平的作品设定了理想的目标,康德仍然立足于政治现实。他在《论永久和平》中的主题性问题是国家的内部状况、武装力量、战争法等作为内部和外部和平以及重建的前提。在这部小册子中可以看到为了具体政治正当性之故而采取的某种立场,这种正当性的前提是作为政治体系和平能力的共和制宪法,因此,它暗含了潜在的敌友局面以及对立的权力政治和势力政治的利益格局冲突。时至今日,鉴于西方工业国同俄罗斯和中国等国家的政治关系,这种冲突在威力上丝毫没有减弱。①

康德在论文附录中探讨了和平这个原则性的关键问题,这是对道德与政治的理性关系的追问。政治将自身理解为纯粹的"明智学说"和"对准则的静观,为了自己的利益计而选择适当手段",它通常不会允许道德性的考量。② 在康德看来,不具备普遍化能力的"明智学说"表达为如下三个准则:

一、[64]做了再说。抓住有利时机擅自窃据权利……事后再进行辩解,并对暴力加以掩饰。结局成功之神则是事后最好的权利代理人。

二、如果干了,就否认。你自己犯下了罪行……一定要否认。

三、分而治之。……在它们([引按]即国家)中间挑起纠纷确实是可靠的办法,可以在支援弱国的幌子下一个一个地使它们相继屈服([译按]中译本,页48及以下)。

---

① Vgl. dazu Th. M. Menk, Frieden durch Weltlegalität, in: *Der Staat*, 32, 1993, S. 401.

② 康德,《永久和平论》,页42。

貌似的国家明智的三条理据从核心上展示出和平问题。

革命性的内战作为反对战争的战争,以这样的方式得到平反。[1]伴随着法国大革命,国家战争成为国家间的国际内战,这样的战争在19世纪的历史中奠定了革命性内战的传统。大革命期间的法国无论对内还是对外,都在与"旧政制"的代理作斗争。由于普罗大众的参与,战争变得民主化,而由于不认可 iustus hostis [正当敌人] 等原因,战争被判为一种犯罪。一开始,战争表达了一种救世性的使命意识,继而转变为争夺欧洲霸权的国家战争。革命性的内战最终演变为民族战争。

与启蒙时期的和平概念相对的是19世纪前后形成的战争至上论(Bellizismus)。费希特和黑格尔以及康德都曾将战争理解为文明进步的发动机。黑格尔在其法哲学中发表了对永久和平也许最为强烈的批判。

> 在和平时期,市民生活不断扩展,一切领域闭关自守。久而久之,人们堕落腐化了,他们的特异性也愈来愈固定和僵化了。[2]

19世纪的政治实践最终遵循了克劳塞维茨的战争概念,即作为"迫使对手满足我们意愿的武力行动"和"利用其他手段继

---

[1] W. G. Grewe, *Epochen der Völkerrechtsgeschichte*, 1. Aufl., Baden-Baden, 1984, S. 495 ff.

[2] 黑格尔,《法哲学原理》,范扬、张企泰译,北京:商务印书馆,1979,页341–342。

续的政治交往"。①战争被理解为国家对外政策的正当、可控以及可计算的手段。[65]然而,战争的集体与民主因素,即民众的激情,②在西班牙反拿破仑的起义之后势不可挡。

克劳塞维茨时代的三分等级社会导致了他的三分战争概念,即民众的情绪、或然性和偶然性以及政治工具的理性,不过这一概念并不是毫无保留地适用于19世纪。国家至上论和民族主义在19世纪与某种准宗教、社会达尔文主义的战争至上论结合在一起。对法兰西内战再次到来的潜在恐惧也造就了19世纪的战争概念。黑格尔完全在这个意义上强调,战争会巩固内部并防止内部动乱。布克哈特也完全在黑格尔的意义上指出,

> 长期的和平不仅使人神经麻木,而且还促成了一大批可怜的、胆小如鼠的、不自食其力的人。③

主流的国家至上论战争概念所理解的战争如毛奇(Helmuth von Moltke)在其著名的表达中所说的,是"上帝世俗秩序中的关节",并赋予其以普遍的自然法则,此时产生了最初的革命内战理论,它们试图通过放弃私产,并借助革命战争的手段,实现永久的正义和平状态。

人们将革命内战即"穷人反对富人的战争"理解为人类的

---

① 克劳塞维茨,《战争论》,中国人民解放军军事科学院译,北京:解放军出版社,1994,页12、731。
② 参克劳塞维茨的三分战争概念,它表达的是三分的社会政治状态。
③ 布克哈特,《世界史沉思录》,页156。

终极战争,[1]并成就了作为阶级斗争的马克思主义战争概念,在马克思主义观点看来,民族战争只是掩盖和推迟了这一概念。有趣的是,费希特早已指出与阶级紧密联系并以经济为基础的战争概念,他称,通过自由贸易,

> (会产生)贸易大众中一切人对一切人的战争,即买家与卖家间的战争;世界人口愈多,……生产愈发扩大,这场战争便愈发激烈、不正义,并且在后果上更加危险。[2]

恩格斯将穷人反对富人的战争称为有战争史以来最为血腥的战争,可谓表达贴切。修昔底德在《伯罗奔半岛战争史》中谈到了以阶级为前提的残暴内战冲突的野蛮。[3]

[66]在马克思看来,"奴仆反对压迫者"的战争是历史上唯一合法的战争。[4]

革命内战在20世纪作为世界内战,在实践上再次变得意义重大。大规模杀伤性武器和全民参加创造了20世纪上半叶的"全面战争"概念。在全面战争中,至关重要的不仅仅是利益,而且是全民的自我主张和生命保存。"全面战争"暗含着对敌人的贬低、歧视以及归罪。它证明,由于种族、宗教或者意识形

---

[1] Fr. Engels, Die Lage der arbeitenden Klassen in England (1845), *MEW*, Bd. 2, 1957, S. 504.

[2] J. G. Fichte, Der geschlossene Handelsstaat (1800), *SW Bd.* (1845), S. 457 ff.

[3] 修昔底德,前揭,页235及以下。

[4] Karl Marx, Der Bürgerkrieg in Frankreich (1871), *MEW* Bd. 17, 1962, S. 358.

态等差异,从排除敌人到消灭敌人仅一步之遥。无论在"一战"还是"二战"中,战争都被扭曲为以早已为人熟知的表现形式再现的十字军东征。1945年之后,热核武器的存在,通过其难以想象的破坏力,终结了对战争的排除和划界。20世纪下半叶,热核强国间全球性的战争冲突受到遏制,而同时,作为去殖民地化、代理人战争以及民族国家参与日益增多的后果,国内及国与国之间的武装冲突则激增。

文艺复兴期间,新的现代战争概念从背离基督教的"正当战争"学说得到发展。马基雅维利关心的是,确定强大的希望、理想观念以及应然世界与真切的现实以及实践之间的界线。[①]他的战争概念已经脱离了意识形态、宗教或者神学的关联。对于马基雅维利而言,早期的正义战争理论毫无价值。与之相对,他给出了与个体-伦理考量无涉的国家理由和自我保存的理论。马基雅维利借这种方式使得从前只是在理论上对战争的限制成为可能,使之成为达到"理性"且界定清晰的政治目标的政治手段。[②]

宗教改革和反宗教改革期间的多次斗争实践、三十年战争以及从法国大革命到20世纪的战争,都表明伦理诉求与安全政策实践之间的分歧有多大。即使马基雅维利的自保理论也无法阻止20世纪"全面战争"中对自保作出扩展性的解释。战争理

[①] 参施米特,Macchiavelli,见 *Kölnische Volkszeitung*,68 Jg.,21. Juni 1927,见遗产 RW 265-407/M7;关于马基雅维利政治范畴的当下意义,参 G. Eisermann,Macchiavellis Rückkehr,in:*Der Staat*,32 Bd.,Heft 1,Berlin,1993,S. 87ff.

[②] Vgl. G. Dux,Die politische Philosophie Niccolo Macchiavellis ("Discorsi" und "Der Fürst"),im Nachlaß Von Carl schmit(RW 265-470/M9).

由在实践中常常表现为人类本能的派生。摩擦、[67]清晰划分的社会关系、供应问题、参战各派系的消耗、有限的资源以及20世纪相互间的杀伤能力限制了战争,并且——至少在冷战期间——提出了一种可计算的"争辩文化"。

现代战争概念在《联合国宪章》中得到重新定义。在这样的国际法框架中发展出了新的战争冲突形式,即所谓的"低强度冲突",以及一种自卫权。①

现代对现存秩序的武力反对以"和平"封锁开始,以武力行动结束。其支持者是内战的各个派系,他们基于私人化的权利来否定国家的单极化权力。使用高科技武器的游击战争(包括核武器)以及世界范围内网络化的、有组织的犯罪,都成为可能的战争场面。种族和文化身份看起来与意识形态或阶级身份一样,至少都同样充满冲突。比起旧式民族战争,为了保障生存基础和获得重要生存资源(如水源)的战争,以及南北冲突下的财富分配与再分配的战争,都更有可能性。由于"新形式的热战",战争与和平的界限变得模糊不清。②

于是,出现了战争学的问题,即另外一种使用武器的权利,以及对战争性和平的新理解。

一、根据《联合国宪章》,联合国允许将谁视为反对性联合

———————

① 关于战争影响形式深刻的历史研究,参 F. Uhle-Wettler, *Die Gesichter des Mars. Krieg im Wandel der Zeiten*, Erlangen-Bonn-Wien, 1989。

② P. Kondylis, Die Rache des Südens. Kommt die Epoche der Verteilungskämpfe? Gedanken über die Menschenrechte im Zeitalter knapper Ressourcen, in: *FAZ*, V. 25. April 1982, Nr. 97; Vgl. auch ders., *Planetarische Politik nach dem Kalten Krieg*, Berlin, 1992, S. 75ff.

而进行防御的敌人?[1]

二、谁有权定义敌人?

三、[68]谁可以对被定义的敌人实施惩罚并将惩罚付诸实践?

四、人们如何创造一种不容侵犯的国际法,以及在紧急情形下利用武力和战争手段卓有成效且不直接带来附带破坏地将其付诸实践的能力?

五、如何通过激增的军事高科技来阻止威胁性的战争溢出边界?

3 冲突情形中的歧视

[69]施米特的主导性主题是现代歧视性战争概念,在他看来,这一概念将早期的国家战争转变为国际性的内战。施米特认为,国际法对战争的限制体现在,将中世纪 – 神学对 justa causa[正当理由]的追问同近代评判的"法学 – 形式范畴"分开,[2]并且不区分"正义"和"非正义"战争,比如在 Jus Publicum Europaeum[欧洲公法]秩序中。于是,"正义战争才是真正的

---

[1] 这一问题揭示了两个核心的安全政策问题域:《联合国宪章》允许一个国家防御另一个袭击的国家。因此,袭击者就是敌人。不过,是否应该将袭击者视为"国际法的敌人",这个问题之所以有疑点,是因为"袭击"的问题在客观上很难评判。安理会并不能称一个国家为袭击者和敌人,因此,无法赋予未被袭击的第三国采取军事行动的权利。比如第二次海湾战争。

[2] 施米特,《大地的法》,页118。

全面战争"。[1] 战争的道德歧视将敌人归罪为罪犯。[2] 兴起于20世纪的"全面战争"造就了"全面敌人",武器技术的发展则促成了原则上对其可能的全面消灭(同上,页304)。

技术消灭手段的增强撕开了法学上和普遍道德上具有同样灭绝性的歧视的深渊。(同上)

欧洲公法解体的后果及其在20世纪上半叶欧洲中心论的世界空间理解,造成了当下战争与和平的两难局面。因而,亟待解决的问题就不再为战争辩解和消除战争,而是对战争的预防、干预、监管、限制以及控制。

歧视性战争概念在20世纪达到(暂时的)高峰。三十年战争中和拿破仑战争之后,人们也没有给战败者强加任何战争罪或者反人类罪等罪名,而一战则已经面对着无法和解的对立政治体系,即西方自由主义和民主与军国主义和普鲁士的对立(同上,页239)。两场战争中的敌人都是 hostis generis humani [全人类的敌人],[3] 人们之所以要对他进行一场具有了圣战性质的正义战争,是因为他强调正义只在其中的一方。战争变成了惩罚,战争行为过后,战败者相应得到判决。现代"正义的"歧视性战争遵循三和弦:隔离、惩罚、改造。[4] 二战期间,德国也试图将两种战争类型联合起来:[70]针对西方的非歧视性战争与针

---

[1] 施米特,《霍布斯国家学说中的利维坦》,页86。
[2] 施米特,《大地的法》,页239。
[3] H. Quaritsch, Apokryphe Amnestien, in: *Politische Lageanalyse. Festschrift für Hans-Joachim Arndt*, Bruchsal, 1993, S 241.
[4] F. Uhle-Wettler, *Gesichter des Mars*, S. 70.

对东方的歧视性战争。①

> 正义战争是一场 bellum politicum［内战］,正义战争中的胜利者扬弃了敌人和罪犯的差别。胜利者使自己成为罪犯的法官,根据犯罪的程度,法官可以将罪犯绞死、终生监禁、施行饥饿疗法或者强迫教育,抑或者他所认为合乎正义的东西。(同上,页53)

伴随着对战争对手的歧视,国家间战争转变为政治体制和意识形态的世界内战,在实际的战争中演变为歼灭战(同上,页223)。施米特主要的功绩在于指出了这一现象的影响,

> 如果我弄懂了他的作品的话,只有他发现了正在发生的一切,即一场世界内战正在发生。而且早在一战之后。②

在施米特看来,出于自保动机的个人无法摆脱世界内战的处境。内心流亡和反抗几乎不可能实现,应变适应不可避免。正当变成了相对值:"正当只有在正确的地点、正确的时间方称之为正当。"③ 每个政治精英转变极其迅速:"今天的精英不再属于昨天的,更不会是明天或者后天的。"

施米特认为,由于高科技武器的可支配性,歧视性的世界内战格局变得更加尖锐。武器技术和战争概念的内在关联表现

---

① Carl schmit, *Glossarium*, S. 141.
② 陶伯斯,《保罗的政治神学》,页166。[译按]译文有改动。
③ Carl schmit, *Glossarium*, 页109。

在,"彼此间的战争概念"只有在武器平等的条件下才存在,而歧视性战争概念的前提则是武器的不平等。

> 战争双方都有某种机会,即最低限度的战胜可能性。一旦失去这个限度,对手只不过是强制性措施的对象。①

现代战争概念变成了武器技术标准的功能,因为,为了成为现实,武器的不平等需要身为罪犯的敌人。歧视对手与武器技术的发展并行不悖,在常规、热核、生物以及化学等大规模杀伤性武器中达到其顶点,这些武器的前提永远都是对敌人的歧视,

> 轰炸机或者扫射机使用自己的武器垂直打击敌国的人民,[71]就如圣乔治用他的长矛对付恶龙那样。(同上,页305)

作为警察行动的战争,所谓的 police bombing [治安轰炸] 需要得到辩护,同样,武器使用强度的增加也需要得到相应提高的辩护。需要"一场正义战争,来为使用这些杀伤性武器进行辩护"(同上)。正义战争的意识形态体系在这里服务于具体的政治目的,它们永远都是对政治决断的掩饰。

针对意识形态辩护的尝试,施米特只承认生存性意义的战争。与此相应,战争在他的辩护中简化为"他自己的生活方式在生存意义上受到威胁"的冲突。② 对于他而言,所有其他正当性都是虚假的辩护,

---

① 施米特,《大地的法》,页304。
② 施米特,《论断与概念》,页64。

严格要求人们消灭其他人并随时准备牺牲自己，以促使幸存者能够享有贸易和工业的繁荣或后代人购买力的增长，这纯属阴险狂热的想法。一方面谴责战争就是屠杀，另一方面却要求人们去发动战争，不是杀人就是被杀，以便从此"永远消除战争"，这是明目张胆的欺骗。战争、战士之随时准备赴死，以及从肉体上消灭属于那些敌人阵营的人——所有这一切均没有什么合乎规范的含义，只有生存的意义而已，尤其是在与真正的敌人进行面对面的战斗时更是如此。这里绝不存在什么理性的目的和规范，遑论真假；绝不存在什么纲领，遑论可否值得效法；也根本没有什么社会理想，遑论其是否美好；这里既没有什么正当性也没有什么合法性能够证明人类相互杀戮是出于某种正当的理由。如果一个人在肉体上毁灭人类生命的动机不是出于他自己的生活方式在生存意义上受到威胁，那么，这种毁灭行为就无法正当化。（同上）

4 定义权问题

[72] 现代战争概念的标志是其非战（unkriegerisch）术语，或如施米特所言，是其"根本性的和平主义语汇"。① 战争的"和平"方式有多种多样的可能，诸如经济手段、财政施压、冻结信用卡、封锁贸易通道及原材料和粮食补给。"惩罚、制裁、讨伐、平定、保护契约、充当国际警察、采取保障安全的措施"

---

① 施米特，《政治的概念》，页97；关于战争与敌人概念的关系，参《论断与概念》，页250及以下。

等都是践行实际的军事权力的另一种说法。基于这些概念，人们不再谈论早期国家战争的敌人，而只谈作为"破坏和平者"（hors la loi）和"扰乱和平者"（hors l' humanité）的对手。根据现代国际法，被归罪的敌人即为侵犯者和侵略者，在施米特看来，这个被归罪的敌人给无意义的战争赋予了意义，因为他动摇了"具体的整体处境"，即现状。① 人们对此作出反应，

> 最喜欢引据 pacta sunt servanda [必须遵守契约] 这句话中契约的神圣性，并借助法学－政治规范和概念体系来将其改头换面，而这些概念只是政治工具，对它们战术上的运用首先体现在将对手置于形式上的不义。形式化和工具化如影随形。这导致了著名的侵犯者或者战争定义，在这些定义中会出现这样的情况：利用战船、坦克、最现代的军事技术武器采取的行动即便带来成千上万的死亡，在法学意义上看起来却是战争的反面，也就是说是一种和平措施。②

在施米特看来，现代战争概念及其可能形式的无限可变性，在"作为行动的战争"和"作为状态的战争"这个虚构的连续中运动。③ 古典的区分 Inter pacem et bellum nihil est medium [不存在战争与和

---

① 施米特，《政治的概念》，页 107。

② 施米特在一则未发表的笔记中如是说，见遗产 265-203/Nr. 2。施米特用这种措辞概括了一篇文章，他在《现代帝国主义的国际法形式》一文中与韦伯格（Hans Wehberg）论辩时已经表达过，见《论断与概念》，页 162 及以下；韦伯格的文本（见 *Friedenswarte*, 32, 1932, 页 2 及以下）经夸里奇评注之后重印，收于施米特，*Das internationalrechtliche Verbrechen des Angriffkrieges*，页 106，注释 85。

③ 施米特，《政治的概念》，页 106。

平的中间状态]变得模糊不清,战争与和平的灰色地带得以产生。和约被证明是在准战争状态下对战争行动的继续。[73]敌对的非军事形式,如经济和贸易封锁,扬弃了战争与和平的区分,在安全政策实践中有时被证明是敌对活动最为强烈的表现。

20世纪的"全面战争"涵盖了军事和非军事战争手段的整个谱系。而非军事的经济和贸易战争,则是经济上占优的海洋强国用来避免古典军事战争,从而践行其政治意志的手段。近代史上,在与拿破仑的冲突中,英国舰队在欧洲封锁时期首次运用了"经济和贸易战"。从这种"和平的"战争形式中,产生了中间状态以及模棱两可的和平概念,其特点只在于不具有战争的古典军事形式。20世纪强国的特征,不再仅仅是军事权力,而是在军事、海洋、经济、财政上进行世界范围的权力和势力投射等能力的综合。施米特认为,现代国际法的基本正当性原则提供了法学储备和法学概念,用以巩固现状并控制国际秩序可能的扰乱者和侵犯者。这些储备和概念在具体处境下需要得到阐释和定义。于是,世界强国的标志就是,在具体处境下能够定义法学概念,并决断何谓正义和非正义。① 在施米特看来,自1917年以来,美国是这一权力和法权地位的掌控者。② 美国"实际

---

① 众所周知,伊拉克的法学立场在国际上并没有共识性,它在1991年夏违反国际法占领科威特之后,在跨近东地区的和平章程条件下磋商科威特的归还事宜,其中,以色列占领的阿拉伯地区也属于这一和平章程。相反,美国与盟友基于联合国全权委托,贯彻了自己的国际法立场,从而达到了自己在该地区的战略目标,即不受限制的获取原油资源、限制伊拉克的军事力量、保护以色列以及伊拉克周边阿拉伯国家。

② 施米特,《论断与概念》,页162及以下;鉴于施米特对"现代帝国主义的国际法形式"的分析,他的洞见在今天也许不那么令人惊讶,但是在1932年,当他表述这一洞见的时候,情况却不同。

上……在很大程度上是地球的仲裁者"（同上，页172）。

对冲突的定义，在法律上成为政治决断问题，在实际上则成为权力问题。因此，强国的特点在于，就法学方面而言，[74]它不会拘泥于"一系列固定规范和概念的惯例"，相反，它占有独立的决断和行动自由（同上，页168）。只有独立的大国才具有如下决断能力，即何为和平和国际秩序，应使用哪些法学概念，以及哪些具体的战争行为、军事冲突和干涉是正当的或者不正当的。每个世界强国都使用这些原则和概念，它们解释并为其扩张、权力和势力诉求进行辩护。"有能力去定义有弹性、巨大开放性的概念"，与世界强国多样的安全政策选择相一致。比如，从美国这个案例来看，门罗主义的理论"弱点和含混"被证明是这个世界范围内积极参与的海洋强国在政治实践中的"优势"。

通过契约将其他国家卷入"干涉协约"，对"日内瓦国联"的间接影响，以及在达成"非战公约"中发挥的作用，用施米特的话来讲就是，揭示了美国霸权政策"巨大的一贯性和令人赞叹的能力"，

> 当人们不仅仅看到经济财富的发展、工业和军事－海洋装备，而且看到了国际法方法和概念的形成——这意味着美国精神的独特成就，那么，美帝国主义整个巨大的力量便会浮现在眼前。①

---

① 参《现代帝国主义的国际法形式》一文类似的总结以及施米特大概于1932年2月在柯尼斯堡做的报告 *Die Vereinigten Staaten von Amerika und die völkerrechtlichen Formen des modernen Imperialismus*，见遗产 RW 265-204/M7；亦参施米特，Paktsysteme als Kriegsrüstung. Eine völkerrechtliche Betrachtung, 见 *Münchener Neueste Nachrichten*, 1935年3月31日，见遗产 RW 265-204/M9。

二 对抗与冲突

政治领域中所使用的概念和战略以及敌人概念和冲突概念等差别的背后,是有关权力与法权、宪制性法律与国际法以及有关历史、政治道德和空间－地缘政治思想等各式整体概念。施米特认为,政治史中差异的结晶点,是生存性的地缘政治差别,这一差别是 la mer contre la terre [海洋对陆地] 的陆地性与海洋性政治生存上的差别。①

> 从海洋来看,海洋并非陆地的一部分,相反,陆地是海洋的一部分,人们要描述的不是一幅大地的景象,而是海洋的景象。[75] 这听起来似乎是不经之谈,但是可以帮助我们理解已经变为政治现实的一种可能性。②

政治总在不断变迁。而不变的是围绕自保、权力以及势力的持续斗争。冲突将战争涵括到它多样性的表现形式中,作为政治现象,它由人本学所决定,在安全政策方面是需要考虑的事实。施米特在《政治的概念》中说,

> 政治的关系领域总在不断变化,依那些为了自我维持的需要分分合合的力量和权力而变化。③

人们在"大地的法"中进行历史回望时能够领会"欧洲公法"时代,它具有国家、战争、正当敌人等清晰的概念,与之相反,

---

① Carl schmit, Staatliche Souveränität und freies Meer, S. 99.
② Carl schmit, Das Meer gegen das Land.
③ 施米特,《政治的概念》,页 10。

当下时代的世界内战处境,特征在于对敌人的歧视、排除,并且有阶级敌人、种族敌人和国际敌人的可能性,以及从道德和物理上消灭敌人。如施米特所言,这是一个"形式与非形式、战争与和平混乱的中间状态"(同上,页14),战争与和平、政治与经济、军事与民事、战士与非战士等古典区分都被取消。只有客观的利益对立和敌友区分作为政治的最后标准继续存在。如道德中的"最终区分是善与恶,在审美领域是美与丑,在经济领域则是利与害或者盈利与不盈利……",政治的区分标准则是敌友的区分(同上,页32)。政治在施米特思想中有别于道德,政治敌对并不以道德性的恶或者经济的有害性为前提,而是"对其生存方式的否定"(同上,页33)。因此,施米特将战争的辩护局限在对自身民族主权和自由秩序的捍卫上。①

现代的战争和战略概念经历了空间和内容上的扩展。从原则上给战争解开束缚,造成的后果是战略概念得到拓展,它囊括了战略可能性的整个光谱,比如经济和金融施压、军事干涉、动员、使用大众媒体、外交措施以及颠覆性的战争形式。[76]生存上的否定是极端的冲突情形。施米特得出的结论是,一切生活领域都必须附属于政治。在施米特思想中,政治是道德、审美、经济或宗教等领域之外又一个独立的领域。它要求在冲突状况中做出决断,无论在内政还是外交方面,应该将谁定义为政治友人、将谁定义为政治敌人。在政治领域中,决断的不可避免同时导致敌对的不可避免,反之亦然。政治对立的不可避免促成了政治一致性。即便现代战争不可计算,也无法将政治敌人的可能性从世界

---

① Vgl. auch H. Quaritsch, *Positionen und Begriffe Carl Schmitts*, 2. Aufl., S. 67ff.

中排除出去。这种一致性随着意图占有相应武器的意识而增强，因为，"武器愈令人胆寒……对手的资格愈被剥夺得厉害"。①

冲突、斗争以及战争的可能性——无论是国家间还是国家内部——都是政治概念的一部分。

> 战争是发生在有组织的政治单位间的武装斗争，内战则是发生在一个有组织的单位内部……的武装斗争。②

在施米特思想中，朋友、敌人、斗争以及战争等都不是隐喻和象征概念，而是具体的现实。"战争起于仇恨。战争就是否定敌人的生存。它是仇恨的最极端后果。"这并不意味着战争冲突必然是政治的目标、目的或者内涵，它仅仅是政治的前提和 ultima ratio［最终手段］。冲突的"逻辑"来自敌友区分。在施米特看来，完全和平的世界、"和平化的地球"、没有敌友的世界永远是个没有政治的世界。

宗教、道德、经济、种族以及其他对立在相应的强度上会转换为政治对立，倘若它们可以被证明已强烈到不得不区分敌友的程度的话。以这种方式产生的政治处境在品质上是一种不同于上述对立总和的状态。如果这些对立强烈到从自身就可以决断敌友，那么它们"就成为新的政治单位实体"（同上，页49）。一开始看起来非政治的对立改变了品质，继而成为政治的概念。

---

① Carl schmit, *Glossarium*, S. 6.
② 参施米特，《政治的概念》，页41及以下。

> 无论如何,敌友划分总是属于使自己适应这种具有最极端可能性的政治。(同上)

施米特认为,[77]只有当某一政治单位能够自主决断极端状况,该政治单位才是独立自主的(同上,页53)。一个放弃定义敌友的民族要过无风险、非政治的生活,只有以放弃政治主权的方式才可能。在这样的处境中,其他民族会接手这项任务,并以这种方式进行政治统治。

> 保护者便根据那种永恒的庇护与臣服的关系来决定谁是敌人。"庇护与臣服"(Protego ergo obligo[保护故约束])乃国家的第一原理(cogito ergo sum[我思故我在])。(同上,页64)

《政治的概念》(初版于1927年)是施米特决断论思想的高潮。[1]当政治决断凭借其权威和在非常规性的例外处境下(比如在危机或战争中)断定谁是具体的政治(而非私人性的)朋友和敌人之时,它是一个政治决断。在战争冲突的例外处境中,国家是决断的唯一主体。例外处境的特征是,无法把握到任何常

---

[1] 可以在施米特政治思想中区分三个阶段:一、规范性阶段,施米特主要在这一阶段分析关于政治活动可能的常规和自然法原则等问题,并且像在《罗马天主教与政治形式》(*Römischer Katholizismus und politische Form*, 1932)中一样,表达了面对政治活动中的纯粹权力,对伦理约束性的诉求;二、上述的决断主义阶段,作品有《论专政》1912)、《政治的神学》(1922)、《合法性与正当性》(1932)、《政治的概念》(1927)、《宪法学说》(1928),以及《宪法的守护者》(1931);三、具体的秩序和构造阶段,如相关主要作品所表达的,见《论法学思维的三种类型》(1934)、《陆地与海洋》(1942)、《大地的法》(1950)。

规,因此必须做出决断。

如上文所述,施米特所理解的战争冲突的正当化,比用武力实现国家利益的行为更为狭窄。在他的思想中,iusta causa belli［正当战争理由］被限制在生存情形下,因此,他的敌友区分并不是所谓战争至上论的表达。只有在上述条件下为了和平之故,才可以将战争冲突作为政治的手段付诸实践。[①]

[①] Vgl. P. Tommissen, *Liber Memorialis. Economische Hogeschool Limburg*, S. 79,83,84.

三 权力的优先性与例外状况

［78］如我们所看到的那样，人类对权力的角逐不可避免，这一点源自在施米特看来亘古不变的人类天性以及人类在政治领域的行为。具体的政治行为由人类生存的具体环境和处境所决定。"例外状况"敞开了人类的基本天性。在安全政策领域，这些天性主要体现在出于自保的理由而追求增加权力和势力，它们全心全意地将这种追求表达为各种各样的辩护和理性缘由，即所谓的"正当性"。

因此，政治事件及其正当性之间、具体处境的事实及其规范之间、权力追求与立法之间都存在一种最终以武力（Gewalt）为根基的相互关系。故而，国内及国家间真实的权力关系既决定着法权的约束力，也决定着法权的影响范围。在霍布斯的《利维坦》中可以读到，

> 没有武力，信约便只是一纸空文，完全没有力量保障一个人的安全。①

总而言之，放弃政治决断和使用权力、表面上宣称非政治的生存，无法消除这种关联，相反，只会形成新的政治性的"保护－

---

① 霍布斯，《利维坦》，页128。

顺从"局面和权力关系。①

施米特认为,政治权力的根源在于"保护-顺从原则",这一原则无论在国家内部还是国家之间都是有效的,并且由寻求(保护的一方与能够提供和确保保护的一方之间的)共识原则所决定。②在施米特看来,这种共识会带来权力,就如权力会带来共识那样。

> 共识会产生权力,而权力也产生共识,因此,权力在得到所有臣服者之赞同的地方也具有其独特的意义,可以说具有一种剩余价值。

权力的"剩余价值"即其本身固有的规律性,对于权力持有者而言,是"一种独立的现实"和独立的因素,该因素必须面对内在的"权力和软弱的辩证法"的冲突。根据施米特的看法,利用技术和武器科技等可能性来提高权力手段,会激化这一辩证法,这一点清晰地体现在冷战中的威慑战略中。[79]权力的至高无上与权力问题的含混体现在,

> 权力强于任何权力意志,强于任何人类的善,并且也值得庆幸地强于任何人类的恶。

在不可避免的政治领域中,毫无风险的保障是不可能的,这个领域是"有持续危险和威胁的空间"。③

---

① 施米特,《政治的概念》,页63。
② 参施米特,《论权力及接近当权者之途径的对话》。
③ 施米特,《霍布斯国家学说中的利维坦》,页87。

谁要是在这里寻求他人的保护，便是对此人的臣服。（同上）

在施米特看来，原则上，权力与势力投射发生在陆地和海洋占取的空间中。① 四个基本投射区域——陆地、海洋、天空、宇宙——因为科技进步而不断变迁。它们的改变不仅体现在相互关系中，也体现在内容上。因此，与之相伴，"保护与顺从的关系"、政治与社会权力的结构和根基、既存权力之间的关系都在不断变化。随着人类空间意识的持续发展，人类政治秩序也同其内在和外在的"分界线"、"友谊线"、"和睦阵线"、政治的"半球"或者"隔离与防御线"等一起发展。②

有鉴于人类迈入新空间（比如太空），施米特于1951年写到，

　　大气吞噬海洋，也许甚至还会吞噬大地，人类会将其星球变为原材料库和航母的合体，这些今天看起来确实已经可以设想。接下来，将会有新的友谊线，核弹和氢弹将在其彼岸落下。③

施米特认为，人"在生存上"需面对权力这个现象。他根据个人经验写到，

---

① 参施米特，Recht und Raum, in: *Tymbos für Wilhelm Ahlmann*, Berlin, 1951, S. 244ff（其中有施米特的注释，见遗产 RW 265-342/B3）。
② 参施米特，Die letzte globale Linie, 见 *Marine-Rundschau*, 第 8 册, 1943, 页 36 及以下；也参 E. Zechlin 编，*Völker und Meere*, Leipzig, 1943，施米特对这本书做了大量注释，见遗产 RW 265-451/B11。
③ Carl schmit, Recht und Raum, S. 250.

三　权力的优先性与例外状况

我切身经历过所有形式的权力,我曾坐在大鱼的腹中。①

通过以隐喻方式暗示游弋在危险的政治空间的利维坦,施米特想要揭示,即便完美的、寻求可靠的和不受骚扰的享乐的、非政治的"布尔乔亚",也得服从具体的政治处境并受制于权力。②

[80] 施米特的核心关切在于证明,即使在国联和联合国的时代,权力和势力政治也不会止步,而是以新正当性和新形式的模糊面孔出现。③

政治中的权力和势力投射在施米特思想里有着现实的独特性,它既非"善"亦非"恶",而是必然。权力在施米特那里是"完全的他者",无论对于有权力的人,还是对于"臣服于权力的人"。④ 如施米特《权力的前厅》一文所言,随着每一种权力的确立,都会形成间接势力和力量的前厅,于是在通达天听的途中、在通向掌权者灵魂的走廊上,就产生了他者的权力必然性。⑤

---

① Carl schmit, *Glossarium*, S. 119.
② 施米特,《政治的概念》,页 76。施米特在这里援引了黑格尔。
③ 参施米特文章,《论断与概念》,第 3、4、5、11、12、19、25、35、36 篇;施米特以作为新的国际法原则的欧洲"大空间秩序"来反抗国联虚假的普世性,正如美国的"门罗主义"和英国的权力与势力原则实际上所表现的那样,以占领战略要津来确保海外贸易通道的安全。这里仍需进一步分析的"大空间秩序"在第一种方案中预先看到了中部欧洲秩序体系,它既不会动摇英国和法国的世界帝国地位,也不会动摇美国的利益范围。它是二战前夜用来抵制英国在欧洲的"均势政策"的对立秩序,是对如下具体权力政治局势的回答,即这种由于德国在政策上对《凡尔赛条约》的修改以及邻国对此的反应所形成的局势是如何产生的。
④ Carl schmit, *Glossarium*, S. 119.
⑤ 施米特,Im Vorraum der Macht, 见 *Die Zeit*, 1954 年 7 月 29 日, 见遗产 RW 265-150/M5;亦参《论权力及接近当权者之途径的对话》。

掌权者也不得不面对"走廊"和"前厅"这样无可避免的权力机关，它们既是属己的也是他者的现实和挑战，倘若掌权者不想被夺权，就不得不遵循这样的挑战和现实。

因此，亲戚、兄弟、父子之间权力斗争的强度很激烈。我于是想到奥拓大帝与他那些必须被铲除的兄弟的斗争，想到了红白玫瑰的毁灭性战争，以及类似的东西。权力之于代理权力的个体而言也是完全他者的事物。①

权力起作用的地方，便会有权力的"前厅"和"走廊"。企及掌权者的问题，随着权力愈加集中而尖锐化。施米特引用俾斯麦和席勒《唐·卡洛斯》中波萨侯爵的例子来说明直接企及掌权者的问题。[81]此外，权力愈发集中，掌权者也愈发孤立，这一孤立加强了"前厅""间接的"权力。

施米特所描绘的政治现实，就如同他在国际关系中所看到的那样。施米特意识到实然与应然的逻辑鸿沟以及权力和权利的根本差异。

如果应该存在一种权利的话，那么它不能来自权力，因为，权利和权力的差别根本无法消弭。②

施米特对政治理论的思考，不是从常规状况，而是从"例外

---

① Carl schmit, *Glossarium*, S. 119.
② Carl schmit, Recht und Macht, in: *Summa*, Heft 1, 1917（im Nachlaß: RW 265-418/M 1-8）.

状况"出发。对他而言,即便是政治主权面临的考验,也体现在对例外状态所享有的决断权,"主权就是决断例外状态"。[1] 施米特称,例外状况就是从常规状况的常规化情形向非常规化的例外情形的过渡,后者在真正意义上需要得到决断。[2] 非常规化的新状态,要么可以预测,要么无法预测,它排除预测和计划。因此,在常规化状态和急需政治决断的情形之间——比如在国际法视野下——就存在明显的二律悖反灰色地带,从安全政策或战略理论方面来看,强权和实力关系在这里发挥着影响,并明显起着决定作用。

---

[1] 施米特,《政治的神学》,页 24;1930 年 11 月 14 日,施米特就例外状态概念,在汉堡海外俱乐部做了相关演讲 Über den Ausnahmezustand, 见遗产 RW 265-204/M9;亦参施米特做了大量批注的文章 E. W. Böckenförde, Der verdrängte Ausnahmezustand, 见 *Neue Juristische Wochenschrift*, 第 38 册, 1978 年 9 月 20 日, 页 1881 及以下, 见遗产 RW 265-342/B;亦参 P. Kondylis, Jurisprudenz, Ausnahmezustand und Entscheidung. Grundsätzliche Bemerkungen zu Carl Schmitts "Politische Theologie", 见 *Der Staat*, 第 3, 1995, 页 325 及以下。施米特生活的那段德意志历史时期向他证实了这一论点。1919 年 4 月 7 日,他目睹了慕尼黑苏维埃共和国,继而发生的是公开的内战,施米特于 1919 年夏天被解除公职。参 P. Noack, *Carl Schmitt. Eine Biographie*, Berlin, 1993, 页 53。

[2] 施米特,《政治的神学》,页 24,"对例外状态作出决断乃真正意义上的决断";参施米特遗产中的 A. Peisl/A. Mohler 编, *Der Ernstfall*, Berlin, 1979,施米特对该书做了大量批注,对于本书而言极富启发。施米特在书的前几页,亲笔添加了引用自维特根斯坦的句子, Die Welt ist alles, was der Fall ist [世界是所有那么回事的一切],以及对特别情形的暂时定义, der Fall, für den die Spielregeln versagen [游戏规则对此情形不起作用的情形],以及 Der Zufall innerhalb eines Spielraumes [某个空间中的偶然]。施米特在第二页的题目 Der Ernstfall 上加上了 ist der Pfegefall [需要护理的病人],并指出遮蔽性的概念转变这一现实,比如人们说"特别情形"而不说"战争",说"事故"而不说病人去世。该书见遗产 RW 265-353。

[82]只有当可预测的例外状态——比如"冷战"威慑情形下的威慑失效——"在主权上"同样保持可控,具体的安全政策秩序的"常规情形",比如冷战的常规化威慑处境,才会发挥作用,并且才能称为常规情形。①在这一状况中,只有顾及安全政策的例外情形,才能保持常态。在战略规划中,例外情形远比常规情形重要。而且,在关于威慑战略的讨论中,威慑失效的例外情形,也因此处于争论的中心,因为,人们通常只论及常规性的可靠性。在例外情形中,现实性的——无论个体的还是政治的——生存似乎得到了彰显。故而,关于例外情形的思考在这里更为现实和贴近生活。此外,这也使得为大量有悖于常规的情形做准备成为可能。

基于这种具体的生存哲学,施米特提出将敌友范畴作为政治标准。他从例外情形出发来思考常规情形,从战争出发来思考和平。因此,他对和平的理解在核心上深受战争学的影响。启蒙运动的唯理主义抛弃了非常规的、在理性上不可计划的例外情形。在施米特看来,例外情形是唯理主义和实证主义的禁忌。冷战威慑战略的代表人物也没有考虑这一情形。在他们看来,例外情形是人们要避免而非要经受的。普遍热核战争的威胁深刻影响着这一思想,冷战过后它显得尤为过时。

1945年之后的战争和例外情形继续成为西方社会的禁忌。比如,我们以欧洲中心论的视野谈及一段所谓"战后时期",其中有成百上千场战争和上百万战争死伤。单单当时华约组织的攻击所引发的就不会是例外情形,而首先会是危机

---

① 施米特,《政治的神学》,页24。

情形和危机管理。当时的目标是,重建入侵者的谈判意愿并终结冲突。在这一点上,德国的海洋战略概念和陆地安全政策处境的区别在冷战时期就尤为明显,因为,即便在完全摧毁中欧战争前线之前,入侵者没有表现出任何谈判意愿,也会被视为安全。

这可以解释整个"战后时期"德国的安全政策处境,即与联军一起进行边境防卫,尽可能向东,尽可能合乎常规。[83]战略理解的差异,一方面体现在由海军支撑的谈判,以便避免"血腥的决战",另一方面体现在快速地对直接关涉生死存亡的陆地性政治生存做出决断(同上,页71)。核武恐怖和因此而激增的安全需求,尤其从直接受影响的国家视角来看,在精神上略去了例外情形,并将其解释为不可能。

作为例外情形的战争冲突在施米特思想中具有决定性意义,因为它是"敌友政治区分的极端后果"。"人类生活从这种极端的可能性发展出特定的政治紧张局面"。① 永恒的冲突可能性,为施米特的政治理论奠定了基础。对于施米特而言,不是和平,而是永恒的威胁,构成历史-政治世界的基本现实。在这背后是霍布斯的洞见,即战争不仅是行动,还是面临任何时候都可能存在的武力行为时的根本不安。

> 战争的性质也不在于实际的战斗,而在于整个没有和平保障的时期中人所共知的战斗意图。其余时期则是和平时期。②

---

① 施米特,《政治的概念》,页44。
② 霍布斯,《利维坦》,页94。

施米特认为,这一事实的后果便是国家"巨大的全权",即"发动战争和以国家名义安排人民生活的可能性"。[1] 在他的政治理论中,武力冲突的爆发是"最极端的政治手段"(同上,页44及以下),来自政治性的敌友对立。这一对立可能来自宗教、道德、经济、伦理或者其他的各种对立。当这些对立相互之间剑拔弩张之时,它们将会出现在政治领域。本源上属于其他类型的对立,也会转变为政治性的。

> 如果一个宗教群体发动了反对其他宗教群体成员的战争,或参与其他战争,那么,它显然不再仅仅是一个宗教群体,而是成了一个政治统一体。(同上,页48)

这也适用于内政领域。在施米特看来,人们会通过各色各样、偶尔隐蔽的婉语,宣称内战处境中的内部敌人为 hostis [公敌],比如用"查抄、剥夺国籍、禁止参加组织和集会、[84] 驱逐出公共部门"等轻微的形式,或者施以全民唾弃、革除教籍甚至流放等处罚。[2] 施米特在这里揭示出的关联也适用于外交中的敌友区分。一个具体的政治秩序愈是在工业上发达、在经济上资金雄厚,它便越能"平和地"使该秩序的捣乱者变得无害。这也适用于外交。经济上领先的国家,能够为自身要求战争权,而微不足道的国家,无论愿意与否都只能放弃。相对于较弱小的政治单位,前者能够相对"和平地"发起战争,比如利用贸易禁运、经济制裁、财政施压、治安轰炸(police bombing),甚至以

---

[1] 施米特,《政治的概念》,页56。
[2] 参《政治的概念》"决断战争和敌人"一节,页56及以下。

军事干涉的形式。经济繁荣的国家有着完全不同于经济弱国的诸多间接"战争"可能,对于后者而言,"全面"战争有可能开始于经济制裁。弱小的政治单位与主宰性强国的联盟,导致前者放弃政治主权,并造成上文所言的保护故约束(protego ergo obligo)机制,即保护与顺从的关系。

抛开不断变化的政治内容,人们可以从自主决断历史中不断改变的具体的敌友关系,来认识政治行为。潜在的具体敌友关系,会通过不可避免的决断方式来塑造政治。在施米特这里,决断是政治行为最重要的范畴。他将"严格的道德决断"视为"政治观念的内核"。① 决断是规范与现实的关键环节以及处境分析的结果。

在施米特看来,政治的主要弊病在于犹豫不决、摇摆不定、漫无目的的讨论以及逃避清晰的决断。政治的复杂性和无法一目了然,要求毫不含糊的决断。只有坚决的政治和战略行为,才能长久地享有成功。②

---

① 施米特,《政治的神学》,页73。
② 关于古巴危机期间以决断为目标的整体战略协商,见 R. Kennedy, *Thirteen Days*, McCall Corp., 1968。

四 武力与权利:米洛斯对话

［85］当伯罗奔半岛战争——雅典民主与斯巴达所领导的贵族制的伯罗奔半岛之间的这场巨大军事冲突——进行到第十六年(公元前415年)时,雅典打算也占领米洛斯岛,以便为自身创造更有利的条件,来发动针对西西里蓄谋已久的行动。"三十艘本国的船只,六艘来自希俄斯,两艘来自莱斯波斯"的舰队,另外有"1200名战士身着盔甲,320名射手,其中20名骑射手,1500名身着盔甲的战士来自同盟和岛屿城邦",领导他们的将军是吕克默德斯之子克莱奥默德斯和泰西马克斯之子泰希阿斯,一齐登陆中立的、不对任何参战方负责的米洛斯领土。①

不过,在他们开始进行破坏之前,为了先进行谈判,他们派去了使者……

---

① 修昔底德,《伯罗奔尼撒战争史》,页412;Vgl. Viscount Montgomery of Alamein, *Weltgeschichte der Schlachten und Kriegszüge*, Band 1, München, 1975, S. 72ff. Auch: H. Walzer, The Melian Dialogue, in ders., *Just and Unjust Wars. A Moral Argument with Historical Illustrations*, Cambridge, 1977, S. 5 ff. Auch: J. H. Kaiser, Europäisches Großraumdenken. Die Steigerung geschichtlicher Größen als Rechtsproblem, in: *Epirrhosis. Festgabe für Carl Schmitt*, Zweiter Teilband, Berlin, 1968, S. 529ff.

四 武力与权利:米洛斯对话

于是,就有了雅典代表团和米洛斯贵族议员的对话。古希腊史家修昔底德为我们记录了这段对于战争时代很不寻常的对话。对话一开始,雅典人虽然为无法在人民面前为自己赢得公众的意见而感到遗憾,但是表达出与米洛斯议会展开严肃磋商的意愿。米洛斯的议员回答:

> 谁也不能反对你我两方在一个从容和易的气氛中宣达自己的意志。那是完全合理的。但是现在你们必然向我们作战的威胁和你们这个建议是颇相矛盾的。我们知道,你们到此地来,已经准备自己当这次辩论的裁判者:如果我们认为正义在我们这一边,因而不肯投降的话,结果就是战争;如果我们听了你们的话,结果就是被奴役。

雅典人回答并指出,协商的主题是"保全你们的城邦",因此米洛斯人应该进行商讨。米洛斯议员接受了这一点。雅典人要求米洛斯人以仍然存在的一线可能性为重,

> 因为你们和我们一样,大家都知道正义的标准是以同等的强迫力量为基础的,同时也知道,强者能够做他们有权力做的一切,弱者只能接受他们必须接受的一切。

雅典人的论证暗示出,他们战胜了波斯人,因而他们进行统治显而易见具有正当性,他们解放了希腊。[①] 此外,他们实际上

---

① 公元前 490 年,雅典人在米提亚德领导下取得马拉松大捷,公元前 480 年,波斯人在萨拉米斯海战中再次折戟。

具有现实力量。[86]米洛斯人提醒对话者看到他们的克制、人性以及正义,并预言性地警告他们,

> 你们自己如果到了倾危的一日,你们不但会受到可怕的报复,而且会变为全世界引以为殷鉴的例子。①

雅典使者再次将对话引入他们认为的关键点,

> 今天我们到这里来是为着我们帝国的利益;为着保全你们的城邦,我们才说出我们想要说的话来。使你们加入我们这个帝国,不是我们想自找麻烦,而是为着你们的利益,同时也为着我们自己的利益,想保全你们。

米洛斯人回答道,

> 我们做奴隶,而你们做主人,怎样有同等的利益呢?

雅典人的回答是,

> 屈服了,你们就可以保全自己而免于灾祸;不毁灭你们,我们就可以从你们中间取得利益。

总之,对于米洛斯人而言,关键是保全城邦、和平以及他们

---

① 伯罗奔半岛战争于公元前404年以雅典被占领而结束,此前是斯巴达将领莱山德领导下的海战大捷(羊河战役)。

的自由,而雅典人的提议的内涵在于以和平方式、在没有战争威胁的情况下对米洛斯岛可能的占领。紧接着,米洛斯人建议未来对雅典人保持绝对的中立,不过,雅典人没有接受,因为海战中被占领的岛屿为他们保证的是一份更高程度的"安全"而不只是中立的安全。米洛斯人接着使用了道德论据,他们希望民主制的代表们能够听取,

> 而我们这些还有自由的人民如果不去反抗一切,而低声下气,受奴役的羁绊,那么,我们就真是懦夫,真是孱弱无能之辈了。

雅典人再次提醒,重要的并非名誉,而是生存。而米洛斯议员反对说,

> 假使我们屈服,那么,我们的一切希望都丧失了;反过来,只要我们继续斗争,我们还是有希望站立起来的。

雅典人又一次提醒,不要"乞灵于预言、神谶和其他类似的东西,鼓励他们信任希望,结果使他们遭到了毁灭",而应该着眼于现实。在"神祇庇佑"一事上,雅典人相信可以确保得到神祇的庇佑,因为,强者的权利具有神性的来源,因此充分正当。米洛斯人在对话中谈到斯巴达可能会援助,理由是米洛斯在地缘上与伯罗奔半岛的距离以及同斯巴达人的友好关系。雅典人进行了驳斥并指出,有鉴于斯巴达人支持米洛斯人而面临的危险,"要求援助的那一方面的热忱"对于伯罗奔尼撒人而言并不是现实可行的选项。他们在对话结尾再次告诫米洛斯人,不

要寄希望于将来,而应该在当下去决断"战争还是安全"。

> 在缴纳贡赋的基础上加入同盟,从而自由享用自己的财产……当你们可以任意选择战争或安全的时候,你们一定不会因为妄自傲慢而做出错误的选择。

鉴于享受了七百年的自由,米洛斯议员们没有接受劝告,决定选择中立并订立以雅典军队撤出岛屿为条件的条约。

> 雅典的将军们知道米洛斯人不愿意屈服,马上就开始进攻,在米洛斯城的周围建筑一道围墙,筑墙工作由各邦分摊负担。后来他们留下一支自己和同盟者的驻防军,在海陆方面封锁米洛斯,其余大部分军队则调回本国去了。……米洛斯人曾在夜间进行袭击,夺取了在市场对面的一部分雅典阵地,击毙了一些敌人,夺取了一些粮食和其他有用物品之后,又退回城内,没有其他活动了。雅典人设法把封锁线加强了。夏季就此终结。接着在冬季里……米洛斯人又在只有很少的人放哨的另一条雅典防守线掠取了一些东西。结果使雅典人又派了德米阿斯的儿子菲洛克拉底所指挥的一支军队加强围攻力量。围攻战进行得很激烈,因为城内有叛变者,米洛斯人无条件向雅典人投降了。凡适合于兵役年龄而被俘虏的人们都被雅典人杀了;妇女及孩童则变卖为奴隶。雅典人把米洛斯作为自己的领土,后来派了五百移民移居在那里。

鉴于这是一场关涉岛屿未来政治的战争,米洛斯人面临许多方案,要么以自由为代价来签订和约,要么与实力占优的敌人进行战斗,尽管极有可能战败、被杀或者成为奴隶。米洛斯人最后决定应战,以保卫自由,这场战争对他们而言是全面的,对雅典人而言只是有限的、具有极小风险的区域冲突。米洛斯人输掉了这场对他们而言的全面战争,完全失去政治存在,男性邦民被屠杀,从而预先扑灭了他们自由意志的复苏,妇女和儿童也被变卖为奴隶。

在接下来直至结束的伯罗奔半岛战争中,米洛斯不再是政治上或军事上决定性的因素。修昔底德之所以记载下来这篇对话和与之相关的民族悲歌,是因为他想要揭示强者声称的自然法的精神结构,并纪念处于正义中的弱者。

米洛斯对话中所描述的过程——声称的正义(实际上是权力)与真正的正义(但缺乏足够的权力手段)之间的论辩对峙——在人类历史上直到今天,其实已经重复过无数次。回想一下,这一对话的论辩结构之所以有意思,是因为其现实性。[88]如修昔底德一开始所说的,入侵者的使者一开始并不愿意与城邦的议事者协商,更愿意在民众面前说话。他们认为,可以赢得为了和平而牺牲自由的公众意见的支持。对话一开始,米洛斯人就表达了他们的担忧,即雅典人明显并不把他们的协商当真,不仅以武力相威胁,而且已经踏足米洛斯的领土,眼下他们面临的二选方案不过是"战争还是臣服"。这些担忧在修昔底德接下来的对话中进一步得到证实。

雅典人提出阻止战争并保全米洛斯的诱人提议,而且,基于七十年前反对波斯的历史性解放行动,他们为占领进行辩护。此外,他们还声称,只有在各方势力的平等条件下才可以谈正义,只要米洛斯人认可雅典人统治,便可以为安定和普遍安全作贡献,所有这一切都是历史性的例证,是为实现帝国利益进行辩解的极具现实性的理据。

在军事上装备不足的米洛斯呼唤正义和人性,承诺无条件的中立,想要保全和平和自由。恰恰因为中立政策,它无法寄希望于大的盟友,所以必须冒险采取绝望的自由之战这条前途未卜的出路。对于侵略者而言,米洛斯的中立并不是不偏不倚和爱好和平的标志,而恰恰是一份邀请书,也就是说使得雅典人发现自己的"安全利益",占领和奴役这片土地,通过强制移民计划来创造新的事实,而被征服者必须认可这些事实,视之为保障和平的"现状"。

修昔底德意图借助占取领土之前的米洛斯对话揭示权力理由和权利的相互关系。雅典人的行事理由不是强者声称的自然法,而是阿提卡海洋联盟先进的权力扩张。对于修昔底德而言,这种受民主制催动的扩张的"法",即雅典在政治、文化和经济上的扩张,才是占领米洛斯岛、雅典势力伸入爱琴海空间最根本的动机。

雅典对米洛斯的占取之所以会发生,是基于大空间的内在关联和扩张能力,而它面对的是较弱的政治单位和不具发展能力的贵族制群体。

[89] 修昔底德成为施米特政治范畴的先行者:法的过程、政治人本学、武力战争、永恒的敌友、权力与权利、进步与意图保全等对立以及例外状态的标准。[1]

---

[1] 米格里奥(Gianfranco Miglio)在意大利文版《政治的概念》前言中称,"从根本上来看,比起其他前辈而言,施米特更接近修昔底德";Vgl. in H. Quaritsch(Hsg.), *Complexio Oppositorum. Über Carl Schmitt*, S. 275ff.

五 政治性的空间与秩序思想

[90]大体来看,施米特的空间秩序思想以地缘政治为取向。① 在他遗作的许多地方,施米特明确提到盎格鲁-撒克逊经典地缘政治家的代表作,比如马汉(Alfred Thayer Mahan)的《海权对历史的影响(1660—1783)》(*Influence of Seapower upon History 1660-1783*),该书初版于1890年,作者于1893年续写了此书,题目为《海权对法国大革命和帝国的影响》(*The Influence of Seapower upon the French Revolution and Empire*),② 以及麦金德(Halford Mackinder)的《民主的理想与现实》(*Democratic Ideals and Reality*),该书初版于1919年,在美国加入二战之前的1942年发行了第二版。③

施米特地缘政治思想的核心范畴,是其人本学和空间要素(如陆地、海洋、天空)以及相应的空间秩序分界线,此外还有

---

① 施米特,《大地的法》,前言及页274及以下;以及 Die geschichtliche Struktur des heutigen Welt-Gegensatzes,页142及以下;《关于陆地、海洋与天空的对话》。

② 第一个德文译本见 *Der Einfluß der Seemacht auf die Geschichte 1660 bis 1812*,Karl Ferdinand Batsch/Karl Paschen 译,Berlin,1896-1899;另参 Gustav A. Wolter, Alfred Thayer Mahan, *Der Einfluss der Seemacht auf die Geschichte 1660-1812*,Herford,1967。

③ 该书完整题目为 *Democratic Ideals and Reality. A study in the Politics of Reconstruction*,New York,1919。

技术、进步、经济、文化以及与空间的地理学有关的精神和心理因素。

施米特的空间秩序思想首先关心的是具有政治、经济、战略意义的空间，而不是空间本身，虽然他并没有忘记这个问题。[①] 施米特分析了空间、空间的核心元素以及随时代而变的安全政策利益环境等的独特意义。经过这样的分析，施米特构造出一幅不带意识形态、在道德上不做评价的世界地缘政治图景，该图景顾及了具体的权力关系及其与上述因素之间的相互关系。即使施米特分析了历史上的海洋大国——英国和美国这两个利维坦——在全球范围内的权力和势力范围，并且很明显对它们的地缘政治成就不无赞叹，但是，他的立场和视野仍是欧洲中心主义的。施米特的地缘政治思想从欧洲中心出发，试图阐明整个关联，着眼于对挑战作出具体的地缘政治回答。

[91] 通过分析陆地性和海洋性空间概念及其地缘政治分配和分界线，以及陆地、海洋、大气、火等因素的辩证关联，施米特做出了大空间理论的构思，继而形成新的世界均势体系。"陆地"与"海洋"在施米特思想中是安全政策和战略理论的基本条件，它们决定着政治秩序形式、政治活动以及冲突形式等的特征。有关政治与战争、正义与非正义的不同观感，都建立在各自同空间的关系中。历史生存会披上陆地性或海洋性的形式，[②] 人们在它们的框架中"享有心之所向便可往的自由"（同上）。

与之相应，世界史"是海权对陆权和陆权对海权的斗争史"

---

① 施米特，Recht und Raum，页 241 及以下，该文的注释见遗产 RW 265-342/B/3。

② 参施米特 1942 年发表的《陆地与海洋》，页 6。

（同上，页7）。施米特以比喻的方式将这一斗争比作《约伯记》（40:41）中大鱼利维坦和大兽贝俄摩斯之间的争斗。利维坦凭借鱼鳍将对手的口鼻堵住，使其无法进食和呼吸，而贝俄摩斯则试图用角和牙撕裂对手。施米特借助这样的神秘画面意图说明的是，封锁是更为间接的海洋战略的独特手段，这种战略能够切断"陆地"通往攸关生死的资源的海上通道（同上，页7及以下）。

倘若没有雅典的海权地位，古希腊世界不可想象。阿提卡的海权在萨拉米斯海战（公元前480年）中战胜波斯的陆权，雅典在伯罗奔半岛战争中战败，这次战争表明，斯巴达这个陆权国家作为战胜者没有能力统治阿提卡的海洋王国（同上，页8）。后来的陆权国家罗马与海权和贸易强国迦太基之间的巨大冲突，使罗马一跃成为一个帝国（同上）。汪达尔人、撒拉逊人、维京人以及诺曼人后来夺取了罗马的海上统治权。阿拉伯人从7世纪开始建立在西地中海的海上统治，作为沿海王国的拜占庭帝国有着强大的舰队，能够在长达数世纪的时间里阻止东南欧的伊斯兰化，直至大约公元1000年仍统治着东地中海地区。

[92]然而，加洛林王国又是纯粹的陆权国家。十字军东征期间，威尼斯发展为海权强国，其特征是财力雄厚、外交强势，这在当时陆权国家的政治对立及其贵族制宪法和宗教宽容中都发挥着有利作用。从公元1000年至16世纪，在土耳其最终取得统治之前，威尼斯统治着亚德里亚海、爱琴海以及地中海东部。

施米特认为，大国的发展要经历三个阶段：东方河流文化的"河流"阶段，地中海文化的"海洋"时代，以及随着美洲大发现产生的"大洋"文化。大型海战决定着历史的走向，来自东方的舰队在亚克兴（公元前30年）与西方的舰队遭遇，西班牙－威尼斯舰队与土耳其舰队在勒班陀海战(1571)中大获全胜,1588年,随着西班牙战舰在英吉利海峡的战败,英国的海上统治拉开了帷幕(同上,页14)。在施米特看来,

> 捕鲸者和大胆的航海者是新的海洋性生存的第一批英雄。(同上,页15)

最早利用帆船和手掷鱼叉进行的捕鲸活动,促使人们不断"进入海洋性生存的原始深渊中"。施米特写道,

> 这些捕鲸人才是人类勇气最高贵的表现。(同上,页19)

1492年开启了大规模的征服,即西班牙人对美洲的占领。指南针和航海图使得葡萄牙人和西班牙人的发现之旅成为可能。1595年前后,新型直角帆船的发明,使得逆风航行成为可能,在施米特看来,新式帆船标志着"陆地"和"海洋"历史中的转折。几年之后,最先装备火炮的帆船出现,使海洋战争发生了革命性的变化。16世纪末,越来越多的英国私掠者和海盗人员开始向大洋移民,成为世界强国西班牙最早的阻力。随着1713年乌特勒支和约的签订和伊丽莎白一世治下英国世界霸权的奠定,16、17世纪的私掠者和海盗时代才告一段落。与海盗不同的是,私掠者是在合法名义之下即国王的特许下进行战斗的(同上,页25),其政治敌人是西班牙霸权,

> 因此,他们处于一个宏伟历史的最前线,即处于当时的新教势力反抗当时的天主教势力的最前线。(同上)

葡萄牙、荷兰以及西班牙相继丧失了对海洋和欧洲之外海上航线的统治。[93]随着17世纪相继而来的长期的殖民地战争,法国在"对于海洋的巨大冲动"中折戟。最终,英国成为"欧洲民族大觉醒的唯一继承人"(同上,页31)。其他民族眼中的土地和家乡,对于英国而言只不过是基地和交通线(同上,页56)。

施米特认为,人们的空间意识随着历史变迁而改变,这种意识随时代和民族不同而不同。而且,在科学上也有不同的空间概念之分。数学中的空间有别于电子–磁力场或者生物学和心理学的空间概念。

> 每当历史的力量由于某种新的突破而进入人类总体意识的范围,每当新的国家和海洋由于某种新能量的释放而出现在人们的视野中,历史存在的各种空间也会相应地改变自身。(同上,页32)

在施米特看来,其后果是"新尺度、新维度、新经济、新秩序,以及焕然一新或获得新生的民族的新生命"(同上)。每个空间概念的变迁,都与历史的大变革相联系。作为例证,施米特列举了亚历山大大帝的开疆拓土,其结果是广播了希腊文化和艺术。恺撒的武功为人们打开了西北和太平洋的视野。公元1世纪,即尼禄皇帝的时代,"迈向今日'欧洲'这一空间意识的第一步"首次形成了宏阔的全球空间感觉,这预示着对新世界的发现(同上,页34)。

而在接下来的时代,施米特则发现了"欧洲空间盲点和陆地化"(同上,页35)。随着罗马帝国的解体、伊斯兰的扩张、阿拉伯人和土耳其人的入侵,完全的欧洲"领地化"形成了,而这一进程被十字军东征打断，并最终被汉萨同盟和德意志骑士团的扩张所代替。这种空间扩张同时带来了文化变迁，随着美洲的发现和哥白尼、布鲁诺、伽利略、开普勒以及牛顿等人带来的新知识，宇宙是一个无限、空洞空间的观念在16、17世纪产生了（同上，页36）。

[94]任何新的历史时期都以大规模的陆地占取为开端（同上，页41），继而使用已占取的来进行生产和消费（同上）。战争冲突在占取中发挥着决定性的角色。葡萄牙人、西班牙人、法兰西人、荷兰人以及英格兰人，为了分配世界，经年累月地兵戎相见。英国在19世纪除了是海上霸权之外，还是先进的世界"机器强国"（同上，页58）。如果说在克里米亚战争（1854—1856）中人们还在使用帆船战舰，那么，在美国南北战争（1861—1863）中则已经换上了铁甲蒸汽战舰。于是，现代的工业和经济战开始了（同上）。美国在一战中跃升为一流的世界海上霸权，作为一个"符合时代发展的真正的海岛"（同上，页60），它的根基是马汉所构想的安全政策理念（同上）。随着飞机的发明，大气成为人类生存新的基本领域。在神秘的利维坦和贝俄摩斯之外，人们还得加上第三只怪兽，即大鸟（同上，页63）。

由于交通和信息技术的发展，早期的"陆地"和"海洋"划分在今天形成了一个封闭空间。因此，它取消了早期的陆海划分。

> 取消了这种大地法，一种新的法在我们这个行星上源源不断、不可阻挡地生长起来。（同上，页64）

施米特秩序思维的具体性，表达的正是他对历史-政治处境独特性的科学理论理解。

伟大的历史事件都是一次性的,不可逆转的,且是不可重复的。一个历史真理只有一次是正确的。①

施米特试图借助《霍布斯国家学说中的利维坦》(1938)、基于1939年报告的文章《禁止外部空间势力干涉国际法大空间秩序》(1941)以及《陆地与海洋》(1942),来定义安全政策新的决定性因素。② 在对尤其是海权强国英国和美国的历史发展的评价中,施米特认识到大空间和作为新的建构性因素的相应秩序的意义。[95]在施米特看来,对于相应的全欧安全政策方案而言,建立了西半球政治的美国门罗主义(1823)具有榜样作用,施米特将这种方案与纳粹"生存空间"意识形态所宣传的民族生物主义区分开来。③

施米特称大空间的核心力量和前提为"帝国",而不只是提

---

① 施米特,《关于陆地、海洋与天空的对话》,页119。
② P. Tommissen, Een Politicologische Initiatie in de Grootruimtetheorie van Carl Schmitt, in: *Tijdschrift voor Sociale Wetenschappen, Rijksuniversiteit te Gent*, 33ste Jaargang, Nr. 2, 1988, S. 133ff;施米特,《禁止外国势力干涉的国际法大空间秩序》。
③ 关于施米特的方案和官方主流的视角之间的对立,见 Rudolf Suthoff–Groß 文章(*Deutsches Recht*,第13期,1943年6月5日–12日,页625及以下);关于德国版"门罗主义"的有效性,见 L. Gruchmann, *Nationalsozialistische Großraumordnung*, Tübingen, 1962;关于施米特大空间概念的基本讨论,见 Jean–Louis Feuerbach: La théorie du Großraum chez Carl Schmitt, in: H. Quaritsch (Hsg.), *Complexio Oppositorum*, S. 401 ff; H. Quaritsch, *Positionen und Begriffe Carl Schmitts*, S. 17 ff;关于国际、大空间以及法之间的内在关联,参施米特, *Staat, Großraum, Nomos. Arbeiten aus den Jahren 1916–1969*, G. Maschke (Hsg.), Berlin, 1995。

及"大德意志帝国"。[1] 围绕着"帝国"必然形成的势力范围和利益范围促成了"大空间",它致力于防范"外部空间势力"的干涉。对于施米特而言,坚持门罗主义的美国是"首个非欧洲的帝国",[2] 它使大空间方案成为现实。不-干涉是大空间的国际法根基。[3]

一套国际性的大空间体系取代了对施米特而言的传统的国家间和普遍性国际法,这些大空间在安全政策领域得到具象化,它们的特点表现在利益范围、干涉权、殖民地或准殖民地的依附、庇护能力、经济和财政上的责任等等。被国家视为与其他国家同等并且是同样独立的机制的国际法,无法把握这些"空间新贵"(Raumhoheiten),[4] 因此,在施米特看来,与其说理解,毋宁说遮蔽了间接的统治诉求和具体的秩序关系。

施米特认为,与安全政策现实相符的,是"自身有序、共存性的大空间、干涉范围以及文化圈"等多元主义的具体秩序,而非主权国概念和联合国"普世性世界权利"概念。[96] 多元主义的具体秩序,体现了国际关系真正内在的结构原则。[5] 在施米特看来,英国和法国在国联以及美国在联合国的利益霸权,必须由世界性整全秩序来克服,这一秩序符合大空间的不同安全政策秩序。他认为,新的国际法关系不再是所谓主权国家间的,而是

---

[1] 在报告 *Europäische Ordnung und Europäischer Friede*(基尔,1940年10月30日)中,施米特将欧洲大空间秩序等同为"由德国秩序所决定的秩序",见遗产 RW 265-204/M6。
[2] 施米特,《禁止外国势力干涉的国际法大空间秩序》。
[3] 参施米特,《论断与概念》中第36篇"国际法中的帝国概念"。
[4] 施米特,《禁止外国势力干涉的国际法大空间秩序》。
[5] 同上。也参《大地的法》,页224。

排除外部空间势力干涉的政治、经济、文化大空间之间的关系。现存权力关系的事实,在施米特的大空间构想中获得了规范性和法律性特征。他通过现存的具体权力、秩序以及力量关系的"桥梁",打通了实然与应然、现实与法权之间的鸿沟。在他看来,国际法必须在法律上使现存政治关系和具体存在的秩序惯例化。国际法必然与这些秩序一起继续发展,就像伦理学与人类活动的事实黏得很紧并与之一同发展。因此,立法总是与具体的权力状况相关,各民族自决的可能性,关系着它们能否践行政治主权反对抗议的诉求能力。

每个大空间都由某个政治主导思想来决定,这一主导思想同时奠定了政治秩序体系的界限和统一,以及潜在的敌友格局,比如如今的民主与极权主义、对开放市场的追求与保护主义、世俗自由主义与宗教激进主义、世界工业文化圈与其他文化圈等等之间的对立。政治性的大空间方案是否再次提出了政治单位内部的"歧视性战争"问题(同上)?施米特提出的政治冲突概念,驳斥了这种批评性异议,这种冲突尤其由能够以暴力手段践行政治意图的机会所决定,这一机会对冲突双方几乎是对等的。另外,"保护与顺从"的关系、由具体权力状况决定的"保护与顺从公理"的现实事实,[1] 以及"领导国"是否受到其他大空间国家普遍的接受也驳斥了上述批评性异议。在施米特看来,政治性的大空间方案会创造出更多的法权保障,并能够约束如今的世界内战处境。作为各个政治大空间内在的力量核心,"领导国"赋予各个国家以保护、支持以及不受外部影响的发展机遇。然而,施米特认为,[97]国家间的平等和国家间的正义

---

[1] 施米特,《政治的概念》,页63。

在法权上会受到削弱,因为在他看来,正义和平等只有在领先的强国(Vor-Mächte)中间才可付诸实现和得到履行。

即便施米特的方案在政治上被利用了,并且使当时非法的统治秩序得到合法化,但是,施米特地缘政治思想的现实意义并不以之为转移。人们今天仍在反思将国际法区域化的各种可能,以便能够"共同制约战争"。① 对国际现状的分析表明,联合国保障和创造和平的体系并不起作用,人们必须反思新的解决途径。

我们可以将施米特的新空间概念理解为与西方自由主义普世帝国(Universalreich)构想的对立。他的概念表达了具体的秩序思维。冷战时期形成了美苏两个对立的大空间,它们相互承认对方为各自大空间的强国,相互尊重并且认可针对各自势力范围相互干涉的禁止。事实上,冷战国际政治是两个主宰性政治和经济大空间的均势政策。② 爆发冲突的空间,在这一时期转移到世界上"未受到封锁的"区域,即"第三世界"。体系对立最为集中的区域在欧洲中心,这一中心在权力政治上被分为两个对抗性的联盟体系。受施米特影响的大空间原则变成了现实:北约、华约、欧盟、欧洲安全与合作组织、北美自由贸易区以及远东经贸区等,这些都是创造更大的政治和经济单位的尝试。普遍的大空间趋势,体现了强国的不断增长和扩张,经济和人口的膨胀,文化、宗教和语言上对共同主导理念的认同和结合。东西冲突结束恰恰证明,要理解国际局势的进一步发展,大空间概念不可或缺。

---

① 施米特,《大地的法》,页 215。
② Carl schmit, Die legale Weltrevolution, S. 329 ff.

五　政治性的空间与秩序思想　115

施米特的大空间理论并不是新帝国主义的正当性原则,而是现实权力和统治状况的法权秩序原则。他具体的秩序原则试图使政治现实法制化。在当下的安全政策现状评判中,政治现实追求的是各自的国际秩序结构,从这些结构中可以引申出国际法规范。

[98] 施米特具体的秩序思维和在大空间中的思考,消解了在国家事务范畴中进行思考的过时思想。从他的大空间理论视野来看,国家变得仅仅具有历史性的意义。国家性的思维无法领会国际政治的空间秩序问题,比如利益和势力范围、干涉权和禁止干涉、保障海外贸易通道、政治上和经济上独立的国家、封锁以及安全区域等等。国家不受限制的主权,几乎使现实的和平成为不可能,因为,这样的和平远不止没有战争。①

与之相对的是,在施米特看来,只有作为"民族自由与很大程度的独立和去中心化区域"的大空间才能带来持续的和平。② 冷战高潮时期的 1952 年,施米特就在怀疑当时"世界二元论"的永久性,他呼吁他的读者跳出两极思维,比如可以去分析"中国、印度、欧洲、英联邦、西班牙－卢西塔尼亚世界以及阿拉伯世界的局势和意义"。③ 这种朝着世界范围政治单位多元主义

---

① 参施米特,Reich und Raum. Elemente eines neuen Völkerrechts,见 *Zeitschrift der Akademie für Deutsches Recht*,第 7 期第 13 册,1940 年 7 月 1 日,页 201 及以下,这篇文章有大量批注和修改提示,见遗产 RW 265-424/B3。

② Carl schmit, Die Raumrevolution, im Nachlaß:RW 265-199/B39.

③ 施米特,Die Einheit der Welt,见 *Merkur*,第 6 期第 1 册,1952 年 1 月,页 5,其中有大量注释,见遗产 RW 265-338/BO;亦参施米特,Der verplante Planet,见 *Der Fortschritt*,第 15 号,1952 年 4 月 11 日,见遗产 RW 265-432/M4。

的可能性突破,会创造"多个大空间均势的"克服冷战两极的新可能,

> 这些大空间内部会创造出新的国际法,基于新的层面并且具有新的维度,但是又与18、19世纪欧洲国际法有些许类似。①

施米特几乎先知性地预言了新世纪之前的国际局势走向,他看到东西对立"在当今的一分为二"更接近于政治大空间的多元主义,"而不是最终的统一,大多数'一个世界'的组合都被证明是操之过急"(同上,页6)。早在1952年,施米特就已经"将当今世界的一分为二视为通向新的多元的通道,而非合二为一的预备阶段"(同上,页11)。

[99]普遍意义上的人类进步和特殊意义上的政治、意识形态以及经济扩张,其不可避免的必然后果是势力均衡。根据施米特的思想,除了这一后果之外,原则上别无其他可选方案。对于施米特而言,进步意味着侵略,意味着各方面能力朝着一切有发展能力的方向和地缘政治扩张方向的发展,它们绝不会仅仅表现为领土形式,还会包含传播政治理念、经济方案、文化思想、语言以及自己的"生活方式"等。因此,冲突成为政治的决定性成分。然而,在以普世主义为目标的具体权力的世界统治诉求中,引发冲突必然会被归罪,但是,随着普世主义愈发不被接受以及普世主义支持者强权政治影响力的降低,冲突的频率日益增多。这个进程决定着当今的安全政策景观。权力只能由

---

① Carl schmit, Die Einheit der Welt, S. 5.

权力设定界限并被权力所平衡。这便是安全政策均势思想的 raison d'être[存在理由]。

古典的均势并不是从大空间方案而是从个体国家出发来思考的,这种均势的弊端在于很大程度上的不可预估性,以及使具体权力状况和政治企图变得难以预估。其中,这些政治企图会引发军备竞赛、防范措施以及先发制人的战争。在施米特看来,旧均势思想的核心弱点表现为在意识形态上立论的特征,它尤其使有优势的世界强国有可能为了保持所谓的均势,而推行本国的利益和势力政治。在这一背景下,均势沦为权力政治的工具。①

首先,从欧洲中心的视野出发——这是施米特思考的出发点——均势政策也必然表现为潜在的和实际的"孤立政策"。对均势的这种解读方式,总是在欧洲预设了虚弱中心这样的前提,这一虚弱的中心在历史上表现为皇帝与教宗、皇帝的中央集权与领土国的主权或者奥地利与普鲁士等二元对立。各个国家间均势体系的另一个弊端在于,各个安全政策参与者倾向于首先使政治存在勉强维持在均势体系的保护中,而不是承担对整体的责任。此外,旧均势体系中一直存在因为小国利益改变取向而动摇体系的危险。

[100]与变得过时的旧均势体系相比,施米特的国际法大空间秩序内容表现在,认可现存的具体秩序空间为权利平等的安全政策参与者,并以这种方式确立政治大空间在全球范围内

---

① 关于这个问题,详见 H. J. Morgenthau, Schranken der nationalen Macht: Das Gleichgewicht der Mächte, in: ders, *Macht und Frieden. Grundlegung einer Theorie der internationalen Politik*, Gütersloh 1963, 页 145。

的均势,使其成为永久世界秩序的保障。大空间均势的应有之义应该在于,每个大空间既不会被迫扩张,也不会被迫依附于其他势力,就此而言,它会富强和独立。施米特大空间理论的其他特征,表现在广泛的经济独立、生存资源的独立以及存在的大空间之间大规模的经济交流。"禁止外部空间势力干涉的国际法大空间秩序"思想,禁止为了各个空间核心势力的领导地位之故,去干涉大空间的内部事务。

大空间构想在兴起于二战初期的具体时刻过后,仍然具有重大意义。叶利钦于 1995 年 9 月 8 日的讲话便是对白令海峡到符拉迪沃斯托克(海参崴)的大空间的诉求,也就是说,否定被称为"外部空间"的美国势力,同时强调俄罗斯属于欧洲。[①]在俄罗斯眼中,北约扩张的问题及其在巴尔干半岛上的行动,会被视为干涉由俄罗斯主导的大空间的安全政策势力范围。就欧洲而言,美国和俄罗斯两个欧洲侧翼国家关心的是,二者在欧洲大陆重新定义各自潜在的势力。首先从理念、经济以及文化方面来看,西方大空间在这里不断向东扩张,中欧和东欧国家明确要加入欧盟和北约的意愿更加强了这一劲头。仍需拭目以待的是,俄罗斯是否并且在多大程度上会接受西方势力范围的进逼和对其大空间秩序的挑战。在这个进程中,欧洲首先更多的是被塑造的对象,而非塑造性的政治力量。

施米特的大空间方案意在克服早期欧洲各个国家的"均势政策"。各方利益的冲突是旧均势政策不可避免的后果,在施米特看来,由于陆地、海洋、大气以及火等地缘政治因素——它们

---

① Vgl. M. Brüggmann, Jelzin warnt den Westen vor einem Krieg, in: *Die Welt*, V. 9-10,1995.

是形成政治理论的前提——扩散性的辩证关系,上述冲突会变得愈发尖锐。借助于地缘政治思考,施米特试图确认,具体存在的空间状态会暗示出什么样的政治和战略,或者具体的空间秩序鉴于自身的权力和势力状况,会排除怎样的政策和战略。[101]施米特的地缘政治思考以这种方式被视为理性分析安全政策局势的工具。

从国际法视域来看,施米特的大空间理论之所以富有争议,是因为它似乎取消了古典的法权与权力的区分,即为了使政治现实和现存大空间秩序的事实成为新国际法体系的根基,它承认这种现实和事实为法权性的事实构成。另外,施米特的构想描绘了政治的演进,这种演进在冷战后仍在不断展开,通过形成新的权力政治大空间改变着国际体系。

六　扩展的战略概念

［102］如我们所看到那样，陆缘和海缘空间秩序清晰的区分和可区分性，使得海权国家直至19世纪末、20世纪初，能够避免与陆地进行武装冲突的国际法限制，并可以通过古典的海洋手段——如封锁、分赃和战利品权——来发挥其权力和势力投射。

海洋被排除在任何专门的国家空间秩序之外。它既不是国家领土，也不是殖民地空间，更非可占领的。它不属于任何国家的空间显贵。牢固的陆地被清晰的线性边界分割为国土和统治区域。而海洋除了海岸之外别无其他界限。它是唯一向所有国家自由开放的地表空间，无论是用来通商还是捕鱼，或者无须顾忌邻邦或地理边界可以自由发动海战或者运用海战中的劫掠权。①

与陆地一样，海洋也有属于自己的"法"。② 在施米特的遗产中有一本康拉德（Joseph Conrad）的《海洋之镜》，此书附有施

---

① 施米特，《大地的法》，页151。［译按］译文有改动。
② Carl schmit, Der Aufbruch ins Weltall. Ein Gespräch zu dritt über die Bedeutung des Gegensatzes von Land und Meer, in: *Christ und Welt*, V. 23 Juni 1995, im Nachlaß: RW 265–206/B.

米特围绕《陆地和海洋》主题思考时所做的笔记,

> 封锁,这种典型的海权国家斗争手段,满足了人道战争、不流血战争以及非血腥决断的道德,这种战争一视同仁地对待武装势力与平头百姓、耄耋老者与黄口小儿、铁血男儿与柔弱妇女,并为他们带来非血腥的死亡、饥馑、肺结核。同时也为同样骇人的战争手段诸如毒气战、热核战、细菌和辐射战提供辩护。①

空军和潜艇自一战以来的发展,造成了一系列影响深远的空间变革,将大气的广度和海洋的深度引入战争。如上文所示,空战与海战一样,也极其强烈地改变了敌人概念和战争概念,因为空战以更高的强度将民众卷入暴力行为中。这一事实与技术发展以及由此带来的空间意识的变化紧密相关。因此,农业文化的占领主要是"陆地占取",随着进一步的工业化和从纯粹陆地性的生存向海洋性的生存的过渡,紧随陆地占取而来的便是"海洋占取"。在施米特看来,这个主要在17、18世纪进行的进程,[103]在19世纪被"工业占取"所消解,后者使当今的"太空占取"成为可能。②

战略概念的演变与空间意识和技术可能性的转变紧密相关。瓦特于1768年发明的蒸汽机带来的第一次工业革命,与政治和社会意识的革命性变革同时发生。第一次工业革命早在

---

① 参 J. Conrad, *The Mirror of the Sea* (The Albatross Modern Continental Library 305),施米特在文中做了大量批注,见遗产 RW 265-191/Nr.3。

② Carl schmit, Die legale Weltrevolution, S. 328ff.

18世纪末已经推动了武器技术的发展，比如所谓的施拉普奈尔（Shrapnel）"圆球"（Rundkapsel）或者梅西耶（Mercier）的"野炮炮弹"。法国大革命成为英国工业革命在意识形态上的"伴生现象"。[1] 卢梭普世性的平等假说、受基督教影响更为古老的平等原则的民主化形式，以及作为《社会契约论》核心表述的假设性人民主权，都与 levée en masse [全民起义] 即法国大革命的大众动员活动紧密关联。大革命群氓和接下来拿破仑时代中事实上的平等，便来自这种被要求的平等。

在疾速变迁的欧洲大陆战场上的空间中，群氓的行动首次成为现实，同样成为现实的还有海权国家在战略上的"间接"应对手段，比如经济封锁，或者已经丧失或获得的海上霸权的战略影响，以及人民战争和常规军队斗争的联合。

诸如阿布基尔湾海战（1798）和特拉法加海战（1805）之类的战争虽然具有战略上的影响，但是"陆地"和"海洋"这样的元素仍处于平衡状态。除开英国不谈，拿破仑是被普鲁士、奥地利以及俄罗斯等陆权国家联盟所打败。不过，在施米特看来，欧陆两翼的强国美国和俄罗斯，在未来的重要性早在1812年便已经显露出来。在冷战时期，二者将欧洲统治在其势力和利益范围之内（同上，页143）。

普遍兵役以法权上的平等为前提。伴随着19世纪末的技术发展和第二次工业革命，普遍兵役使战争得以释放和升级，并在一战中暂时达到高潮。

[104] 19世纪和20世纪初的"工业占取"带来了武器技术

---

[1] Carl schmit, Die geschichtliche Struktur des heutigen Welt-Gegensatzes, S. 158.

上的发展，直至核弹的发明，这些发展都起着决定作用。雷管、长弹头（Langgeschoss）以及后来针发枪和机枪的发明，都为步兵战术带来了革新。由蒸汽驱动的火炮和火车，都成为引起空间变革的战略因素。同样，连发重炮、飞机或者无线电报等，都属于此类。"采用现代消灭手段的战争"，[①] 以及引发空间革命的战争手段，都变成了现实。

格劳秀斯、普芬道夫或者瓦特尔等人，曾在三十年战争的压力下认为有必要节制战争，并由此为"非歧视性国家战争"（同上，页128）作了论证。如今，对战争的节制再次成为第一等的安全政策和国际法任务。全体人类的生存第一次与此息息相关。1945年之后的冷战和东西对峙，在核心上是陆地与海洋即"陆地世界和海洋世界"这组对立的表征。[②] 如施米特援引麦金德所说的，大洋的半球与"心脏地带"相对立。海岛居民与内陆居民相对立。对于麦金德而言，这组基本的对立也意味着文明与野蛮的对立。在他的海洋性历史观中，麦金德赋予"世界海岛居民""以 oceanic freedom［大洋的自由］穿透坚定的陆地"这样的历史使命。因此，在施米特看来，麦金德是"大西洋公约的鼻祖"。[③]

对于施米特而言，陆地与海洋的对极并不是恒久不变的，同样，东西对立也不会长久。在任何政治－历史处境中，对立和两极化的张力都表现为其他方式，并产生永恒往复的法

---

① 施米特，《大地的法》，S. 282ff.

② Carl schmit, Die geschichtliche Struktur des heutigen Welt-Gegensatzes, S. 142.

③ 同上，页143；亦参施米特，《关于陆地、海洋与天空的对话》，页109及以下。

的三和弦——占取、划分、养育——的独特内容。施米特认为,由此造成的结果便是历史处境和政治现象的独一性和具体性。在施米特眼中,历史的平行和类似只具有说明性和解释性的特征。任何历史处境都是"对同样具体之处境的呼声的独一具体答复"。① 这个答复发生在空间中,永远都与古典的元素"土、水、气、火"息息相关。历史的发展似乎在这些元素的循环中运动。因此可想而知,施米特不愿意像黑格尔那样从历史和"经济唯物主义"出发去理解现实,②[105]而是将"这些元素中的历史辩证法"视为出发点。③ 比起受时代限制的历史现象,这种辩证法更能恰当地对待历史事件的独一性。

地缘政治元素的历史辩证法,表现在世界史上陆权与海权国家之间永恒的对峙冲突之中:以斯巴达与雅典之间的三十年战争为起点,经过迦太基与罗马之间的百年战争,最后还有海权国家英国和一系列欧洲大陆国家之间三百多年的冲突。④

大气和太空是人类新的基本生存领域,航空和航天、无线电波、卫星传输以及作为"太空军"的空军,都是"占取"第三

---

① Carl schmit, Die geschichtliche Struktur des heutigen Welt-Gegensatzes, S. 148.
② 施米特在这个语境中重提了黑格尔《法哲学原理》第 247 节的内容,"家庭生活的原则是以土地——固定的地基和土壤——为条件的。同样,对工业来说,激励它向外发展的自然因素是海",参黑格尔,《法哲学原理》,页 246;参施米特,Die geschichtliche Struktur des heutigen Welt-Gegensatzes, 前揭,页 165。
③ Carl schmit, *Glossarium*, S. 222.
④ 施米特,《关于陆地、海洋与天空的对话》,页 106 及以下。

维的标志,[1] 这个维度仍处于大发现的开始阶段。具有新的规范、准绳以及关系的全新的法呼之欲出。核武器和现代武器技术超克陆地和海洋空间的灭绝性力量表明,人类使用着火这个元素,其使用强度和形式甚至可能挑战自己作为物种的生存。精度一米之内、以陆地和海洋为基地的洲际导弹,使得火的灭绝性根本力量于数分钟内抵达地球上任何一点成为现实。以宇宙为基地的侦察系统精度在一米之内,它们能够清晰捕捉到陆地和海洋空间的广度,能够以极高的精准度操纵"火",在直接的数据传输中揭示权力和势力状况的变化,并创造没有总督和实体军队的"庇护"。

对人类的陆地性和海洋性生存而言,以高精度操控的"火"的力量是革命性的。它使地球上任何一个角落的人失去保护,并给其带来伤害,迫使人在安全政策领域"臣服"于任何有能力提供核保护的势力。核时代和太空时代的保护故约束原则(Protego ergo obligo),具体体现在安全政策的依附性和国际联盟之中。[2] [106]施米特认为,尽管如此,人类最后的立足点仍是其陆地性的存在,无论他与各种元素联系或斗争的强度几何,

> 人是且永远是大地的儿子。即便任何的精神经验都有一个大地性的诞生地。[3]

---

[1] Carl schmit, Behemoth, Leviathan und Greif, S. 32.
[2] 施米特,《政治的概念》,页 63。
[3] Carl schmit, Welt grossartigster Spannung, in: *Merian*, Heft 9, 1954, im Nachlaß: RW 265-398/B6.

施米特思想中战略概念的延展,是经济、工业化、技术等进步之外,战争与和平、军事与非军事行动以及和平与战争手段在现代不再可分的结果。①

> 历史的命名仍然只针对特定的领域,类似于经典物理学,或者司空见惯的战争。万物在我们的手中变幻。四壁愈发逼仄,而我们的词汇在其中仍具有说服力……何谓自由、民族、民主?何谓犯罪、士兵、袭击战?对此,人们众说纷纭,原因不仅仅在于语词变得千疮百孔、暧昧多义。②

施米特认为,非军事行动可以"以最为有效、最为直接、最为强烈的方式成为和平行动",相反,军事行为却"会在隆重、铿锵有力的友好态度的要求下进行"(同上,页107及以下)。战争成了决断的问题,和平则成为不能定义为"战争"的东西。从战争的完全不在场所得出的一般性和平概念,由于其巨大的广泛性,在内容上是空洞的,

> 因为,一个类别概念的有效性——即其范围——愈为广泛,它便愈加使我们远离丰满的现实,因为,为了包含尽可能多的现象的共性,这个概念不得不尽量抽象,也就是说内容贫瘠。③

---

① 施米特,《政治的概念》,页111及以下。
② Vgl. Ernst Jünger, *An der Zeitmauer*, Stuttgart, 1959, S. 100ff.
③ Vgl. M. Weber, *Gesammelte Aufsätze Wissenschaftslehre*, 4. Aufl., Tübingen, 1973, S. 180.

对此,施米特评论道,

> 可怜的和平呦!(同上,页109[译按]作者此处引用可能有误)

战争——及和平——的共性和一致性,在于它们的不充分、局部性、不完满、局限性以及欺骗性。

[107]军事性之外的,比如经济的权力和势力投射可能性以及施压,成为经济上领先的强国践行其政治意志的工具。

和平之所以能够成为"以其他手段对战争的延续",是因为所有侵略者自然都希望"和平地打赢战争"(同上,页32),克劳塞维茨在《战争论》中写道:

> 征服者总是爱好和平的,他非常愿意和平地进入我国。但是为了使征服者不能得逞,我们就必须进行战争,因而就得准备战争,换句话说,正是那些被迫进行防御的弱小国家,应该经常做好战争的准备,以免遭到突然的进攻。[①]

在对克劳塞维茨私下的评论中,列宁特别强调这个表述,另外,在他看来,这个表述之所以有趣,是因为防御者在这里被定义为破坏和平者。此外,敌对的军事和非军事形式的联合以及对敌人的归罪,加剧了武装冲突的强度和程度。煽动和通过公众践行权力,同样会强化并隐藏现存的对立。公共舆论的形成,

---

① 克劳塞维茨,《战争论》,页496;W. J. Lenin, *Clausewitz' Werk "Vom Kriege". Auszüge und Randglossen*, Berlin, 1957, S. 23.

成为政治的一个战略性、操作性以及战术性因素。掌控大众媒体的生产工具,成为决定性的权力因素。

以经济手段来运用权力,"比如冻结信用、封锁原材料、破坏外汇等",以及"禁止向民众和粮食禁运区提供粮食运输",成为生存上敌对的表现,同时以和平的语汇遮蔽了这种状态。① 与此相对,政治权力成为经济优势的工具,后者借助"和平"手段,以期通过"非战的"方式达到政治目标。然而,政治的经济化并未终止政治,而是加剧了财富的分配和再分配冲突上升为完全生存性的对立。政治和经济的经典区分显得过时。福利和消费可能性、内部稳定和经济力量、人类尊严和满足物质需求上的世界平等,处于一种内在的关联。②

在施米特看来,经济形式之外的其他进步形式,如科学、技术、商业、道德、文明、文化以及人道发展状况,[108]之所以与政治有关,是因为它们相互和相对之间,能够造成友好、敌对以及中立的格局。③ 因此,作为正当性原则的"政治"进步,能够产生生存上的对立以及由此引发的(甚至于武装)冲突。施米特认为,不同形式的冲突

> 总是具体秩序意义上的诸组织或制度之间的对抗,是诸最高权威机关(Instanzen)之间的冲突,而不是诸实体之间的冲突。实体必须首先找到一种形式,它们在作为有对抗能力的动

---

① 施米特,《政治的概念》,页97及以下。
② 进一步的分析,详见 P. Kondylis, *Planetarische Politik nach dem Kalten Krieg*, 页20。
③ Carl schmit, Die legale Weltrevolution, 页326及以下。

因、对抗各方(parties belligérantes)相互对峙之前，首先必须以某种方式给自己赋予形式。①

实质对立很大程度上不能整齐划一，使得对局势的战略分析变得困难。如今，威胁和风险的因素以及军事技术能力取代了冷战期间的具体威胁局面，这些能力只能以整体战略评估的方式得到评价。

从军事技术方面来看，在核时代的条件下，时间这个战略因素获得了相对于空间和力量等因素而言更为核心的意义。② 核武器能够在数分钟内克服遥远的距离，并在数秒钟之内毁掉人类赖以生存的生存环境。借助军事技术，时间因素的影响力不断得到提升，因此，地理空间不断缩小。权力和光速终结了空间在战略中曾经的主导地位。由于卫星侦查而变得清晰可见的地理位置丧失了其战略价值。无论哪个位置，哪一点，或者大气中、海面以上或以下、宇宙之中以及陆地之上运动的一切事物，都可以被战略武器在数分钟之内击中。定位和地缘战略位置的意义同时被降低。所有人对所有人、从任意一点针对任意一点的战争，加剧了冲突的可能性。

于是，尽量保持不可定位性，或者相反地，取得高度的可定位性，成为战略的首要任务。导弹干涉降低了具有威胁性的空间干涉的意义，同样，争取时间的战争降低了争取空间的战争。战略反应的大规模自动化，限制了危机中的政治决断过

---

① 施米特，《政治的神学》，页202。
② 关于这个主题，参 P. Virilio, *Geschwindigkeit und Politik*, Berlin, 1980；施米特在这本书上做了大量富有启发的批注，见遗产 RW 265-343, Nr. 3。

程,这样的决断过程导致了直接决断、迅速行动和反应的例外状态。

[109]施米特的评论和强调暗示了他的战略概念。在他看来,由于武器技术的发展,人类政治行为的创新形式被现代杀伤武器大规模的自动化所取代。比起军事行动,战略规划更为重要;同样,比起有利的地缘战略出发点,占有军事高科技更为重要;缩短了的核武器预警时间,相应地缩短了安全政策危机中商讨性的协商过程,以便基于预防性的战略安排作出必要的快速决断。现代武器技术增强的威力与将非军事因素纳入战略,导致的后果是大为扩展的战略概念。上文提及的对敌人所做的归罪程序,有可能造成"取消战争边界",从而必然造成战略和战术选择在意涵上和地理上的扩张。①

80、90年代的安全政策发展证实了施米特的战略概念。只需要提及所谓的太空领域中导弹防御的作用,就可以让曾经的苏联认识到,它已经在军备竞赛中落败并且无法跟上步伐。尤其是洲际导弹的潜在威胁已被消解。然而,超级大国平起平坐的感觉,建立在消灭性的第一次打击能力或者消灭性的第二打击能力之上。

如我们看到的,被施米特扩展了的战略概念,既包括空间、时间、力量等因素,也包括如陆地、海洋、大气以及太空等地缘政治因素。经济、工业、技术以及政治因素都被涵括在内。由此,扩展了的战略概念超出了防卫范围,促成了具有多种选择的整

---

① 施米特,《大地的法》,页304及以下;另参《游击队理论》,页191。

体战略集合。①

[110] 总体来看,考虑到德国的地缘政治利益,冷战结束之后的新安全和战略概念向人们揭示了如下空间特征和内容特征:

一、空间特征:
1. 欧洲融合的进一步发展和向东扩展;
2. 南欧和东欧在政治上和经济上的稳定;
3. 欧洲安全的大西洋部分得到扩充;
4. 全球范围内参与防御侵略、保障生存基础、保卫人权等;
5. 全球范围内对核武器和军事高科技激增的控制;

---

① 对于现代整体战略而言,从规划来看,普鲁士-德意志的总参谋部体系具有典范作用。在保障政治的优先性方面,尽管在历史上有一些矛盾,但是,总参谋部体系的长远部署、高效以及精确,对于整体战略思考仍具有现实意义;关于其历史发展,参 T. N. Dupuy, *A Genius for War. The German Army and General Staff 1807 - 1945*, Prentice-Hall 1977;关于体系与组织,参 Ch. O. E. Millotat, Understanding the Prussian-German General Staff System, 见 *Strategic Studies Institute, Carlisle Brks.*, 3月20日,1992;关于其在20世纪的政治利用,参 H. Speidel 编, *Ludwig Beck, Studien*, Stuttgart, 1955; S. Westphal, *Der Deutsche Generalstab auf der Anklagebank. Nürnberg 1945 - 1948, mit einer Denkschrift von Walther von Brauchitsch, Erich von Manstein, Franz Halder, Walter Warlimont, Siegried Westphal*, Mainz, 1978;关于战略理论方案的发展史问题,参 J. L. Wallach, *Das Dogma der Vernichtungsschlacht*, München, 1970;亦参氏著 Misperceptions of Clausewitz' On War by the German Military, 见 M. Handel 编, *Clausewitz and Modern Strategy*, London, 1986, 页213及以下;关于总参谋部和国家整体战略的现实性,参拙文 Überlegungen zur Einrichtung eines Generalstabes der Bundeswehr(献给国防军总监的未刊稿, Brüssel, 1993年7月);亦参拙文 Gesamtstrategie und Nationale Führungsfähigkeit, 见 *Europäische Sicherheit*, 1994年6月, 页289及以下。

6.将马格里布和近东地区等风险区域纳入欧洲安全；

7.变革的北约框架中欧洲联盟体系的发展；

8.借由周期性变化、一体化的欧洲陆军、空军以及海军,在危机地区(包括欧洲之外)持续参与的能力。

二、内容特征：

1.世界范围内控制和限制核武器激增和军事高科技；

2.德国－俄罗斯以及德国－美国安全政策合作的深化；

3.北约继续发展为一个大西洋－欧洲联盟；

4.欧洲快速反应部队的成立；

5.［111］对人口发展的控制；

6.将危机管理扩展到非军事安全政策挑战,比如经济的不稳定、人口的发展以及资源安全；

7.对常规和核区域战争的限制；

8.对人口迁移的控制和阻止；

9.以联合国为榜样,在欧安会框架中成立欧洲安全委员会。

鉴于国际局势发展的迅速、复杂以及日益不可计算,安全在今天需要一套整体战略方案和相互联合的机构协作。在冷战结束后的条件下,战略中任何预先确定的思想,都会变得过时。比起以往任何时候,战略在今天必须被视为"大战略",因此,它要求具有政治、经济、地理、历史、种族以及军事上的专业能力。

战略不再是长期安排,为了正确把握现实并预先选取方向,它必须能够在短期内适应发展动态,并将复杂性还原为"决定性的点"。因此,无论对于国家还是在欧洲范围内,它都需要一个相应的、以古典的总参谋部为典范而建立的机构,以求应对这一格外预防性的安全和军事政治任务。

作为政治的一部分，整体战略必须能够立足当下，评估和平、危机以及战争中安全的外交、经济、科技以及文化方面。从中可以得出国家整体战略的如下特征和标准：

1. 能够进行广泛的、世界范围的局势评估，超出防御范围，并且兼顾经济、研究、科技、工业、航空等领域；

2. 在政治领导中直接将负责危机和冲突管理的国家职能部门纳入一个跨部门机构；

3. 持续占有具有多样性的、灵活机动的军事权力手段，来适量地作出政治决断；

4. [112] 在这一关联中，整体战略是不仅以外交途径、经济以及财政影响，而且也通过政治施压或者军事力量投射的可能性，来实现对外利益的政治手段；

5. 在整体战略的旧手段背后，单单是能够参战的军事力量的存在或者占有这支力量，作为"最终手段"便已经是一个值得注意的整体战略因素。单单这一力量就能够为上述整体战略手段创造必要的分量、威慑效果，尤其是可靠性。

整体战略的对象不再像古典战略中那样，首先把重心放在敌对的军事力量、备战或者军事胜利上，而是把重心放在政治领导、国家资源、经济以及民族的心理状态上。在危机管理中，军事权力是外交、经济以及技术之外的"最终手段"和"极端手段"。为了达到所希望的政治反应，而意图在整体战略上命中决定性的点不再仅仅是军事性的。

仅仅存在可投入使用的战斗力就是一个决定性的总体战略

因素，而这在德国被低估了。克劳塞维茨以比喻的方式，把战争中的战斗能力比作汇票交易中手头的现金。他想以此表明，就像国家在经济生活中只有依赖信誉那样，它在相应的抵押时只有通过自己的资本和偿付能力才能够有可信性，而在外交中只有以军事能力为基础才能够有可信性。因此，战斗力在和平时期就已经支持了外交和对外政策。

在我们联盟的国际班子——无论在北约还是西欧联盟——中，一国的地位尤其取决于如下问题：它能够为协作和计划带来多少方案和深层设想。安全政策和军事政策中的方案思维尤其突出表现在，它所提出的中长期目标既符合安全政策局势，也符合本国的利益。此外，它在盟友中间应该能够取得共识。只有这样思考和行动，才能够赢得即便在国际社会也存在的分歧性的利益"游戏"，并能够促进作为整体的联盟的发展，在联盟中不仅有发言权，而且能够参与组织。

[113] 一个国家为联盟的"人员"和"硬件"贡献良多，这个事实仍然没有说明，联盟能够达成一致的各个"政策"是在什么地方构想的，也就是说，在哪个国家的首都和"总参谋部"。这样一种政策前提是一个工作和领导能力强并且跨部门的"智囊团"。

国家的整体战略应如何，即在什么样的机构框架中得到践行？相应的机构应具备什么样的特点和能力？

常设性国家安全委员会是对许多单个战略合成后的制度化表达，在那里，人们持续地——不仅仅在紧急的安全政策处境中——解读、讨论、相互权衡本国行动的整体战略前景。为了符合上述整体战略挑战，该机构必须是部门之间的，也就是说其构想必须是跨部门的。其工作必须基于有能力对局势不断作出实时的、世界性的安全政策评估的位置核心。只有这样，才能确保及早地认识到所有安全政策挑战，并作出及时的整体战略预防和反应。

常设性国家安全委员会首先应践行方案性的计划任务，并且应对当下安全政策方面深刻的重要变革。作为联邦总理的计划和领导工具，委员会是一个国家机构，但是，它还应该将自身视作为盟友和世界上的政治朋友提供未来方案的"供应商"。在我们这个愈发狭隘的地球上，不再有什么 out of area［走出去］，并且，对于新的安全政策挑战不再有纯粹的军事答案。相应机构的新设想必须关注这一点。因此，国家安全办公室的标志就在于，能够与多国机构、委员会、组织进行合作，并对新的问题和安全政策挑战来者不拒。

常设性国家安全委员会必须建立在政治决断者的层面，并且能够在所有安全政策方面的重要问题上，给政治领导层出谋划策，为其做决断提供前期准备。

整体战略和国家领导能力的要求都说明，设置独立的国家安全委员会是有利的。在这里必须以至少十年为期限的计划，来确定和评估新的安全政策挑战和变革。［114］在这里必须在非军事部门的共同协作下，制定有效的军事力量投入方式，这些方式应符合未来技术发展水平和新的情报及沟通前景。在这里必须在安全政策视角下分析对于一个世界经济强国而言生死攸关的生态经济和技术发展问题，以及战略性关键技术以及现代情报和沟通手段的新可能性。

出于所谓的历史假设、对发挥权力和势力等问题表示疑虑、对清晰的国家地位的恐惧等理由，逃避到日常政治的"微型管理"（Micromanagement）中，是远远不够的。

相反,为我国在安全政策上拟定一幅经过深思熟虑的清晰且整全的未来图景,并构想出明天的"世界版图",显得十分重要。整体战略和国家领导能力,是对我国所面临的全新处境和任务作出的必然应答。

从上述内容可以得出,必须建立整体战略能力的跨部门联合。作为国家任务的安全保障,成为一项整体任务,除了政治和军事方面之外,这项整体任务还包括经济、心理、社会等方面。通过设置国家元老会,可以支持国家的整体任务,如美国人肯南(G. F. Kennan)和德国议员科什克(H. Koschyk)所要求的那样。[1]

这样的委员会必须由在政治、经济、教会、新闻、军事、科学实践中有能力并为公共生活作出贡献的人物组成。他们可以——所谓立足日常政治事物之上——就一般的政治和社会问题发表看法,为政府提供指导性的动力。

安全政策局势十分复杂:像经济利益对立这样的非军事因素,宗教、文化以及文明因素,是否占有战略武器、新的侦查武器、技术以及工业等,诸如此类的因素作用越来越重要。鉴于这种复杂性,设立常设性国家安全委员会显得尤为重要。

[115] 安全政策整体战略必须将"大战略"(Grand Strategy)意义上的方方面面和小战略都囊括进来。[2] 常设性国家安全委员会是这样一种合成的制度化表达,人们在这里——尤其在紧急的安全政策处境中——解读、讨论并相互权衡本国行动的整体战略前景。

---

[1] G. F. Kennan, *Around the Cracked Hill, A Personal and Political Philosophy*, 1993.

[2] H. Schmidt, *Eine Strategie für den Westen*, Berlin, 1986, S. 14ff.

安全，是一项整体战略任务。它需要对政治、经济、生态、社会以及军事等方面有一种方案性的整体观察。军事手段在这里永远都是"最终手段"——不过不要将此概念理解为时间性的，而应该将其理解为极端的手段。①

基于小战略性的评估，国家政治领导的整体战略决断作为"评判技巧"以上述方式得到预备。②

对于危机中的安全政策决断程序，其中一个的榜样是，古巴危机中，总统［译按：肯尼迪］领导下的美国国家安全委员会执行委员会的协商。

评估的对话性准备之所以必要，不仅因为国家领导层有责任使其决断得到优化，而且也因为整体战略行动本身极其复杂，并且威胁与和平在很大程度上相互依赖。协商的要求不仅仅体现在危机中。保障国家生存的和平政策所遵循的目标是长期的、只有凭借整体战略手段方可达到的。

---

① 瑙曼（K. Naumannn）在汉堡海外俱乐部上的演讲（1994年1月19日）。
② 克劳塞维茨，《战争论》，页704。

七 对克劳塞维茨的接受

[116]从施米特和克劳塞维茨二人的生平以及二人政治思想引人注目的吻合中,我们可以看出二者在思想上的亲缘性。克劳塞维茨政治理论及其哲学反思产生的时候,正值欧洲"旧政制"的社会政治大变革,并且,普鲁士于1806年在耶拿和奥尔施台特战场上蒙受军事及政治灾难。当是时,克劳塞维茨正在参与国家和军队改革,并且凭借自己的实战经验,在反拿破仑的战场上出任总参谋部军官。后来,在被迫的"静观生活"中,他将这些经验发展为战争和国际政治理论。[①] 而德意志帝国的崩溃、巴伐利亚苏维埃共和国的经历("他对无序的担忧在这里由一种生命感觉凝结为理论思考"[②])、国联被"一战"胜利者的利用、魏玛民国的解体、试图抵达民族社会主义国家"权力前厅"的尝试及其落空以及自1937年或1945年起直至他逝世的"静观生活"等等,都是对施米特影响深远的

---

① Dietmar Schössler, *Carl von Clausewitz mit Selbstzeugnissen und Bilddokumenten*, Reinbek, 1991;关于克劳塞维茨的理论概念和核心概念群,参氏著 Das Wechselverhältnis von Theorie und Praxis bei Carl von Clausewitz,见 *Archiv für Geschichte der Philosophie*,第71期,1989,页39及以下; Friedrich Doepner, Die Familie des Kriegsphilosophen Carl von Clausewitz, in: *Der Herold. Vierteljahresschrift für Heraldik, Genealogie und verwandte Wissenschaften*,卷12,第30期第3册,1987。

② P. Noack, *Carl Schmitt. Eine Biographie*, S. 37.

生活经验。

二位思想家都带着某种"原罪"。这在克劳塞维茨那里表现为加入俄罗斯军队,虽然他在 1812 年的《自白书》中试图为自己辩护,[①]但是直到生命尽头,他的主上也未曾原谅他;[②]在施米特这里就表现为 1936 年前与纳粹政权的往来,1945 年之后人们批判他用政治思想为暴政服务。[③]二位思想家都在有生之年追求"行动",追求在政治生活实践中产生影响的可能性。二者都是坚定的国家利益至上主义者,甚至也都曾是民族主义者。[④]另一方面,在作品的效果史上,[117]二者都以同样极端且迥异的方式被人们误解:克氏曾被短暂地视为歼灭战、[⑤]"绝对的"且肆无忌惮的暴力行径的预言者,[⑥]也被看作"战争的世

[①] W. Hahlweg(Hsg.), *Carl von Clausewitz*, Schriften-Aufsätze-Studien-Briefe, Erster Band, Göttingen, 1906, S. 678ff.

[②] Dietmar Schössler, *Carl von Clausewitz mit Selbstzeugnissen und Bilddokumenten*, S. 63ff.

[③] H. Quaritsch, *Positionen und Begriffe Carl Schmitts*, S. 83ff.

[④] P. Paret, *Clausewitz and the State*, Oxford, 1976; H. Quaritsch, *Positionen und Begriffe Carl Schmitts*, S. 36ff, S. 58ff.

[⑤] J. L. Wallach, *Das Dogma der Vernichtungsschlacht*, Frankfurt a. M., 1967。

[⑥] 参 H. Afheldt, *Verteidigung und Frieden*, München, 1979, S. 46, 埃夫赫尔特称"肆无忌惮、杀人不眨眼地利用一切可用手段的"战争为"克劳塞维茨式的战争";与之相反的观点,见 E. Wagemann, Clausewitz' rationale Theorie in Geschichte und Gegenwart, Clausewitz-Gesellschaft (Hsg.), *Frieden ohne Rüstung?*, Herford-Bonn, 1989, S. 11ff; ders., "Neues Denken", Rückkehr zu Clausewitz!, in: *Clausewitz und das Neue Denken in Europa, Sonderausgabe Militärgeschichtliches Beiheft zur Europäischen Wehrkunde* 5, 1990, S. 17ff.

界主义者和博爱主义者";[①] 而施米特则被批评者视为纳粹的"思想设计师"和"桂冠法学家"、"漫无目的的市民阶级最无原则的代表",也被奉为"政治思想的新经典作家"。[②]

宗教哲人和拉比陶伯斯承认施米特——尽管他曾与纳粹有过交往——的"思想能力,它并非所有文人的蹩脚作品所能及的"。关于施米特的总结性报告《从囹圄中获救》,陶伯斯说道,

> 我未曾在我们这一代任何人那里读到如此私密、如此高贵(也如此真诚)的报告,甚至可称之为自我总结。[③]

阿隆在其回忆录中这样评价施米特,

> 他属于那一类德意志伟大学人族的一员,他们在自己的专业领域之外兼顾所有其他社会和政治问题,因此,完全配得

[①] 对具有时代气息的自由主义,克劳塞维茨受到了深刻的批评, 参 R. Hepp, Der harmlose Clausewitz. Kritische Bemerkungen zu einem deutschen, englischen und französischen Beitrag zur Clausewitz-Renaissance, 见 Zeitschrift für Politik, 第 3、4 册, 1978, 页 303 及以下、页 390 及以下。赫普在批评人们对政治的"地动仪"(Seismograph)克劳塞维茨的无害化处理和"削去锋芒"时,走的是孔迪利斯(P. Kondylis)的路线, 参 P. Kondylis, Theorie des Krieges. Clausewitz - Marx - Engel - Lenin; 关于克劳塞维茨的影响史, 亦参 Dietmar Schössler, Carl von Clausewitz, 页 101 及以下。

[②] P. Noack, Carl Schmitt. Eine Biographie, S. 9; Vgl. B. Willms, Carl Schmitt - jüngster Klassiker des politischen Denkens?, in: H. Quaritsch (Hsg.), Positionen und Begriffe Carl Schmitts, S. 577ff.

[③] 参陶伯斯 1952 年 2 月 14 日书信, 见遗产 RW 265-407/M2。

上哲人的称呼,就如韦伯那样。[1]

两位思想家的核心概念——施米特的政治概念和克劳塞维茨的战争概念——都来自个人经历的临界经验。二人都不是以现实的常态,而是以例外状况为准绳。他们的政治思想皆非远离现实的、政治事物的抽象的哲学,相反都是同处境相关的"具体生存的哲学"。[118]例外状态之所以是二人思想的核心,是因为他们都追寻规则性,并"在例外中体验规则",就如施米特在其《政治神学》中所表达的那样。[2]两位思想家都怀着不同的意图,以论战性的方式思考问题,即都从冲突和对立出发,其最极端的表现就是武装冲突。对于二者而言,历史-政治世界的基本现实不是和平,而是由永恒的威胁组成。在二人看来,战争与政治的核心是为权力而战,即为"即便有反对也要实现自我意志的'机会'"而战。[3]因此,克劳塞维茨——施米特同样如此——认定,战争冲突的理由不在于掌握军事权力工具,而在于政治领导的政府议会,也就是说,在于政治。他认为,只有在关乎政治存在的"生死存亡"时刻,政治和敌对的最极端表达方式方能呈现为一种统一,

> 政治越是从宏大的、包举整全及其存在的利益出发时,并且与之相反,存在与灭亡越是成问题时,政治和敌人就越吻合,

---

[1] R. Aron, *Erkenntnis und Verantwortung. Lebenserinnerungen*, München, 1985, S. 418.
[2] 施米特,《政治的神学》,页7、8。
[3] M. Weber, *Wirtschaft und Gesellschaft*, Tübingen, 1972, S. 28.

政治也越多见于敌对之中……①

施米特笔下的敌人概念是极端的分离,就如克氏笔下的绝对战争概念是一种临界状态一样,二位思想家都从这一临界状态出发分析政治世界。当遇到生存性的政治问题和矛盾时,政治优先性在原则上对权力的表达和表现形式可能的调节,会相应地接近于零。在这种状态下,武装冲突就会是政治的最高表达形式,并且会形成一种政治和敌对同时出现的局面。

在施米特看来,先前提及的克劳塞维茨自白书浓缩并具象化了这位普鲁士改革者的政治思想范畴,并且定义了政治的而非意识形态化的敌对概念。在《作为政治思想家的克劳塞维茨》一文中,基于对自白书的解读,施米特深入分析了克劳塞维茨的政治思想。②他强调了克劳塞维茨对于彻底理解游击战问题和现代恐怖主义的现实意义,[119]突出了政治中敌我格局的重要性、追问政治斗争的正当性,并分析了武装冲突中的人本主义前提。他在其中勾勒了克劳塞维茨的陆地地缘政治思考及其政治的而非意识形态化的敌对概念。施米特的文章中只有一处语带批评,他认为克氏在地缘政治方面关注的只是欧陆,并且只着眼于武装

---

① 参 Zwei Briefe des Generals von Clausewitz. Gedanken zur Abwehr,见 *Militärwisschenschaftliche Rundschau*,第 2 期,1937,单行本,页 8;关于施米特敌友理论与克劳塞维茨绝对战争概念之间的类似性,参 G. Maschke,*Der Tod des Carl Schmitt. Apologie und Polemik*,Wien,1987, 页 126 及以下。

② 施米特,《作为政治思想家的克劳塞维茨》,页 3-49;Vgl. auch.E. Vollrath,Das Verhältnis von Staat und Militär bei Clausewitz,in:J. Kunisch (Hsg.),*Sonderdruck aus: Staatsverfassung und Heeresverfassung in der europäischen Geschichte der frühen Neuzeit*,Bd. 28,Berlin,1986。

七　对克劳塞维茨的接受　143

冲突的陆地影响形式,克氏未将大洋-海上战争概念考虑在内,尽管海战在当时的大陆军事冲突中已起着关键作用,比如圣文森特角之战和坎普顿海战(1797)、尼罗河河口海战(1798)以及布雷斯特、土伦和特拉法尔加要塞海战(1805)。对于这一点,施米特认为这是"克劳塞维茨政治思想的局限",在他看来,这一局限"体现了受欧陆列强制约的大陆军事力量在地缘政治上的狭隘"。

施米特认为,普鲁士治下的德意志从来都不是自足的,它永远都需要同盟,

> 在紧急状态下一直缺乏大的求生机会,一直处于两难的窘境:要么崛起要么衰落,要么胜利要么臣服,每一次大的胜利只会强化和深化不断崛起的压力,直到工业进步的竞争逼迫这个老实巴交的大陆军国"夺取世界强权",并因此而走向灾难。普鲁士治下的德意志未能再产生一位懂海战的克劳塞维茨。(同上,页34—35)[1]

然而,在施米特看来,这种思想的空间局限性也使得克劳塞维茨的思想更为具体和犀利。因此,这种具有现实性的思想,也能应对20世纪的国际政治实践,

---

[1] 亦参施米特,《论断与概念》文章"总体敌人,总体战争,总体国家",页242;施米特称"克劳塞维茨在其名著《战争论》中实际上只谈了陆战",施米特主要将世界史视为陆权与海权之间的斗争,参施米特,Welt großartigster Spannung, S. 3; Vgl. auch J. E. Tashjean, Clausewitz: Naval and Other Considerations, in: *Naval War College Review* 39, H2, 1986, S. 51ff. ders, The Transatlantic Clausewitz 1952–1982, in: *Naval War College Review*, 35, 1982, S. 69.

大洋海战的世界有其独特的敌人、战争以及战利品等概念,这些并未被写进克劳塞维茨的作品,虽然这一点造成了其局限性,但是同时也赋予其思想强烈的具体性。[1]

[120]另外,在武力的"不正当"形式这一问题上,克劳塞维茨和施米特也有吻合。与施米特的《游击队理论》相对应的是克劳塞维茨的《小范围战争讲演录》及其关于游击队问题和人民战争所做的大量评论和提示。对于克劳塞维茨而言,人民战争是对整个发酵过程——人们称之为战争——的扩展和加强。[2]

在他的克劳塞维茨研究中,施米特使用的是国民防卫出版社的《战争论》版本。[3] 如他的强调和边注所表明的,与阿隆的克劳塞维茨研究一道,施米特花大力气"啃过"克劳塞维茨的《战争论》。[4] 施米特对马尔克斯《克劳塞维茨的战争学说》一文

---

[1] 参施米特遗产中对克劳塞维茨接受的总结,RW265-31/M3。

[2] 克劳塞维茨,《战争论》,页571;关于克劳塞维茨理论理解的革命经验背景,参 Dietmar Schössler, Revolutionäre Praxis und ihre Theorie. Der moderne bewaffnete Konflikt bei Clausewitz, in: M. Kaase (Hsg.), *Politische Wissenschaft und politische Ordnung*, Opladen, 1986, S. 409ff; Vgl. auch ders, Theorie und Praxis bei Clausewitz, Ein militärischer Revolutionär als Vorbild für die Bundeswehr?, in: D. Bald (Hsg.), *Militärische Verantwortung in Staat und Gesellschaft*, Koblenz, 1986, S. 49.

[3] E. Engelberg/O. Korfes (Hsg.), *Carl von Clausewitz, Vom Kriege*, Berlin (DDR), 1957.

[4] R. Aron, *Penser la guerre I/II*, Paris, 1976, 见施米特遗产 RW 265-329;在一封1972年2月17日的信中,施米特感谢阿隆把《政治的概念》和《游击队理论》发表在"自由精神"(Liberté de l'Esprit)系列上面,这件事由弗洛恩德(Julien Freund)告知;参1972年2月17日信,见遗产 RW265-391/K 1。

所做的强调和划线标记极富启发。[1] 比如，施米特用文中的划线标记强调了武装冲突的政治特点。他强调，

> 战略的目标是敌方国家力量的重点，因为，克劳塞维茨将这一军事－政治概念放置在过往时期的数学和地理奇想中来……（同上，页264及以下）

在《克劳塞维茨历史通信》一书中，施米特做了大量批注。[2] 施米特三次标记并着重强调克劳塞维茨下面这段中的话，以说明清晰的决断和果断的必要性：

> 君主为避免交火所做的任何新的努力，都增加了他内心中对交火的恐惧。人的本性中极其常见的现象、人们视而不见的危险，只会愈发地控制住我们，就如同人们愈发不能忍受那种屈从过的感觉。[3]

施米特的政治理论和克劳塞维茨的思想的契合点，体现在克劳塞维茨作品中的如下核心思想和表述上：

---

[1] 参 E. Marks, Clausewitz' Lehre vom Kriege, *Wissen und Wehr*（单行本），1930年第5期，Berlin，见遗产 RW 265-120/B。

[2] J. Niemeyer, *Historische Briefe über die großen Kriegsereignisse im Oktober 1806*, Bonn, 1977, im Nachlaß: RW 265-120/B.

[3] 同上，页68；另一本由作者题献给施米特的作品也在遗产中，Carl von Clausewitz, *De la Révolution à la Restauration. Ecrits et lettres. Choix de textes traduits de l'allemand et présenté par Marie-Louise Steinhauser*, Paris, 1976, 见遗产 RW 265-120/B。

1. 民族、国家、主权都是政治的核心范畴;①
2. 国家和民族的独立是决定性的政治目的;②
3. "为国家联盟奠定基础的主要理念……是针对外在敌人的防卫";③
4. 民族间潜在的对立和"分界线",并不表现在政府的日常政治意图,而是它们相互间客观的地缘政治和地缘政策关系中,以及它们精神-文化和物质状况的总和中。④

克劳塞维茨仍在国家范畴中思考,而施米特则在思想中延展开了国家和大空间的互补关系:

国家不会因此而过时,但是,它也必须在现存的、日新月异的大空间秩序语境下显明自身。只有这样,人们才可以理解全球政治、新的市场政治状况和联盟体系。

与施米特的《政治的概念》一样,克劳塞维茨的《战争论》也

---

① 参 H. Rothfels, *Carl von Clausewitz. Politik und Krieg*, Bonn, 1980,该书由尼迈耶(J. Niemeyer)撰写后记,见页 214;Clausewitz an seine Frau vom 1. Sept. 1807/3. Okt. 1807, in: *Carl und Marie von Clausewitz. Ein Lebensbild in Briefen und Tagebuchblättern*, K. Linnebach (Hsg.), Berlin, 1917.

② C. v. Clausewitz, Über die künftigen Kriegs-Operationen Preußens gegen Frankreich,见 *Schriften - Aufsätze - Studien - Briefe*, Bd. 1, S. 66ff.

③ Clausewitz an Gneisenau v. 9. Sept. 1824, in: Pertz-Delbrück, *Das Leben des Feldmarschalls Graf Neithardt von Gneisenau*, Bd. 5, Berlin, 1864–1880, S. 504.

④ 参克劳塞维茨谈地缘政治的文章, Die Verhältnisse Europas seit der Teilung Polens 和 Zurückfahren der vielen politischen Fragen, welche Deutschland beschäftigen, auf die unserer Gesamtexistenz,见 H. Rothfels 编, *Carl von Clausewitz. Politische Schriften und Briefe*, München, 1922, 分别见页 222 及以下和 229 及以下。

是一种人类例外状态的现象学。对于克劳塞维茨和施米特而言，不断以潜在武力行为进行威胁和准备持续付诸武力冲突，都是政治-社会生活的基本现象，尽管极有可能被提升为物质层面，但它在核心上是非物质的、属人的过程，任何人在任何不同的历史处境中，无论承认与否，都会在生存意义上被牵扯进来。在两位政治思想家看来，文明和战争冲突表面上的不协调，是被人本学和历史所证实的缺陷。故而，这个问题就必须一而再再而三地得到回答，这有利于更为安稳的内在和外在和平。施米特所分析的这种世界内战局势例外状态的"绝对"敌对是可能的，这威胁着"绝对的"即武装冲突的整体概念，因此，也威胁到克劳塞维茨眼中的"第一类战争"，这种战争的目的是消除敌人的政治存在。

克劳塞维茨认为，两国间运用暴力的历史范例，可以归为在目的上不同的两种战争表现形式。这一迟到的洞见促使克劳塞维茨在去世前四年决定，以这样的视角并带着对以下名言——"战争不过是以其他手段继续的国家政治"——中所表达的主导思想的强调，再次修订了自己的作品。根据克劳塞维茨所认识到的双重即"两面战争"，战争冲突既可能具有征服敌人的意图，以便"在政治上"消灭他，使其无能力防御，并以此强迫其和平相处，也可能会——对于克劳塞维茨而言，作为第二种战争冲突——成为手段，在属己的政治主权的边界进行占领，在签订和平协议时，人们会在必要时刻将其作为"交换物"摆放在政治交易的天平上。[①]

在克劳塞维茨看来，区分两种战争类型很重要。第一种类

---

① 克劳塞维茨，《战争论》，页 6；关于克劳塞维茨的战争概念，参 J. E. Tashjean, *A Concept of War: Clausewitz Present and Future*, Arlington, 1994。

型的战争,目的在于消除敌人的政治存在,战争在这里"产生于武力和消灭的纯粹概念"。[①] 政治变成了敌对,战争趋近于自身绝对的样式。第二种类型的战争在政治和领土上边缘性地触及敌人,[123]这符合作为政治手段的有限目的的武装冲突。

克劳塞维茨所区分的不同类型的战争冲突,对应于施米特区分的海洋性与大陆性安全政策生存。一个边境四面八方敞开并且有潜在敌对同盟的陆权国家,始终都得面对"第一类战争"的可能性所造成的安全政策挑战,而基于统治海外交通线和势力范围的海权国家,通常面对的是第二类战争。

国家间两种武力形式的不同特性,对于18至20世纪欧洲中部的历史富有启发意义。1945年之前,鉴于自身的地缘策略处境和政治上要求作为欧洲大陆势力平起平坐的诉求,普鲁士德国始终认为,必须面对被众多潜在敌人集中威胁的可能性。普鲁士德国所面对的"第一类战争"的永恒现实可能性的后果,便是过分强调陆上防卫的军事观,这种防卫作为"活跃的反应和相互作用"(克劳塞维茨语)的表达,又被邻国评估为一种威胁。邻国更加以"第二类战争"的形式发起针对欧洲中心的战争——一战和二战期间英国和美国两个海权国家卷了进来,如克劳塞维茨所言,以便——以欧洲中心为代价——通过向前推进地缘政治分界线和分割线,来扩展其政治势力范围。

此外,类似于施米特,克劳塞维茨发展的理论以人本学的常量为基础,根据这些常量,依赖于具体环境的生活在其中的人类,总是如此行动,并且在未来很可能以同样的方式行动。

在克劳塞维茨看来,为了国家生存角力的政治、国家技艺以

[①] C. v. Clausewitz, Gedanken zur Abwehr, 页 8。

及国家治理，目的是对客观利益局势的"平衡""统一"，尤其是"代理"，以反对其他政治单位。在克劳塞维茨那里，政治并不是某个阶级、党派和机关寡头个别利益的表达，而是"整个社会一切利益的代表"和"拟人化了的国家的才智"。[124] 无论在克劳塞维茨还是施米特那里，国家理由具有优先于任何党派理由的优势。另外，国家的社会政治局势和宪法问题，都是政治思辨的军事理论家克劳塞维茨的核心关切。对于克劳塞维茨——对施米特同样如此——而言，他之所以关注内政发展，首先因为安全和地缘政治的原因。这背后是两位政治思想家的准则，即只有具有宪法和稳定的社会环境的民族，才能够长久地在外交和安全政策方面，让他人承认自己的势力和权力诉求。

克劳塞维茨在残篇纪要《颠覆活动》（作于1819年至1823年间）中，② 用毫无偏见、超越争论不休的党派的分析，描绘了欧洲贵族、资本家、农民以及农奴的社会史发展。与卢梭及其支持者所理解的不同，他在文中所理解的现存社会政治状态是非公义的，因为它不符合"社会契约的抽象概念"。相反，他更多的是将其理解为一个天然的历史发展和国家"各阶层"使命经历变革之后的结果，因此，它表达了具体的当前局势和新的社会政治使命及权力分配。如此一来，由于对国家具有重要性意义而享有特权

---

① 克劳塞维茨，《战争论》，页31、734；关于冷战和行之有效的震慑战略条件下政治和战争关系的现实性，见 K. D. Schwarz, Carl von Clausewitz und das Verhältnis von Politik und Krieg heute, in: Hartmut Boockmann/Kurt Jürgensen/Gerhard Stoltenberg (Hsg.), *Geschichte und Gegenwart. Festschrift für K. D. Erdmann*, Neumünster, 1980, S. 443ff.

② Vgl. zum folgenden Clausewitz, Umtriebe, in: K. Schwartz, *Leben des Generals von Clausewitz und der Frau Marie von Clausewitz*, 2. Band, Berlin, 1878, S. 200ff.

的贵族便将盛极而衰,因为"它除了剑之外,并不懂得买卖的手段"。它从国家行政的临时替代品和宫廷的特别官员,进一步"逐渐江河日下,从主子变为臣子,从封建主到平头百姓,不过总是有些迟缓,总是后知后觉并被忧患所逼迫"。至晚伴随着法国革命战争,贵族不再"是国家的主要护卫者",如克劳塞维茨所言,资本家和农民阶层不再承认其在社会和国家中的优越地位。对于克劳塞维茨来说,不再正当的贵族特权和"资本家阶层先进的文化"之间充满张力的关系,是法国大革命的主因。

当然,在克劳塞维茨看来,与法国不同,德意志贵族——因为其"领土主权"重要的政治功能——"既非嫉妒的对象,亦非滥权的动因"。他说:

> 因此,在这里,国家内部的张力并不那么大,[125]对一场革命的需求根本上并不存在。

尽管如此,革命的气息会蔓延开来,尤其会蔓延——如克劳塞维茨所言——到"学者和哲人阶层",他们——根据论战性的解释——"漫无目的地徘徊在古希腊和罗马作家之间,满脑子古代的自由",并且要求"律师、医生以及教授皆可统治国家",后来由于"充斥着1792年至1793年的暴行",即幻灭的革命实践,他们被好好地上了一课。

此外,除了个别例外——根据克劳塞维茨——德意志只剩下"一种伟大的和自然的民族感"。在1815年战胜拿破仑之后,这种民族感不再关心外部敌人。统一和等级性的宪法成为意识到自身意义的大众的追求对象。克劳塞维茨认为,因此,重要的是去满足人民追求宪法的自然愿望,即便人们无法苛责德意志政府存在严重滥权,但是,在这样一个臣子得耗费大量精力的时代,不同等级的众多有理性的先生们想要为政府出力、避免失误和不义、赋予所有人以更大的安全感觉的愿望是自然而然的。

毫无疑问,他只认可议会体系"间接的"积极影响。

相较于早前的作品,克劳塞维茨在纪要文章《颠覆活动》中加强了对议会制的批评语气,他说,

议会的协商常常会加快政府的政治步伐,但他们也常常会延缓政府的政治步伐,两者所发生的概率几乎持平。

妨碍克劳塞维茨无条件同意在欧洲中心——"危机四伏的地方"——设立议会制体系的原因,并非阶级意识,而是地缘战略以及特别情况下要求采取的快速军事行动。因此,对于他而言,设立一个对所有国家事务负责的部门和国务委员会——这是对于有政府内阁的"旧制度"而言陌生的机构——远比成功的安全和对外政策更为重要。这些机构应预防统治者和偶尔的误判。在他看来,这种做法的前提是市民同国家之间的信任关系。因此,这种关系需要用适度而非革命性的措施去修复,比如低税收、自由贸易、普鲁士改变在莱茵兰地区的宿营制度〔126〕募兵时的公平、学校和大学中防止灌输教条。①

---

① 关于在学校和大学进行教条教育的问题,克劳塞维茨曾说:"即便在最低年级的学校,一位愚蠢的夫子都会用几条政治原则让人昏了头脑。"同上,页241。

克劳塞维茨在《颠覆活动》一文中——不管出于什么原因——回避了公民适当代表的具体政治任务的问题。相反,在他早期的手稿中,尤其在1806年普鲁士崩溃之时,克劳塞维茨在关于选举的人民代表问题上持有坚决的自由主义立场。在1808年的政治手稿中,他甚至认为国务委员会是无用的东西而加以拒绝,他称,

> 在国务、军务以及内阁委员会中精确清晰地演述和论证观点,是人们所能做出的再徒劳不过的努力了……但是,在一群数百名有教养的人面前演讲,就完全不同了,即便因为选举大会最大的败坏,在他们中间也仍有不少头脑清楚的人……不过这些头脑清楚的人并不是什么部长和国务委员,他们在国家机器中就像磨坊里被驱赶的驮兽……演讲者在这里的听众是聆听并思考着的。如果他赢得头脑清楚的人的大多数,那么一大群人旋即便会追随而来,于是,本来真理的电光也无法撼动的顽固且隐蔽的愚人,被大多数的浪潮所淹没并被裹挟向前。[①]

克劳塞维茨很早就已经在选举的人民代表中发现了用来为政府决断作准备的极其适当的手段。后来,1816年,在一封致格奈斯瑙的信中,他再次提到了宪法问题。他在这里的观点是,最好组织一个"十分受尊敬和有名望者"的团体作为"结构危机中的助产手段",从而摆脱这个时代的宪法危机。[②] 克劳塞维茨

---

① H. Rothfels, *Carl von Clausewitz. Politik und Krieg. Eine ideengeschichtliche Studie*, repr., Bonn, 1980, S. 215.

② W. Hahlweg (Hsg.), *Carl von Clausewitz. Schriften-Aufsätze-Studien-Briefe*, 2. Band, 1. Teilband, Göttingen, 1990, S. 231.

关于国家和安全委员会的思想诞生于此,在以后直至他逝世的文章中,他反复回到这一思想。1830年,他写道,

> 我本应将最为优秀者的呼声统一为一个议会,它有序且连贯地谈到了如今需要保持的政治的要旨,以及由此产生的最高尚的规则……①

很明显,克劳塞维茨为这个委员会赋予了类似英国议会的功能。[127]在英国,自17世纪末以来,除了一些例外,国王只是作为"议会中的国王"与议会一起进行统治。国王和议会是决定政治事件的两个宪制机关。在此意义上,克劳塞维茨说道,

> 政府在身边聚集起人民的代表,这些人是从那些分担政府真正利益并熟悉人民的人中选出的。这是政府首要的支撑、朋友和支持者,就如同上百年来议会之于英国国王那样。它凭借这个工具引领如虎添翼的善战的人民力量,反抗外部敌人和嫉妒者。②

克劳塞维茨与作为自由主义政治体系之表现的议会制的关系,和施米特与议会制的关系一样充满矛盾。对于两位政治思想家而言,在社会政治方面,具有决定性的是管控革命性的内政走向,并阻止内战,这是一个强国的基本使命,只有这样,它才有

---

① W. Hahlweg (Hsg.), *Carl von Clausewitz. Schriften-Aufsätze-Studien-Briefe*, 2. Band, 1. Teilband, S. 588.

② C.v. Clausewitz, Über die politischen Vortheile und Nachtheile der preußischen Landwehr, in: K. Schwartz, S. 291.

能力成功地代表外交和安全政治利益诉求。

克劳塞维茨并没有将政治和战争理解为对立事物,二者代表的是冲突的表征和表现形式。表征形式中的冲突——包括战争的形式——产生于"政府和民族的政治交往"。它们不可分离。冲突遵循的是具体存在的政治局势即"政治交往"的法则和框架条件(同上,页990)。

与施米特一样,克劳塞维茨深入探究了政治的社会局限性和法国大革命之后不断发展的世界内战格局。不过,他对内政进行反思的出发点和焦点仍然是——如施米特的政治思想——本国的安全政策和外交格局。早在1816年,他已认识到,在政治上领导一个国家,在所有安全政策问题上,都需要人民和国家安全问题委员会的赞同。[1] 因此,克劳塞维茨成为国家的"国家安全委员会"——作为安全政策决策论坛——理念的奠基者。

[128] 虽然二人在政治思想上有着基本的共性,但仍存在一些差异。尽管认识到内政和外交中存在相对立和革命的趋势,克劳塞维茨仍认为,战争与和平在原则上是迥异的政治聚合状态,由于各种缘由,它们在如今的政治现实中不再能站得住脚——如施米特多次证明的那样。战争冲突的概念,在全球政治时代不再首要地被定义为"大陆的"(如在克劳塞维茨的时代),相反,它广泛包含了施米特深刻分析的地缘政治因素:陆地、海洋、天空、宇宙。早期欧洲均势体系的具体国家秩序,被一种在生成中所理解的、全球范围内的权力政治大空间秩序所消

---

[1] W. Hahlweg (Hsg.), *Carl von Clausewitz. Schriften-Aufsätze-Studien-Briefe*, S. 231, 588.

解。取代邻国军队入侵危险的,是新的统治技术,比如立足于国际法和人权普世论,全球范围内参与所有人道的、保卫和平以及创造和平的干涉活动。

克劳塞维茨关心的是保护本国的政治主权,而施米特除此之外还关心如何在有利于安全政策大空间的多元主义的同时,避免一体化的普世主义。

八　游击队理论

［129］如施米特《游击队理论》一书副标题"政治的概念附识"所表明的，该书是方法上对《政治的概念》的补充和详细说明。① 施米特分析的经验－历史材料，取自1808年打响的西班牙反对拿破仑的游击战争，以至毛泽东的游击队思想和法国将军萨兰（Raoul Salan）的命运——萨兰从常规士兵转变为游击队员，并向自己的政府宣布内战，最终由于现代游击队员的悖论而心力交瘁。

施米特认为，"游击队"诞生于1808年至1813年之间的西班牙独立战争，它是战争冲突的独特表现形式。游击队战争专门针对法国占领军的仓库、补给路线以及溃散的单位和军队

---

① 参施米特，《游击队理论》；P. Tommissen, De Guerillatheorie van Carl Schmitt, in: *Overdruck uit 'Recht in Beweging'. Opstellen aangeboden aan Prof. Mr. Ridder R. Victor, Uitgave KluwerDeurne*, Antwerpen, S. 1021 ff；施米特集中研究过游击队主题，尤其给他以灵感的有 Rolf Schroers, *Der Partisan. Ein Beitrag zur politischen Anthropologie*, Köln, 1962, 以及塞尔的小说，H. I. Sell, *Partisan*, Düsseldorf, 1962。从遗产中的书信来往可以看到，1962年11月26日，施米特收到了德国克劳塞维茨研究"长老"哈勒韦克（Werner Hahlweg）亲笔签名的一本样书《普鲁士改革时代与革命战争》（*Preussische Reformzeit und revolutionärer Krieg*, Beiheft 18 der Wehrwissenschaftlichen Rundschau, Frankfurt/M., 1962), 哈勒韦克的这本书上标了大量着重号，可以看出施米特研究之用功，见遗产 RW265-54。

运输,被身着正规制服的常规士兵即"现代游击队员的活靶子"所憎恶。① 它最终导致侵略者和占领者的溃败。普鲁士军队改革者将西班牙的实践经验为我所用,克劳塞维茨在柏林军事师范学校的课程和晚期主要著作《战争论》汲取了这些经验(同上,页183及以下)。

通过1813年4月21日颁布的《国家攻击令》,普鲁士首次使游击队正当化(同上,页182)。施米特认为,该敕令是基于国家正当性的"游击队大宪章"。列宁吸纳了克劳塞维茨的理论,并将其应用于20世纪上半叶的革命之中。游击队的本土性和"乡土"特性在列宁这里时隐时现,而在毛泽东那里却十分清晰地表现在从华南至蒙古边境的一万二千里长征和立足本国领土长达二十年之久的游击队战争(同上,页193及以下)。[130] 对于从游击队"乡土"生存出发进行思考的毛泽东而言,战争的"存在理由"在于敌对,即便和平与政治也始终包含着敌对的因素。因此,和平的特殊方式,比如冷战,是既存对立的特定表现形式,这些对立会以和平手段展开(同上,页198)。

对于施米特而言,游击队的形式在范式上毫无疑问宣告了欧洲国际法的终结,因为,它体现了对规制战争和古典国际法的否定,并以绝对的敌人为前提,

> 现代游击队不指望敌人尊重其权利,也不期望被施予恩典。游击队撇开受遏制和限制的战争的传统敌对性,进入了另一种实际的敌对性领域,这种实际的敌对性通过恐怖与反恐怖上升为绝灭。(同上,页152)

---

① 施米特,《游击队理论》,页155。

施米特认为,游击队有四个突出的主要特点:首先,它的"非正规性";其次,"强化了的政治参与度";第三,"强化了的主动战斗灵活性",即机动、快速以及出其不意的进攻和撤退,这种灵活性增强了"技术化和机动化";第四,上文提到的"乡土"特性,即他与土地、当地群众、当地不同区域的地理条件的联系(同上,页155)。[①]

施米特从空间、社会结构的崩溃、国际政治关联以及技术-工业等视角,来分析游击队的现代形式(同上,页206及以下)。[②] [131]在这些视角之间存在密切的相互影响和互相依赖。比如,施米特认为,任何新的技术都会改变现存的空间结构。它将改变直接作用于社会结构的"整个规则体系"。

> "住宅不可侵犯",这话在今天——在电灯照明、远端煤气供应、电话、无线电和电视的时代,成了另一种保护方式,完全不同于宫堡主人可以拉起吊桥的约翰王和1215年的大宪章时代……(同上)

在施米特看来,游击队创造了冲突的新"行动空间",因为,不同于古典的军事冲突,它隐蔽而非公开地作战。从其非正规性出发,它约束了强大的对抗力量。游击队以相对微小的消耗制造出不安,但是具有巨大的空间延展,在很高程度上改变、影

---

① 亦参什克尔《与施米特对谈游击队理论》,见遗产RW265-429/B;以及P. Tommissen, An Estimate of Carl Schmitt's Concept of the Partisan, im Nachlaß:RW 265-284/M6。

② Vgl. zum folgenden ebenda, 71. ff; Vgl. auch S. Schelz, Theorie des Partisanen. Zu „Zwischenbemerkungen" von Carl Schmitt, im Nachlaß:RW 265-419/M10。

响着常规敌人的行为。它可以利用"时间"因素摧毁现存的社会结构。作为这一关联的例子，施米特援引了1945年至1956年法国在中南半岛政治统治秩序的崩溃，作为法国人的敌人，中南半岛的共产党通过引发一系列激烈的反恐行动，使本来非政治的全体群众为自己服务。

立足土地的、乡土性的、非正规的战士，由国际"中心控制"所操纵，如施米特所说，游击队员为了"世界革命的非正规性"放弃了原先的防御性，于是出现了现代游击队的国际政治语境。

施米特认为，"利益的第三者"，即保障游击队战斗的经济和组织基础的政治势力，会防止游击队员堕落为犯罪者，或曰堕入非政治性。在实现新的常规性时，"利益的第三者"要么通过政治认可，要么通过援助使正当性成为可能。它为游击队员创造了某种自由的空间，众多"利益第三者"存在的地方，这一空间便会朝着对游击队员有利的方向扩展。在施米特看来，冷战期间游击队领袖铁托（Tito）的特殊处境清楚地揭示了这一环境。"利益的第三者"将"乡土性的"游击队工具化，为其完全不同的世界政治目的服务。众所周知，在西班牙反抗法国占领者的独立战争中，"由戈雅描绘的传奇般的游击队员背后"是有国际利益和诉求的海权国家英国。[1]［132］最后，在技术－

---

[1] 施米特，Dem wahren Johann Jakob Rousseau，见 *Zürcher Woche*，14期，1962年6月26日-29日，见遗产 RW265-200/B9。施米特遗产中有一幅戈雅（Goya）的 *Aquelarre*（Museo del Prado），他尤其鉴于画有"未来圣殿"的山而将其视为"希望原则"（Prinzip Hoffnung）的象征。在这一语境下，施米特指出了歌德的《浮士德》第二部，诗行6961："他们为所谓自由权利争斗不休；仔细看去，不过是奴隶反对奴隶而已。"（译按：中译参歌德，《歌德文集·卷一：浮士德》，绿原译，北京：人民文学出版社，1999，页282。）见遗产 RW265-412/M4。

工业方面,现代游击队员利用了他们所处时代各种可能的技术。比如,1813年普鲁士颁布《国家攻击令》时的"旧游击队员"使用的是干草叉,而他在今天,

> 用冲锋枪、手榴弹、塑胶炸弹——说不定不久还要用战术原子弹——作战。他们已经机动化,并通过秘密电台和雷达接通一个通讯网,通过飞机从空中得到武器和食品补给。[1]

可想而知,大规模杀伤性武器最终会消除敌友、正规与非正规等的区分。在这种武器的阴影下,游击队员面对的是有限的和受规制的行动的新空间。施米特也考虑到技术应用的最糟糕的状况,即"轰炸后的情形"这种可能性,他赋予"被炸弹轰击过的区域中"幸存的游击队员"新的空间占取方式"这一生存性的使命(同上,页217)。施米特借此将质疑扩展到星球的维度,并指出技术进步的两种可能方向:一方面,被大规模杀伤性武器毁灭的地球的白板局面(Tabula-Rasa-Lage),人类有可能重新开始占取、划分、养育的进程;另一方面,人类占领跨星球的宇宙空间,并创造拓展了的政治秩序。施米特认为,在星球维度中会同时形成新的"潜在斗争空间",其中的统治问题会在地球上表现出来。用施米特的话来说,"星球或宇宙航行员"将有可能变成"宇宙盗匪"或"宇宙游击队员",他们是政治斗争的新形式,这种斗争为了占取宇宙空间和占领权力和势力阵地(同上)。

游击队概念直接影响着对战争冲突的定义,克劳塞维

---

[1] 施米特,《游击队理论》,页213及以下。

茨——联想他对19世纪初西班牙的新斗争形式的分析[1]——称其为"为了迫使敌人满足我们意愿而进行的暴力行为"。[2][133]当人们考虑了社会、群众以及非正规游击队,冲突概念就得以扩展。人民战争、指令作战以及跨国恐怖主义,是冲突的现代表现形式,它们在历史上的原始形式远远早于西班牙人反抗拿破仑。

公元前52年,维钦托利(Vercingetorix)领导的高卢人民起义,使恺撒的军队面临弹尽粮绝的危险。133年至135年,科赫巴(Bar Kochba)领导的犹太起义,经过罗马占领者长期的和损失惨重的战斗之后才被扑灭。英法之间的"百年战争"(1339-1453)期间,倒戈军队操纵并蔓延了雅克雷(Jacquerie)农民起义。七年战争期间(1756—1763),无论奥地利一方还是普鲁士一方,都曾存在与常规军联合并协作的小规模战争集团和志愿军。在这里还需要着重提及的是1757年抵达柏林的奥地利骑兵分队(Kavallerie-Detachement von Hadlik)和外籍军团(die Panduren von der Trencks)。

不过,直至西班牙独立战争(1808—1813),现代游击队概念才表现出世界革命的意味。用施米特的话来说,西班牙游击队的战斗还立足于家乡的土地,在理念上以国家正当性为基础;与此同时,西班牙外籍军团队伍中已经有了外国军人,比如1809年暂时辞去普鲁士军队职务的普鲁士总参谋部军官格罗曼(Grolman)。战争冲突最初的跨国性、革命性行动空间得以显

---

[1] 克劳塞维茨于1810年至1812年在柏林军事师范学校开授了"论小规模战争讲座课",施米特既赋予克劳塞维茨的讲座课,也赋予著名的瑞士游击队方案以现实性,参Hans von Dach, *Der totale Widerstand*, 第4版, Biel, 1972;参施米特,《作为政治思想家的克劳塞维茨》,页8。

[2] 克劳塞维茨,《战争论》,页13。

现。现代游击队概念的发展从西班牙开始,这一发展经过解放战争的志愿军、法国志愿兵以及阿拉伯传奇般的劳伦斯的游击队战争,继而进入革命性的二十世纪。

游击队在西方享乐主义的福利和消费社会中——用施米特的话来说——扮演着"最后的人类的角色"。[1] 它试图在自动化和全面组织化的社会中,寻找合乎人类尊严的生存的最后空间,

> 游击队通过保留自己的人格来摆脱全面组织化的环境的胁迫和恐怖。以这种方式,它凭借自己的人格成为一枚导火线,而不是炸弹的齿轮。在一个毫无保留地将所有人囊括进来的世界,游击队员是最后的人类。(同上)

[134] 作为潜在的干扰因素,人类完全卷入了这些进程。如施米特在一份有关游击队主题的提纲中所说的,这些进程的目标是"星球范围的技术工业化封闭系统"。[2] 冲破这一体系的人,将成为"侵略者",在施米特看来,这也就是"最后的人类"。就此而言,游击队各种行动形式的"阿基米德支点"在施米特这里是具体的人本学(同上)。然而,通过引入"利益的第三方"概念,反抗人造的发达工业社会文明似乎注定要失败。施米特认为,即便"真诚的孤独思想家"也无法摆脱大众传媒网领造成的同化。在人们能够通过某种行为搞清问题之前,其观点早已被

---

[1] Carl schmit, Dem wahren Johann Jakob Rousseau。

[2] Carl schmit, Der Partisan, Vorläufige Gliederung vom November 1960, im Nachlaß:RW 265–243/M3。

占领。正是由于"诸多利益的第三方",施米特眼中的卢梭认为,任何革命都无济于事,也无法实现。对于卢梭和施米特而言,自由和平等只存在于朴素和同质的小范围图景之中,(从安全政策语境来看)也就是说,只存在于世界的友谊和分界线之外。[1]在施米特看来,在更为逼仄的友谊线之外,即在政治中,必然存在这样的问题:"谁是受益者?"[2] 非法者,换句话说,游击队员、革命者以及异端分子,都在为自己要求——用施米特的话来说——"非法者的权利"。这些"匿名精英"无理地要求正当性(同上)。于是,游击队员成为侵略者,他们根据自己的伦理和正当性,质疑和否定现存的秩序,[3] 以便在社会的废墟之上建立新的组织形式。

游击队以非正规的形式与建立在改变了的政治正当性基础之上的合法性做对抗。因此,在施米特看来,游击队是新时代具有代表性的榜样,它表现了新的空间秩序和变化了的武装冲突的特征。

[135] 世界内战处境不再理会"符合规范的战争的形式",[4] 在这里行之有效的是其他准绳和标准,因为党派之间相互夺权和争执是在法外之地进行的。游击队员是战斗中的战士,对于这个"法外之人"而言,斗争意味着无法(Rechtlosigkeit)

---

[1] Carl schmit, Dem wahren Johann Jakob Rousseau.

[2] Carl schmit, Der Partisan, Vorläufige Gliederung vom November 1960.

[3] 托米森以格伦的精神写道:"有组织的游击队团体有自己的伦理。"见 P. Tommissen, An Estimate of Carl Schmitt's Concept of the Partisan, S. 2, 见遗产 RW 265-284/M6。

[4] Carl schmit, *Glossarium*, S. 24.

的"绝对例外情形"。他被剥夺了人之为人的尊严,被视为"一头牲畜或者一只害虫"。鉴于自己的生活经验,施米特在1948年的日记中描绘了在内战处境中不愿站队并且竭力避免游击队式生存的人的准则和行为规范(同上,页25、109)。其中,他直率的现实主义在一句刻画内战处境的表述中达到顶点,

> 正当只有在正确的地点、正确的时间方称之为正当。谁过早地有理,眼下就不再有理……(同上,页109)

瑞士的游击队方案,符合世界内战处境及其很大程度上内在的无法性的条件。在《作为政治思想家的克劳塞维茨》一文和《游击队理论》一书中,施米特明确提及上述方案。"全面抵抗"的瑞士方案基于如下假设,即存在大规模针对瑞士的入侵,而由于敌人压倒性的优势,本国正规军可想而知会面临意料之中的溃败。[1] 部分正规军在本国空间的纵深进行防卫,与此同时,溃败的部队和被击败、被打散、被切割开的单位,自发组成作战的游击战斗部队,他们作为游击编队继续开展斗争。根据上述方案,在已被占领的市镇形成民众的抵抗运动,根据具体情形,他们可以利用各种各样的可能——无论是消极抵抗,还是社会抵抗,抑或是公开抵抗(同上,页127及以下)。民众抵抗运动的任务涵括了开启民智、打击叛国、建立流亡组织、进行破坏活动、传递情报、开办"自由电台"、出版本国报刊、进行暗杀以及为公开抵抗作准备。

达赫的作品以偶尔令人发指的坦诚和率直,描绘了民族整

---

[1] Vgl. zum folgenden Hans von Dach, *Der totale Widerstand*.

体力量为了重建起政治主权和自由所作的斗争。诸如刑讯时的行为、劳改中的行为以及对抓捕的反抗等细节,都在行动指南的意义上得到提及和分析。[136]瑞士针对"例外情形"的防御方案,没有追问这种抵抗的可接受性,没有列出合理的支出－收益清单,没有追问手段的合宜性,也没有追问这种社会军事化是利是弊。游击战方案基于两种假设,

> 一、民众在世界观战争中既不会幸免,也不会置身事外,单单基于这个原因,必须将他们组织起来;二、民众抵抗运动这种形式的斗争是军事游击战争的补充。(同上,页127)

根据方案,一切元素——民众、正规军、游击队以及所谓的"解放军"中间的民众抵抗运动——的联合确保了敌人无法对国家进行长期有效的占领。于是,这种状态让人想起今天对于瑞士而言根本性的成语,

> 瑞士虽无军队,但本身就是军队。①

这一意识在1940年阻止了希特勒的入侵,并确保了未来将不再有战争和入侵。这很能说明问题。瑞士的国防方案基于这样的前提,即只有当人们遵循霍布斯"理性的普遍法则"的第二部分时,才能确保和平。②

---

① A. H. Rueb, Die Schweiz hat keine Armee, sie ist eine Armee, in: *Die Welt*, Beilage v. Juni 1985.

② I. Fetscher, *Thomas Hobbes. Leviathan*, Darmstadt und Neuwied, 1966, S. 99ff.

施米特思想的现实性是明显的。武力的现代形式转移到了灰色地带,它们既不能被清晰地定义为内战,也不能被定义为国家间的冲突。战争的形象徘徊在两极之间,一极是虚无主义的、一心从物理上消灭敌人的内战,另一极是匿名的信息和电脑时代的高科技战争。古代未成熟的武力形式复活了游击队员的古典形象,他自力更生,并且紧跟现代技术进步。士兵与游击队员的界限变得模糊不清。在前苏联军队受过训练的车臣抵抗战士,既自视为新生国家的游击队员,也自视为这个国家的士兵。

与联合国维和行动的战士相比,游击队员作为内战和绝对敌对的承担者,有着压倒性优势。他们经常造成维和士兵一方无法采取行动,并且使其面临正当性问题。另一方面,他们没有排除战争的经典模式。近东和中东以及亚洲地区日益崛起的区域新势力,正在为此类战争武装起来。此外,[137]几乎势不可挡的核武器与导弹技术的激增,也并不排除核战争的可能性。

20世纪末的战争概念一方面摆脱了热核限制,另一方面也在采取古老的形式,它势必将战争的全面性推向无法估量的程度。

九　正当性的范式转变

[138]施米特人本学思考的总和可以总结如下,他的政治理论并不以作为物种的人类的社会和政治发展能力为基础。他认为,人类与其说是由理性,毋宁说是由具体利益和情感决定的,它毋宁是为利益引导的行为进行辩护的工具。人类理性的灵活性和适应力,在历史上总是使得协调一致成为可能,即便是战争冲突和发达文明。施米特称"正当性"为"各种各样的辩护原则和体系,它们保证了战争的权利和使用暴力时的良知"。

在一部发表于一战期间的作品(1915)中,舍勒(Max Scheler)探讨了正义和非正义战争的问题。① 舍勒赞成"席勒的观点:世界史就是世界法庭"(同上,页153),它使正义和非正义依赖于战争的成功与否,就像拒绝所有战争的和平主义者处于非正义之中那样。权衡"各党派的权利"以及区分非正义侵略者和正义抵抗者,并不能进一步说明问题。与之相反,舍勒称,

> 战争的正义与否,更多只是以两条标准来证明:一方面根据参战双方的品性和本性,另一方面根据参战种族、国家、民族、文化圈中战争意志的真实性和真正来源。战争双方必

---

① M. Scheler, *Der Genius des Krieges und der Deutsche Krieg*, Leipzig, 1915, S. 153.

须在战争上有影响,战争必须与参战种族和民族的真正公意(Gemeinwille,引者按:volonté générale 意义上的,而非 volonté de tous 意义上的)相一致。(同上,页155)

问题在于,舍勒的"公意"是否可以客观化。此外,什么是"有影响的战争双方",这个判断不能轻易作出。

早在公元5世纪初,奥古斯丁(Augustinus)就在《上帝国》一书中面临同样的问题,[①]

> 但是他们说,聪明人会发动正义的战争。没错,要是这个聪明人还记得自己是一个人,他就很容易发现这样一个事实,他处在发动正义之战的必然性之下。因为战争若不是正义的,他就不会去发动,但这样一来这个聪明人也就没有要发动的战争了。对立双方的不公正把发动战争的责任强加在聪明人头上,[139]而每个人都会反对这种不公正,尽管这种不公正不会必然导致战争,但它仍旧是人的不公正。因此让每一个痛苦地思考过这些罪恶、恐怖、残忍的人承认这是不幸的。[②]

奥古斯丁转移了视角——尽管人类有可能是非正义的,奥古斯丁仍称正义战争是有必要的——并指出,人们必须为这种状态感到惋惜并将其克服。奥古斯丁的基督教唯心论融合了柏拉图哲学,他的新伦理学试图以"信、爱、希望"等律令超越人类

---

① Aurelius Augustinus, *Vom Gottesstaat (De civitate dei)*, Band 1&2, Zürich, 1955.
② 同上,卷2,第19卷,页545。[译按]中译见奥古斯丁,《上帝之城》,王晓朝译,北京:人民出版社,2006,页915。

行为,并获得正义的世界秩序。这种唯心论不再允许无条件地承认一种"上帝希望的"战争。奥古斯丁的世界和平与上帝的和平一致,"如使徒所言,上帝的和平高于一切理性",这种世界和平是一种末世论的终极想象,[①]只有在彼岸才会得到反映和无限接近。[②] 世界和平及一切因此而"现实、可视、可闻、可感、可计算的事物,永远只是理念的阴影";和平,只不过是对永恒且品质迥异的和平之真正理念的模糊而不完善的摹写。

阿奎那作于 13 世纪末(约 1273 年)的《神学大全》也无法避免战争正当性的问题,他在对第 40 个问题的解释中探讨了这一问题。[③] 在他看来,在《圣经》中无法找到许可战争的正当性,

> 耶稣对他说,收刀入鞘吧。凡动刀的,必死在刀下。(《马太福音》,26:52)

在阿奎那的解释中,"战争永远都是罪孽"。不过,与《马太福音》严酷的说法不同,《路加福音》要求战士"除了例定的数目,不要多取"(《路加福音》,3:14)。阿奎那根据奥古斯丁的说法得出结论说,很明显,服兵役在原则上并不应受谴责。不过,服兵役必须满足阿奎那为当时充分解读的三个条件和辩护理由,

---

① [译按]中译见奥古斯丁,《上帝之城》,页 1149 及以下,原书见卷 2,第 22 卷 29 章。

② M. Heidegger, *Platons Lehre von der Wahrheit*, Bern und München, 1975, S. 20.

③ Albertus Magnus-Akademie Walberberg (Hsg.), *Thomas v. Aquin. Summa Theologica*, Band 17B, S. 82ff (40ff).

> 首先,君主拥有全权,战争得在他的命令下进行。因为,开战不是私人的事务。其次,战争需要正当理由,被卷入战争的人因为罪责的缘故都必须得到这样的理由;第三,开战者需要抱有正当的意图,要么使善增多,要么使罪恶减少。(同上,页83 及以下[40,1 及以下])

[140]对于路德神学而言,正义战争永远都是防御战争。路德断然拒绝了任何形式的袭击,

> 在这部作品中首要的是,战争是非正当的,无论是否是平等的,无论它是否有正当的名头和良知,以至于可以说,是我的邻人逼迫我打仗,我更情愿放弃战争,以使战争不仅仅是战争,而且是有义务的保护和紧急防卫。①

在路德看来,在紧急防卫情形下,所有臣民都有责任"以身躯和财富来支持并履行兵役"(同上,页653)。不过,路德有所保留地评注说,臣民义务有被滥用的危险。因此,"根据任何狂人的脑筋去开战"就是非正当的(同上,页645)。君主不能"任性地"或者"为了鸡毛蒜皮的小事而开战",而应该仅仅因国家之故开战(同上,页649)。

在路德眼中,就士兵对国家和领导者负有义务而言,士兵存在的正当性也在于战争情形中,

---

① Martin Luther, *Ob Kriegsleute auch in seligem Stande sein können?*, Weimarer Ausgabe, 1526, S. 19, 647.

在这里厮杀的不是我,而是上帝和我的君主,此时,我的手和身躯都是他们的仆人。(同上,页656)

因此,当国家以君主的人格呼召时,基督徒就有服兵役和守卫的责任。与此相应,路德在著名的《反土耳其人的军队布道词》中要求,基督徒

> 应该像忠实顺从的臣民(如果这样做了,就是真正的基督徒)那样去做,尽可能地,并且只要他们能够心怀热血,就欢快地攥起拳头,坦然地开打、杀戮、抢劫、大肆破坏。①

政治处境的特点是,相互对立的辩护原则和正当性处于未决的竞赛中。在最极端的形式中,在政治单位的消解过程中,在内战处境中,施米特谈到"正当性的困境"。② 这是一种安全政策的处境,多种正当性在其中相互叠加,并且相互冲突。这些极端处境之一出现在1812年,那时,拿破仑军队在俄罗斯败北,欧洲各国开始起义反抗法国占领。施米特认为,不同形式的正当性在当时形成了反对拿破仑的阵线,"陆地与海洋,东方与西方,保守派与自由派,教士派与雅各宾派",[141]起身反抗占领者"民族－革命的正当性"(同上,页24及以下)。引导当时普鲁士政治阶级——尽管在定义敌人时有宗教、意识形态或者乌托邦式的诱惑——的政治考量,只是为反对拿破仑战争进

---

① M. Luther, *Heerpredigt wider den Türken*, Weimarer Ausgabe, 1529, S. 30, II, 179.
② 施米特,《作为政治思想家的克劳塞维茨》,页11。

行辩护。如施米特所言,他们因此保持了"政治范畴的自主性"(同上,页32)。

施米特在这个语境中援引了上文提及的克劳塞维茨《自白书》,这份《自白书》便是一份地缘政治局势分析的档案,这份局势分析不带任何意识形态的辩护,从纯粹的对外和安全政策以及经济角度,为反对拿破仑的武装战斗进行论证。[①] 在致格奈斯瑙(Gneisenau)的分析文章中,克劳塞维茨分析的并不是欧洲解放战争意识形态方面的,而是政治、军事以及经济方面的理由。他用大陆封锁为他的祖国带来的灾难性经济状况,为普鲁士的反法战争进行辩护。经济、贸易以及交通都终结了,对于克劳塞维茨而言,这些是"社会状态最一般的生存原则"。与法国结盟的任何未来政治远景都失败了。因此,从生存方式来看,普鲁士的安全处境是成问题的。[②]

iusta causa belli [正当战争理由] 被限制在这种生存处境。克劳塞维茨的敌友区分并非战争至上论,而是地缘政治局势分析的结果。因此,在施米特看来,敌对并没有远离政治领域。未来的战争会"因为和平之故"作为"政治手段"得到继续。[③] 在普鲁士改革家的决断处境下,为本国行动辩护是纯然的政治辩护。意识形态或者宗教理由在他们的评估中完全不占一席之地。

在内战处境的例外状态中,对正当性的追问显得尤为紧迫。从核心来看,关键是在正当性(Rechtmäßigkeit)与合法性(Gesetzmäßigkeit)之间做出决断。游击队、恐怖分子以及非正

---

① W. Hahlweg (Hsg.), *Carl von Clausewitz, Schriften* etc., S. 678ff.

② 施米特,《政治的概念》,页60及以下。

③ H. Quaritsch, *Positionen und Begriffe Carl Schmitts*, S. 68.

九 正当性的范式转变

规的内战派系，都将自己视为正当斗士，他们反对在他们看来需被克服的合法性。[1] 在世界内战局势中，即例外情形下——突出表现为各种正当性无法克服的对立和政治斗争——"合法者"由于从一开始就被视为需要被克服的旧体制的代理而失去信誉。[142] 在施米特看来，在一切变动不居的地方，任何保持"现状"的举动从一开始就注定失败。

行使尤其是拓展任何权力，都需要"正当性原则"，因为——尤其用施米特的话来讲——"人类的一切行为都具有思想特征"。[2] 如施米特所说的，直至今日，国际法的发展也由如下趋势所决定，即行使和拓展权力、现代形式的陆地占取和陆地扩张、国际法的统治形式和干涉等，都可以正当化，并且国际法法权概念都可以被当作工具。施米特在《现代帝国主义的国际法形式》中提到了一系列此类行使权力的"正当"形式（同上，页167）。他的结论是，正当性以权力这个决定性因素为前提。法学与政治概念以及各自正当性原则的效力，都以权力为前提。施米特认为，对国际法和法权概念具体内容的定义能力，即定义权力（Definitionsmacht），是安全政策权力的特点。

此外，大国的特点还突出表现在，它在国际关系中不受制于"确定规范和概念的条条框框"（同上，页168）。愈发尖锐的还有另外一个问题，即正当性原则的双重表现，

> 一方面表现在对"现状"的制裁，另一方面表现在对变革的辩护。

---

[1] 施米特，《政治神学续篇》，页207及以下。
[2] 施米特，《论断与概念》，"现代帝国主义的国际法形式"。

因此，在施米特看来，无法避免的是具体的决断和对 quis judicabit［谁决断？］的答复。作为"道德、意识形态或者世界观身份的表达"，正当性限制着具体的政治决断。[①]在世界内战处境中多种正当性之间的角逐里，正当性指的并不是各方正当化的自我主张能力，对此有发言权的只是具体的势力状况。在施米特看来，"民主的正当性"消解了1918年前的动态正当性原则（同上，页323）。作为普世性的正当性原则，各种对立也与这一原则相一致，比如，"冷战"时期，苏联及其盟友的政治原则对民主的理解，或者极权主义。

如今，在安全政策框架中使用军事力量的正当性，是基于联合国宪章。[143]原则上对战争和动武的禁止，如联合国宪章中的表述（第二条第四段），从法律上排除了以发动战争达到政治目的这一工具。有鉴于有些经验材料仍有待揭示，提出上述法律禁令并不意味着从事实上遏制了战争冲突。国际法禁令和世界各国的安全政策现实之间，存在明显的矛盾。尽管原则上禁止战争和动武，地区冲突和有限的军事冲突仍然是政治现实的表现形式。

联合国宪章的相关条款要求以和平手段调解国际冲突。宪章认可使用两种正当的武装力量，即根据联合国宪章第51条，在安全委员会采取措施之前，可以使用单独或集体防卫。因此，无论国家反抗袭击的预防性武装，还是集体的防卫同盟，都变得正当化，正如根据联合国宪章第7章，军事制裁是由安全委员会采取的措施。正义战争和被允许的战争观念曾经存在过，比如报复所遭受的不义，而如今的国际法明令禁止袭击，也就是说，

---

① Carl Schmit, Die legale Weltrevolution, S. 322ff.

禁止不顾袭击理由或原因就开始动武的行为。因此，国际法规章使"现状"正当化，并归罪一切变革的武力手段。

根据联合国大会的定义，袭击意味着，针对一国主权、领土完整或者政治独立等首先使用武装暴力的行为。① 但是这个定义并没有包括侵犯边界、镇压、经济和财政政策措施或者政治-外交施压。

根据1974年12月14日联合国大会"定义袭击"（Defining Aggression）会议一致同意的决议，普遍的袭击和袭击战禁令不能与各民族享有自决、自由、独立的权利相冲突，也不能与"殖民或种族主义政权或者其他形式的外族统治之下"被视为正当的民族斗争相冲突。② 在这些前提下，自决权也可以借助武力，并根据"战争国际法"来实现。[144] 与此相一致，联合国国际刑法草案《关于危害人类和平与安全罪的法令》（Code of Crimes against the Peace and Security of Mankind）包含了相应的辩护理由。③

---

① Vgl. UN-Resolution 3314(XXIX) vom 14.12.1974, in: Clausewitz-Gesellschaft (Hsg.), *Freiheit ohne Krieg?*, Bonn, 1980, S. 159.

② 对联合国特别委员会的记录，见 B. Ferencz, *Defining International Aggression*, 卷2, New York, 1975, 页79。

③ "国际法委员会"终稿在第15条第4段（Art.15, Abs.4）描述了8种被禁的和会被罚的入侵行为，但是在第17条第7段（Art.17, Abs.7）补充道："任何条款都绝不能有损于源自《联合国宪章》的自决权、自由权以及独立权，不能强行剥夺人们的上述权利，并请参照关于遵循《联合国宪章》的国家间友好关系和合作的《国际法原则声明》，特别是处于殖民地和种族主义政权以及其他各种形式的外国统治下的人们，也不能剥夺他们推翻这一统治并寻求和获得支持的权利，这遵循《宪章》的原则并与上述《声明》相一致。"见 U.N.G.A. Official Records: 46th Session. Suppl. No. 10 (A/46/10), 页198及以下、页244及以下。

总体上归罪所有袭击在法学上是可能的。这种可能性之所以会否定政治敌对概念,在施米特看来,是因为归罪把敌人赶到非政治的法学专断空间,并且最好是把武装冲突视为"反对搅局者、罪犯、害人虫的警察行动"。① 对于后一种来说,需要考虑的是普遍国际法中对干涉的禁止,这种禁止是对禁止使用武力的补充。不过,只有当经济或政治施压有利于改变他国政治体系,或者阻止了该国对独立法权的使用,这时,才会存在干涉。②

如果论及安全政策框架中使用军事力量的正当性问题,就必须解释一系列受许可、有限制以及可能的以武力方式使用权力的情况:

在一个无能力或者不愿意提供保护的国家中,本国国民受到威胁的生命不享有保护。根据联合国宪章,这种行动方式与有限武力使用的例外并不一致。不过,这一方式在过去常常被付诸实践,比如恩德培的以色列解救行动,人们可以用紧急状态法来说明这种方式,拥护这一方式的是人权观点。

自卫权也针对如下情形,即本国生存利益受到外部经济措施的威胁。对"经济武器"的利用并不属于对武力的禁止,而是对干涉的禁止,[145]倘若明显可以观察到对受害国政治体系的势力影响或者改变。人们没有看到,比起军事领域常见的

---

① 施米特,《大地的法》,页 305;亦参施米特,*Das internationalrechtliche Verbrechen des Angriffskrieges und der Grundsatz "Nullum crimen, nulla poena sine lege"*,H. Quaritsch 编,Berlin,1994。

② Vgl. UN-Resolution 2131(XX) vom 21.12.1965, in: Clausewitz-Gesellschaft(Hsg.), *Freiheit ohne Krieg?*, S. 159.

手段,商品绝非毫无危险的武器,它能够导致冲突和军事对峙的泛滥。

因为随着少数国家经济势力的日益增强,在冲突的开始阶段,人们业已观察到国家间不可避免的最高程度的对立冲突。因此,上述情形愈加得到强化。于是,就产生了如下问题:具有袭击性质、有打击目的并且的确起到这种效果的原材料禁运,或者骚扰运输航道,是否违背了国际法章程?在政治经济化和相互依赖的经济从属时代,供给安全成为举足轻重的安全政策因素。

我们还可以从如下情形观察到对本国权力手段的另一种正当化,即不存在任何能够确保和平的上一级权力,包括联合国组织这样的形式。因此,在施米特看来,特别重要的是,不带"新的归罪"去定义符合各自安全政策整体局势的"新友谊线"。①一刀切地唾弃使用军事权力手段,并不能限制战争和武力的使用,这也是下文所要谈的。相反,通过与局势相符的"友谊线",即精确定义的利益和势力范围,对冲突的地缘定位才能够防止冲突进一步升级。

施米特认为,约束武装冲突的手段是,在法律上赋予使用政治和军事权力手段的可能。相反,从国际法来复兴"正义战争",将会导致完全解禁和释放战争,即导致 bellum omnium contra omnes［所有人对所有人的战争］。在施米特看来,任何具有普遍诉求的世界和平方案,必然会因为政治现实而失败。他说:

---

① 施米特,《大地的法》,305。

……奥古斯都大帝的世界和平,并没有了结战争和内战的残酷。君士坦丁大帝的世界和平也没有维持很长时间,因此,二者都不是真正的和平。……上帝之城的奥古斯丁式和平能够做到这一点吗?基督教教宗和恺撒以及二者所认可的奥古斯丁式和平神学的一千年,同样是战争和内战的一千年。①

---

① 施米特,《政治神学续篇》,页 190 及以下;亦参 Th. M. Menk, *Gewalt für den Frieden. Die Idee der kollektiven Sicherheit und die Pathognomie des Krieges im 20. Jahrhundert*, Berlin, 1992。

十 科技空间革命

[146]如我们所看到的那样,地缘政治空间革命的进程是从"陆地"到"海洋",再从"海洋"到"天空",最后再到太空。在《陆地与海洋》一书中,施米特首次分析了民族的、超逾领土界限的、新的人类生存秩序。在航空和以此为条件的第三次空间革命——这次革命克服了"根据陆地和海洋来划分的战场的空间图景"——之后,[①]航天导致了第四次空间革命,此次革命的进程只能在轮廓中得到预见,它将会影响和改变大地的法。原则上,借助基于太空的卫星通讯,全人类都可以取得联系,也就是说,人类在全世界范围内、以同样的方式、在地球上任意的角落都可以取得联系。导航卫星被用于通讯和监视国际民航与航运交通。卫星勘探着陆地、海洋、被积雪覆盖的区域以及大气层。借助这种方式,异国领土事关生存的政治和经济利益变得清晰可见。矿物储藏和作物未来的收成,都可以得到勘察,这可以为这些手段的掌握者带来经济利益,为远程勘察的对象带来弊端。以法律为秩序的领空主权,抓不住借助各类航天器对他国疆域的勘察行为,这些航天器的解析能力之高,足以拍摄到陆地空间任意一点上的细微图

---

① 参施米特,《大地的法》,页292及以下。

像。[1]主权概念的意涵变得更为含糊。从这个方面来看,不受限制的主权仅仅具有如下权力,即对最新的技术前景的支配。借助预警卫星,人们可以实时地监控敌方导弹基地和核潜艇的作战范围,并能够通过这些卫星,按照路线并持续地观察特定区域。能够控制世界范围内航船活动的卫星,为协同调配海战装备来应对行踪不定的海上舰队开启了新的可能性。

可以预计的是,21世纪初,[2]人们会利用超音速飞机和跨大气层的运输系统。尤其在美国,诸多研究的方向是采用以太空为基地的导弹防卫传感平台与动力导弹和激光武器的武器平台。除了建立空间站之外,他们也在不断开拓其他地外星球。机器人将会装备并修理这些空间站,并会被用来获得星际间的原材料。[147]基于大多数太空科技,包括载荷系统的"两用"能力,近地太空会被用作军事用途。鉴于这个原因,科技上不相上下的对手之间激烈的冲突,将会不可避免地在太空中展开,因为对他们而言,关键是要毁灭对手的卫星设施。卫星能够分辨出舰队的具体位置,并可以将反舰导弹引向目标,关闭这些卫星就成为激烈冲突开端的首要任务。

施米特的安全政策和战略理论思想着眼于陆地性与海洋性的对立,这种对立对于人类生活方式的发展是基础性的。以前,一国的世界力量地位依赖于通过舰船主宰海洋和舰队据点网络;如今,世界强国的地位则与太空的权力与势力政治装备紧密联系。只有那些支配着卫星和空间站的强国,且只有当它们有

---

[1] Vgl. K. Kaiser/S. Frhr. von Welck 编,*Weltraum und Internationale Politik*,S. 17ff.

[2] [译按]本书写于1996年,作者对21世纪的许多预测已成为现实。

能力以相应的运输系统占有太空,控制并在经济上对其加以利用,并以获得的知识相应地垄断它时——只有这样的强国才能在星球时代获得世界强国的地位。这一世界强国地位最明显的标志就是,不仅有能力发送无人系统或者机器人,而且能够将人类送入太空。出于太空的历史重要性对太空的占取、主宰以及利用,如今已经替代了当初对海洋的占取和利用,也替代了围绕主宰各大洋而展开的竞争。虽然我们仍然处于需要作出开拓贡献的开端,但是,这种最初的占取,比如,人类登月或者从经济上对太空的多种利用方案,已产生诸多问题,并将导致未来太空秩序的冲突。20世纪下半叶,星球大国的标志将是对宇宙和火的主宰、太空航行的能力以及对核武器的占有。由此,试图垄断两个领域的意图就得到了解释,也解释了新兴强国为何试图突破这些垄断。

任何政治生存秩序和空间秩序都是由上文勾勒的法的进程——占取、分割、养育——创造的,这是施米特根本性的认识。此外,人类向太空的进发,也由法的范畴所决定:人们占取、分割、以各式各样的方式利用太空。相反,法的进程永远都与地球和人有关,

> 不管多么疑虑重重,您可以把解放了的科技运用到宇宙中去,就我来说,您也可以尝试制造一个空间飞船,从我们居住的这个星球出发,在宇宙中漫游。……全新的历史召唤由此诞生的新的空间,但它一定是位于我们的地球之上,[148]而不会在宇宙之外。①

---

① 施米特,《关于陆地、海洋与天空的对话》,页126。

即便人类不断奋力逾越空间界限,人类迈向新空间的最终目标,仍然是不断发展的大地的法。在施米特思想中,人们向太空的迈进与变得狭小和紧密的世界相一致,星球思想则与地球上任意地点都被纳入联系和变得公开相一致,星球的开拓性成果则与利用现代通讯工具而一体化和全面组织化的世界大众社会相一致。地理位置和空间以及无论任何地方的政治发展,都会引起那些具有在世界范围内进行权力和势力投射能力的国家对星球的兴趣。由此,区域安全政策便获得了内在的星球特征和关联,小至中非的部族战争,大到小国和中等国家的核武器军备扩张。政治上弱小和不稳定的安全政策参与者,比如早期的第三世界国家,愿意将西方自由主义宣扬的——不仅仅被视为理想——自由、平等看作本身已经实现,在这一点上,这些参与者的思维是星际性的。

鉴于有限的资源、因人口增长而变得逼仄的人类生存空间以及地区之间日益增长的贫富差距,西方普世主义与为全球所有人谋福祉的愿望之间、法律上的平等与物质上的平等之间、政治自由与无限制的消费活动及繁荣之间的事实关联和相互作用,正是当下冲突也许也是未来冲突的源泉。为所有人谋福祉的动机和全球再分配的前景——世界上愈来愈多无财富、无希望的人们表达了这一期待——不仅促使人们移民,而且促使他们建立新的国家、采取政治极端行为、在宗教上成为激进主义者、重温民族和神话传统、推动现代化,以及渴望在世界现有的武器科技中达到平等。民族主义和宗教激进主义等新的安全政策现象,从核心来看,有助于各种势力在世界未来的分配和再分配冲突中进行集中。它们是新的势力集中的推动因素,而非妨碍因素。

现代安全政策的特征一方面在于保持福利和财富的经济优势,另一方面在于渴望克服世界上的经济和社会不平等。在这些相反的目标中也可能存在妥协。[149]与之相反,冷战之后原则性的分界线和新的友谊线及敌对线的飞速发展,已经变得不可忽视。由于世界社会的信息渠道是平等的,并且凭借媒体和现代通讯手段取得的世界范围内的效果也是平等的,极端的星际不平等背景下,原则上会出现相同的人类动机、愿望、预期,尤其是相同的图景。保持并取得经济增长、大众福利、自由以及消费,符合以经济为基础的世界社会的全球化预期。这些是北美、欧洲以及亚洲等地区安全政策的权力和力量状况变革的决定性动机。变革的空间革命手段包括,科学与技术、太空探索与太空航行、人类文化和文明的进一步发展以及以和平或非暴力方式推行安全政策目标。

从科技上看,我们正处于工业时代的末期和信息时代的关口,对于历史-政治世界而言,这是一种类似于第一次或第二次工业革命那样的分期。详细来看,新时期的特征包括了信息技术工业,比如半导体、电脑、消费电子设备、电子通讯、工业自动化、药物电子和汽车电子,未来的生产和劳务信息化为上述产业提供了保障。生物工业和基因技术使人们有能力影响人类,并从根本上改变人类的生存和命运。借助新材料工业,比如高效能合成物、精微陶瓷、高效能玻璃,人们将会独立创造出自己的材料。新的能源系统和形式,比如太阳能、核聚变能、地热能、风能以及燃料电池,将会终结人们对传统资源的依赖,并创造出新的依赖性。新的环保技术有助于保持增长的生态基础。太空探索和太空航行使人类进入新的空间成为可能。经济的未来寓于这些新的高科技和高级工业中,它们革命性地触及人类所有的生存领域。已经展开的围绕世界范围内科技领导地位的斗争,聚焦于这些关键的战略性科技。西方工业国家只有利用教育、基础设施、赋税和经济政策的整体战略方案方式,才能促进上述新工业的发展。

未来,占有战略性高科技,比如现代信息技术和新的材料技术及能源技术,将会决定一个国家的安全政策前景。信息科技开启了新的战略可能性。[150]在传统战争开始之前,电脑病毒和设定好的软件程序就可以使敌方的通讯中心和联系以及整个运输系统完全陷入瘫痪。冲突中散播的假情报程序,可以在敌方民众中间起到主导信息的作用,并在政府与人民之间造成脱节。信息时代的军事软件程序就是"特洛伊木马",它们能够在预设的时间点造成功能瘫痪,从而夺取敌方的领导能力。有目的地使用电磁脉冲,会使电子通讯系统的数据流失效。"信息战"和电子战场的非血腥手段,促使科技上势均力敌的国家在对战中,在以传统武力形式交火之前就能分出胜负。倘若信息主导了某个地理空间,那么,它在战略上就已被"占领"。

政治和军事权力及能力的显现程度,正在成为全球性新型关键科技的功能。因此,从社会政治层面来看,由于新的科技前景,世界业已变成信息社会,并且成为一个"全球村"。日益逼仄的星球上日益增多的人类变得愈发网络化、电缆化。通过卫星,人们可以不受限制地获得存储在数据库中的任何信息。于是,信息成为一种商品,同时,也成为既能够提供保护又能够制造毁灭的准军事武器。选择性地传播基于卫星的信息,能够成为影响既存军事力量关系的有效武器,而不会产生传统的军事干涉。对信息的主宰可以限制并动摇一个国家的主权。[①]现代

[①] 比如,法国卫星拍摄的切尔诺贝利核反应堆公开之后,迫使前苏联更改核反应堆事故的官方版本,参 W. Wriston, Technology and Sovereignty, 见 *Foreign Affairs*, 1988/89 冬季, 页 63 及以下。

科技的发展速度也表现在对太空的"占取"上。从1957年史波尼克危机到1969年登月，再到1981年首次太空航行，这个时间段太过短暂。如果说，从发明电话到量产之间的时间超过了五十年，那么，晶体管的发展就只用了五年时间。通过现代电脑技术支持的信息处理，人们可以进一步不受限制地获得信息，这一途径及其商业利用不可能被限制在国界线之内，它们将不可避免地引发全球性的科技交流。军事上可利用的高端技术的激增是信息和物质交换的必然后果。[151]有核国家的数量也将因此愈发增多。

现代武器系统在质量上的大幅提升也提升了——在精确打击、目标反应以及快速性方面——武力冲突的可能性。预防武力冲突就成为安全政策的首要任务。当安全政策竞争者在武器科技上愈发平等和一致时，人们就必须既要考虑到"外科手术式的"第一次打击，也要考虑比如利用大规模杀伤性武器进行的威胁和报复行为。

技术的平等也包括冲突状况下平等的受伤、平等的风险、平等的损伤。在世界范围内信息和武器洪流的背景下，基于科技的无懈可击——如里根政府1983年3月的星球大战计划——是不可能的，[①]而短期可取得的技术优势，却可以挑起迅速的预防性军事行动。由于现代武器的激增不可避免，在使用大规模杀伤性武器的条件下，"低强度冲突"，即低于完全爆发的战争强度的武力冲突，会导向冲突升级，这个可能性在不断增加。太

---

① 最后一次海湾战争表明，单单为了抵御一枚伊拉克飞毛腿导弹，就需要发射三枚爱国者导弹。高速的中程导弹（老式的美国潘兴2式）、哈德斯、SS23、巡航导弹，或者作为"终极手段"，通过恐怖分子的核武器"背包式炸弹"偷袭战略导弹防御，都大大限制了"反扩散"的可能。

空的科技前景将会使人们更倾向于使用武器，尤其因为这里相互对立的首先是高端技术武器系统，而非军队中的士兵。战争冲突有可能会去地域化，这体现在太空中。现代武器科技不仅提供保护，而且同样造成毁灭。作为武器本身，现代武器将证明自己是荒谬的。

> 通过技术，一切变成了武器，然后又不再是武器，而是纯粹的消灭手段，不再像武器那样是权衡力量的手段，而成为消灭一切值得消灭的事物的手段，这就是（醉心于技术的人类的）技术的命运。[1]

飞速的科技发展在打击范围、命中精确度以及效果上，将会使核武器及常规武器取得显著的效能。核武器同时也丧失了战略意义。地表范围的解析能力、实时的信息传输和处理，[152]以及所谓"射后不理"的智能武器系统，使科技优势和支付能力成为战况评估的战略要素。它们在战争爆发之前就已经决定了胜负。第二次海湾战争是科技发达的军事同盟首次与"第三世界"科技欠发达国家之间进行的较量。反伊拉克同盟的科技优势，使得通过空军对敌人进行垂直碾压，瘫痪伊拉克重要指挥和武器系统、军事基础设施成为可能。

科技的发展之所以不会受军备监督的控制，是因为这种监督只是有侧重地考虑和检查武器的数量，但是远远未能顾及其质量上的特点。战略和常规的军备监督甚至会沦为科技进一步发展的工具，其方式是限制、裁减、废除过时的武器，同时以少量

---

[1] Carl schmit, *Glossarium*, S. 40.

在质量上更佳的武器替代前者。

在仍需分析的种族-文化冲突线的背景下,当下和不远的未来决定性的安全政策问题是,预防对军事有用的高科技的扩散,尤其是那些直接威胁"西方"国家安全的武器。[①] 随着苏联解体和新国家成立的浪潮,出现了所谓的核武器的合法扩散,这些核武器曾经被安放在前苏联各个共和国的短程系统中。对于这些核武器,只存在局部的监督。俄罗斯、乌克兰、白俄罗斯、哈萨克斯坦等国都占有战略核武器。前苏联南部地区存在的种族问题,以及成千上万失业的核科学家和技术人员,都加大了核武器进一步激增的可能性。

然而,预防武器扩散的意图在世界各地区遇到越来越大的阻力。是否拥有 ABC(译按:即核、生物、化学)武器,决定了西方战略优势是否和多大程度上可以得到平衡。非西方国家的军备扩充,所表达的是对尊重和平等权利及前途的渴望。自信的非西方文明愈来愈多地成为国际舞台上自信的安全政策参与者。

---

① Vgl. J. E. Nolan, Ballistic Missiles in the Third World – The Limits of Proliferation, in: *Arms Control Today*, 1989; ders, Missile Mania – Some Rules for the Game, in: *Bulletin of the American Scientists*, Nr. 46, 1990.

十一　武力的升级

[153] 倘若人们将战争冲突定义为"真正的政治工具"和"政治交往的延续,以其他手段展开的政治交往",并且将战争理解为至少两种政治意志借助武力手段展开的冲突,那么,按照这个定义,我们正生活在一个战争时代。① 因此,徘徊在相对和平与经典战争景观灰色地带的是这样一种现代状态,它并不是宣战状态,并且更多地存在于国家内部而非国家之间。在这种中间状态中,中央调配的武装军队将会相互对峙,作为至少两种竞争性政治意志的表达,并且以武装观望甚或投入斗争的所有可能方式,将对立的战争方案或者战略化为现实。因此,现代冲突的主要类型是,内战各派系之间相互的和(或者)反对各自政府的国家内部的武装对峙,通常情况下都是在利益第三者参与下的国际干涉。

现代战争的主要形式是,主要受种族和宗教推动的反政府战争,这种战争一直以来都具有国际的维度和星际的特征。然而,国家间的战争则是个例外。国家间战争的类型从晚近的战争冲突来看,包括美国与巴拿马(1989年12月24日)、马里与布基纳法索(1985年12月21日至31日)、伊朗、伊拉克之间的战争,由世界上四十多个国家以武器和物资支持的第一次海湾

---

① 克劳塞维茨,《战争论》,页30。

战争(1980年9月22日至1988年8月20日)、伊拉克和科威特之间的战争(1990年8月2日至4日)、第二次海湾战争(1988年1月17日至2月19日),以及1979年至1988年之间的中国对越自卫反击战。与此相对,近些年的其他战争冲突,都是国家内部的反政府战争或者由种族和宗教推动的国家内部冲突。如今,世界上正在进行的至少有49场这种类型的战争。[①] 此外,世界范围内有越来越多的突发起义、暴力骚乱、南美和中亚地区的类军事毒品战争,准军事组织犯罪和国际恐怖主义也在全球范围内泛起。

如今,欧陆对岸的非洲腹地上以及一系列北非海岸和国家,正进行着由种族-宗教因素推动的冲突和内战。[154]自1992年以来,安哥拉"争取安哥拉彻底独立全国联盟"(UNITA)的反政府战争已经造成五十万人死亡,利比里亚和索马里等国多个对立组织之间的内战,以及卢旺达和布隆迪的胡图族与图西族之间的部落战争,同样造成数百万的死亡。另外,阿尔及利亚以武力镇压了激进主义的多数派"伊斯兰拯救前线",自从1992年该派系被禁止以来,激进主义者与政府间的战争大约造成四千人死亡。埃及的激进主义穆斯林教徒则试图以恐怖袭击去动摇政府和国家的统治。"莫桑比克解放阵线党"(Frelimo)和"莫桑比克全国抵抗运动"(Renamo)之间常年内战,大约造成一百万人死亡。自从1983年引入沙里亚(Scharia)教义,苏丹地区敌对党派之间的宗教内战如火如荼,这些党派同时也与

---

① 在这里,战争被定义为两个或者多个武装部队之间武力的、有中央指挥以及持续性的冲突,其中,必须至少有一方是"常规"力量(军队、准军事的编队、警察等)。

执政党对抗。尼日利亚有发展核能的野心,同时,国家内部穆斯林和基督徒之间的区域冲突也不断。同样有心发展核能的利比亚与阿尔及利亚、乍得、尼日利亚以及突尼斯之间的边境冲突也未曾停息。利比亚是非洲地区的不稳定因素,它试图颠覆其他国家(如贝宁、冈比亚、塞拉利昂以及苏丹等国)。

对于欧洲而言,巴尔干地区是最危险的危机来源地,它对于未来的冲突具有典型意义。因为,波斯尼亚与黑塞哥维那之间的直接冲突背后有着复杂的利益第三者结构。这一冲突极有可能升级为广泛的巴尔干战争,这场战争会将土耳其、希腊、阿尔巴尼亚、保加利亚等国牵扯进来。与种族灭绝、种族驱逐以及种族"清治"相伴随的武力陆地占取,正在欧洲的巴尔干地区复苏。

"大起义"(Intifada)以及国家内部的阿拉伯人武力冲突,都在动摇着以色列。虽然存在和平条约的规定,以色列与阿拉伯世界的关系在根本上仍然充满冲突。叙利亚因为在近东和中东的强权政治利益而支持库尔德工人党(PKK),该党派在土耳其东部进行游击战争,伊拉克与伊朗也参与其中。

如今,在前苏联地区,已有204场种族-领土冲突,重点在高加索地区和各中亚地区的共和国。① 车臣地区的斗争暂时是主要的冲突战场。种族-领土、文化以及宗教等对立,为武力冲突的可能性提供了土壤。在俄罗斯南侧地区的诸多区域冲突中,土耳其、伊朗等"利益第三者"愈加受权力政治推动而参与

---

① A. Fadin, Spasmen der Gewalt. Der soziale Sinn der postsowjetischen Kriege, in: *Blätter für internationale Politik*, Juli 1993, S. 844ff.

其中。[155]这些冲突的一个特别现象是，独立行事的"军阀"日益将武力私有化，这些军阀使人想到昔日的中世纪军阀和武力自卫等事物。

迈向区域大国和核强国之路的印度，正在对北部旁遮普、克什米尔以及查谟等地区的独立运动发动战争。曼尼普尔邦和北方邦等地区活跃的游击队活动得到巴基斯坦的支持。早在1986年，印度和巴基斯坦就一度走到核战争的边缘。巴基斯坦与印度的冲突，核心上是穆斯林与印度教徒之间的宗教对立。自从苏联从阿富汗撤军，多个圣战者组织便为了争夺国家的权力而兵刃相见。种族斗争线分开了北部由巴基斯坦支持的乌兹别克人和塔吉克人与西部由伊朗支持的阿富汗人。巴基斯坦支持下的乌兹别克人和塔吉克人，希望建立独立的普什图尼斯坦。在缅甸地区，许多种族游击队组织为了独立而战，一些游击队活动从泰国采取行动，也得到泰国的支持。此外，缅甸还面临着一系列私人军队的问题，即所谓的"毒枭"。尼泊尔与不丹之间也存在日趋严重的种族张力，这导致了20世纪90年代初期十万尼泊尔人流徙。在柬埔寨，红色高棉游击队组织仍在不断行动。他们最近一次屠杀越南移民是在1993年。印度尼西亚在东帝汶和西伊里安也面临着各种武装独立运动。苏门答腊北部针对自由亚齐运动的战斗使五千人丧生。菲律宾地区针对共产党反抗运动的武装冲突，在过去的二十年间已使大约六万人丧生。如今，越南有着世界上人数最多的军队。它在过去相继入侵了中国和柬埔寨，并且支持泰国的游击队活动。

分析1945年之后的国际关系，我们会看到，1945年以来，世界范围内180余场战争几乎毫无例外都发生在"第三世界"。战争冲突的数字在1945年之后明显上升，50年代每年平均有

12场战争,[156]60年代为22场,70年代为32场,80年代则为40场。

1985年至1992年期间,世界范围内打了68场战争,我们可以将其分为以下三类:

一、57场反政府战争和国内战争;

二、9场国家间战争;

三、2场去殖民化战争。①

1992年至1993年,世界范围内大约有71万7千人在战争中丧生,5万人在所谓的达不到战争冲突标准的"低强度冲突"中丧生。严重的侵害人权行为包括受政治驱动的屠杀、驱逐、酷刑以及任意监禁。根据基本的5分制标准来看,1980年至1991年的暴力指数从2.71上升到了2.93。②

国内反抗的武力形式在研究的两个时间段(1945—1949和1985—1989)内,增长了四倍,公共骚乱和起义也同样如此。

在世界范围内的233个被研究的政治组织中,35个利用了恐怖主义手段,79个利用了游击队战争和内战形式,其中,37场战争的延续时间超过15年,它们无一例外都在第三世界进行。由于这些原因,当然也有经济原因,世界上如今有1亿人背井离乡。对于世界上正在继续的大约一半武装冲突而言,种族－民族对立是独特的决定因素。如今,全球范围内总共有200多个国家(1950年才60个)。世界上547个官方承认的民族中,有143个分裂为两个或者两个以上的国家。当代的主要战场就是

---

① Vgl. K. J. Gantzel/T. Schwinghammer u. a., *Kriege der Welt*, Bonn, 1992。

② Vgl. A. J. Jongman/A. P. Schmid, *Wars, Low Intensity Conflicts and Serious Disputes*, 1993。

曾经的"第三世界",即地球上的发展中国家,1945年以来,大约百分之九十的武装冲突都在这里展开。1991年的海湾战争也可被视为第三世界和第一世界之间的第一次武装对峙。

武装冲突的主要类型有派系内战和(或)反政府的国内战争,以及受种族-宗教推动的国内武装对峙。"战后时期"主要的冲突原因首先是领土冲突,其次是由于国内统治立场、意识形态或宗教对立而产生的冲突。其他的诱因则包括国际性的权力斗争、殖民地斗争以及为经济财富而形成的对立。[157]1945年之后,在冲突中抛头露面的有英国(76次)、美国(52次)、法国(45次)以及苏联(42次)。①

如我们看到的,对武力冲突的制约和限制,只有在中世纪的和平和法权秩序中曾经成功过。②后来,这些战争演变为教派内战和消灭战,在17世纪下半叶和18世纪至19世纪期间的古典"欧洲公法"中,它们再次基于新的法律条文基础而复苏。敌人成为iustus hostis[正当敌人],战争成为势均力敌的国家间的决斗,而这种决斗并不以消灭敌人,而是以承认其有争议的法权立场为目标。因此,在施米特看来,限制战争并非道德义务的表现,而是自身稳固的欧洲均势体系和与之相应的欧洲陆权和海权国家安全政策秩序思想的后果。这些国家在当时的国际道义上团结起来,并且在战争方面受到限制,这种限制既来自皇帝-教宗的权力,也来自共同的基督教信仰,此二者都制约武力冲突以防其突破限制,演变为20世纪的消灭战类型。随着19世纪

---

① P. Billing/A. Busch u.a., *Konflikte seit 1945*, Würzburg, 1991.
② 在施米特看来,"所有国际法的意义""都不是为了废止战争,而是为了限制和约束战争,即避免发生毁灭性的战争",参施米特,《大地的法》,页223。

末美国开始不断进行全球权力和势力投射,"欧洲公法"走向终结,这导致了"无空间、无秩序的规范思维"和国家世界无结构的混乱(同上,页228)。美国门罗主义的全球线"根据好与坏将世界分为两半"(同上,页277),[①] 将西半球与世界的其余部分分开,并奠定了要么孤立要么干涉的两难选择,这对于时至今日美国的外交和安全政策而言都是根本性的。避而远之的孤立和干涉性的趋近,是基于 iusta causa [正当理由] 的不同表现和普世性效力诉求,正当理由赋予"全球线"两边的干涉以正当性(同上)。

战争与和平之间的过渡变得平坦,概念的早期含义已经丧失,战争与和平不再是相互孤立的,

> 和平秩序的类型决定着战争强度的类型,[158]反之,战争强度的类型也决定着和平秩序。[②]

工业时代使列强之间的全面战争成为可能。由经济关系决定的和平秩序,会使经济竞争和经济与贸易战成为可能,经济与贸易战反过来促使政治及战争的经济化。

在战争学视野下,以最小的冒险来获取战利品和利益,成为开战的最一般的政治理由。此外,典型的战争理由也发生了变化,比如宗教和意识形态狂热、对政治自由和独立的争取或维持、对政治统一和安全的追求、经济竞争以及寻求改变或恢复"现状"的意志。

---

① 关于1823年门罗主义,参施米特,*Das politische Problem der Friedenssicherung*,第3版,Wien,1993,页4。

② 参施米特1940年10月30日报告大纲,*Europäische Ordnung und Europäischer Friede*,见遗产RW265–204/M6。

避免生存性的风险,并认识到保持"现状"比出于政治利益等理由去改变"现状"更可取,才是促成和平的最普遍的政治理由。除了对"现状"感到满意之外,还有许多其他维护和平的理由,比如对个体自由空间的维护、稳定的社会和经济状况、对充足的空间和生存资源的支配以及适度的人口发展水平。促成和平的决定性动因是,借助武力和战争手段似乎不可能获得成功,并且付出的代价过高。——这些是核战略或威慑战略所采取的准则。

十二　制约大空间中的武力

[159]鉴于核武器的不断扩散和核强国数量的日益增多，在限制战争问题上，核武器呈现出一种可能的典型"例外状态"。从上文勾勒的战争与和平理由的背景下，例外状态获得了独特的迫切性和现实意义。当政治上正在崛起的单位将大规模杀伤性武器的支配权用于实现政治目的，并迫使稳固的国家进行防卫或反击时，就会出现上述极端冲突形式的例外状态。一旦关系到生存性的政治目标，如被迫扩张的民族生存空间，或者关系到取得重要资源等问题，如水源，这样一种冲突可能性的非规范性就会上升。①

政治性的生物主义（Biologismus）和宗教激进主义，有可能与最为现代的武器科技的利用联合起来，这对愈发紧密和进步——施米特意义上的进步概念——的世界而言，也许是最大的挑战。于是，空间问题便处于中心位置，因为，我们必须把该问题与如下问题关联起来看，即正在朝着极峰发展的世界人口，以及对于安全政策而言至关重要的人口增多和减少现象。成问题的空间——被定义为对于有尊严的生存而言必要的场

---

① N. Beschomer, Water and Instability in the Middle East, in: *Adelphi Paper 273*, Winter 1992/93.

域——的实际问题,愈发动摇着人口自由增长的权利。[①] 对于生存而言成问题的空间问题,似乎既优先于法权问题,也优先于追问计划生育的道德评价。因为,只有在充足空间的地方,才有法权与道德的约束力。

从保障和平的问题来看,我们会从中得出三个结论：

首先,通过普遍的共识和在国际层面以法律手段调控生存资源及其经济利用和使用的途径,以这种方式来分配世界人口的份额是必要的；

其次,[160]资源和水源政策不能被用于国家权力政治的目的,因为这会动摇他国的生存,并且必然导致武力冲突的极端升级；

最后,只有永久地取消所有国家使用所有类型的 ABC 武器的权利,并制裁世界各国对此类武器的购买,才能应对大规模杀伤性武器的扩散。

所有三个要求被证明是保障安全的核心问题及限制战争的生存前提。在政治条件下,比如对立的利益格局、迥异的权力和势力状况以及对立的功利考量等,全球范围内对上述要求的实现让我们面临不容忽视的难题；此外,要实现这些要求,还隐含着跨空间的插手和干涉。停止人口发展、保障资源安全、控制大规模杀伤性武器的扩散,成为人类生存的核心条件。

只有在安全政策大空间内部,对上述目标的实现才是可以想象的。

正如既存同盟结构之外的武力升级所表现的那样,要取得

[①] 参 Wilhelm Schäfer, *Der kritische Raum*, Frankfurt/M., 1971, 施米特做了批注,见遗产 RW265-31/M2。

上述成就,集体安全体系(如联合国或者赫尔辛基协议或者欧安组织)面临重重困难。努力的结果将会是战争性的和平和处于战争与和平的中间状态。与此相反,只有在空间上明确的集体防卫同盟内部,走军事权力潜力多国化的道路,永久限制武力冲突才可以设想。共同的安全政策和文化大空间是同盟的基础。大空间的有效性及大空间的维持,符合所有安全政策参与者的整体利益。

相反,温哥华与符拉迪沃斯托克(海参崴)之间的普遍安全区是乌托邦,因为它与核心区域内的大空间原则相悖。由于它在空间上的延展无法得到控制,并且不同种族、文化及宗教背景的五十多个国家,有着不计其数的冲突和冲突潜力,所以这样的大空间几乎难以想象。与此相对,如果欧洲东侧分界线沿着芬兰、爱沙尼亚、拉脱维亚、立陶宛、波兰、斯洛伐克以及匈牙利东部边境一带和匈牙利与克罗地亚南部边境一带,那么希腊在整个欧洲大空间内部就具有了某种岛状的地理位置,这样一来,就会十分有利。[161]这一分界线东部是前苏联各个共和国的俄罗斯大空间,它们是政治、文化、经济以及在历史发展上截然不同的单位。

具体而言,承担温哥华与符拉迪沃斯托克(海参崴)之间安全区域的是两个同盟体系,他们将会以合作或者对抗的方式,决定欧亚大陆的未来空间秩序。只有在两个欧亚大空间内部和大空间之间,通过政治、经济、文化合作,对武力冲突的制约才可以想象,尤其是当两个大空间秩序共同的潜在危机在从马格里布至中亚的伊斯兰世界南侧一带具有威胁和扩张主义的特点时。

通过让国民放弃自主权,警告和惩罚破坏国家安全秩序的违法分子,从而垄断国家手中的权力手段,就可以在国家内部制约武力。与此类似,通过垄断武力、使各个国家放弃自主权、占有多国性的军队结构,也可以在政治大空间和同盟内部阻止可能升级的冲突。同时,大空间内部安全内聚力和一致性的程度,也是大空间在空间上具有可划界和可区分的结果。与之相反,一个政治大空间具有越大的空间范围,它所能提供的安全政策内容就越少,因此,它在所有关于安全和权力与势力投射问题上的效率就越低。

北约和华约组织都很大程度上成功地——当然,以不同的方式——阻止了各自大空间内部的战争。希腊和土耳其的战争(即便土耳其已部分占领了塞浦路斯)冲突,丝毫不能减少北约巨大的维和及稳定作用,占领塞浦路斯是大空间内部武力的陆地占取未带来严重政治后果的例子。通过北约组织,美国确保了对欧洲安全的插手,这虽然是为确保 pax americana [美式和平] 在欧亚大陆西部的安全政策发言权,但是同时也保护了欧洲免受民族主义再度泛滥和俄罗斯强势等威胁。

鉴于冷战后的安全政策局势,如下问题日趋显著:北约组织还能在多大程度上符合具体的和定位准确的空间秩序思维原则。仔细来看,如下观点被证明是有问题的:

一、[162] 从事实来看,常常声称的"民主价值共同体"和联盟的归属感,主要来自具体敌人的威胁,即苏联的威胁,而它今天已经分崩离析。

二、在北约组织当今的状态和结构下,或者随着美国越来越奉行孤立主义、美国利益向太平洋地区转移,北约组织有可能停滞不前,此时,北约对于欧洲安全的影响会被边缘化。

三、将中欧和东欧纳入北约地区与俄罗斯的安全利益不相容，会导致美国与俄罗斯主导下的欧洲在安全政策上产生新的分裂。

四、美国和英国实际上掌握主导权，同时北约国家当中仅有部分拥有该武器，鉴于这些事实，联盟内的平等受到妨害。一流太空强国和核强国美国的主导，一方面来自世界强国的安全政策领导意志，另一方面来自它在战略性侦察、运输、通讯手段等方面的实质性的能力，以及可用于实施跨空间作战可投射的军事技术。

五、北约协作区域主要针对的是大西洋，而非整个欧洲。因此，北约首先是保障美国大西洋对岸的稳固。鉴于来自苏联的威胁消失，北约安全政策向北部和南部轴线一带的转移，将会导致联盟内各国和海外利益关系的复苏，并使北约沦为美国推行世界霸权战略的工具。北约协定亟需解释的第四条，原则上允许了在北约框架内北约组织和各国活动在空间上的扩展。

六、从欧洲的视野来看，北约秘书长伊斯梅勋爵（Lord Ismay）所表达的联盟目标——"挡住俄国人，留住美国人，摁住德国人"——是成问题的。

[163]即便在冷战期间，限制武力冲突也被限制在两个竞争性空间秩序体系和核震慑的界限内，这种震慑可以迫使二者进行非和平或者非战争的合作。对新的大空间秩序和新的秩序与分界线的定义阶段，以及世界范围内势力范围的再分配，看起来是个开放性的，但大体来看轮廓已经依稀可辨的进程。

十三　全球维和的矛盾

[164]负责保障世界和平的机构是联合国,其法律基础是1945年6月29日的《联合国宪章》。[①]总的来说,该宪章允许为了重建和平而使用军事武力,这在武装侵袭的情况下(第51条)取决于个体或者集体防卫权的前提,在和平受到威胁或者破坏甚或受到侵略的情况下(第39至50条)则取决于成立安全委员会来决断军事制裁的前提。从法律来看,区域性的安全防御协定和机构,都以联合国的目标及原则为准,并执行安理会的民事和军事制裁决定。为了执行决议和采取措施,1994年,超过九万支联合国军队带着和平使命被派往全世界十三个冲突地区。

如今,超过一亿人由于危机而流离失所。联合国军事行动的数量和程度,反映了二战后战争和类战争状况在不断激增。世界范围内冲突意愿不断增长的原因,一方面在于正当性从国家层面转移到种族－宗教层面,另一方面在于国家的自主权被转交给国际组织。如下两种进程清晰地表达了这一趋势:一是不断蔓延的基于种族建立新国家,二是国际组织职能不

[①] 关于全球维和的内在问题,见 Th. M. Menk, *Frieden durch Weltlegalität*, 页401及以下;亦参氏著 *Gewalt für den Frieden. Die Idee der kollektiven Sicherheit und die Pathognomie des Krieges im 20. Jahrhundert*。

断扩展。此外，还有世界人口的"全球村效应"，现代通讯手段为全球人口提供信息，并愈来愈使之一体化。现代媒介会使人们意识到并看清主观上可感的弊端，激发见多识广的世界公民作出行动。另外，以这种方式，人们会清楚地看到——无论是地球"南部"贫民窟的还是富人区的——世界范围内的经济和社会落差以及区域冲突。对全球性贫富鸿沟的直接体会，既会激发人们保持并扩大现状，也会激发人们改变他们所认为的不义状态。

改变现状的愿望带来普世性的预设，如世界范围内的机会平等、重视人权以及针对北部和西部工业国调整资源。[165]因此，全球种族动员的正当性根基是由《联合国宪章》第一条确保的民族自决权，在安全政策现实中，应该在国家意义上解读该权利。因为只有作为国家，一个种族的群体才会成为国际舞台上的政治参与者，才能获得安全政策上参与政治的可能和在世界政治中发言的机会。这一认知不仅能够启发各种"现状"的维持者和捍卫者，还能够启发革新"现状"、以变革为目标的内战派系，以及各个参与的"利益第三者"。人类在全球范围内逐渐网络化，同时人口增长导致生存空间日益狭小，不同的原因又导致了兑现国际法和人权的普世要求，加之区域冲突（比如人口迁徙）通过大众媒体引起了全球性影响，基于这些原因，内部事务和国际考量之间的分野愈发模糊。区域冲突的国际化成为常态，导致了利益第三方力量各式各样的干涉，无论是经济－人道援助，还是维和行动，抑或有或者没有联合国委任状的武装干涉。所有干涉的共性是，各个参与者都有直接或间接的权力和势力政治利益。这一点可以从每个参与者的积极程度看出来。①

各方利益状况的意义最为明显地体现在俄罗斯人的行动中(意图接管前苏联共和国内部的和平使命),他们对于使用这样的工具还没有经验。我们也不能把美国在晚近的全球干涉行为完全看成强国全球责任感的表现,同样,法国在中非的"人道"参与,或者无足轻重的小穷国家意图在联合国框架内扮演世界警察的正常冲动,都无法仅仅用表面的政治无私精神来解释。②

国际法中自决权的矛盾——一方面作为改变现状的权利,一方面作为保持现状的权利——带来了两种根本不同的正当性,它们在全球范围内争取被认可和得到贯彻。[166]在这一进程中,改变者不会成为保持者的朋友。无论是"军阀"和民族运动,还是独裁者和极权政治体系,以及利益第三者国家,都利用限制国家内部自主权来贯彻其在各个区域的利益。在这些对于国际法而言关键和复杂的问题中,倘若人们想要在安全政策问题上有所作为的话,就不可能绕开具体利益状况中有意识的政治决断。因此,在行动情境中作出这样一种决断,永远都是一种反对某事的决断。即便在一方获利一方受害的局面中极其无私的行为里,同样有这样的决断。故而,联合国向某个冲突地区派遣非武装的观察员,通常有利于那些意图保持现状的一方,而

---

① 关于这方面富有启发的研究,参 T. J. Farer, An Inquiry into the Legitimacy of Humanitarian Intervention, 见 L. Damrosch/D. L. Scheffer 编, *Law and Force in the New International Order*, Boulder, 1991, 页 185 及以下。

② Vgl. L. Elliot, The Poor on Hire for Global Policing, in: *The Guardian*, 28. May 1994 ; B. Clark, Idealism gives way to Disenchantment, in: *The Financial Times*, 19. April 1994.

不是有利于意图激烈改变现状的一方。因为,联合国派遣的非武装观察员,不仅被武力行为吓得不轻,而且作为可能的人质,他们会保证——至少在短期内——联合国不会扩大值得严肃对待的措施。于是,无论是出于有心还是无心,观察员帮助了那些维持现状者。此外,保护人道物资向先前"种族清洗"驱逐区的援助运输,也使得冲突一方违反国际法的行为正当化。针对所有冲突者的武器禁运,更有利于拥有充足储备并且有规避禁运的陆路和海路的一方,就此而言,处于劣势的一方则大受其害。武器禁运会损害《联合国宪章》中规定的反对侵略者的自卫权。在某些种族被武力驱逐到的地区建立"安全区",进一步使冲突中违反国际法一方的行为正当化。

今天,联合国的核心问题是:

一、如何成功地避免个别安全政策参与者利用联合国?

二、鉴于将和平使命付诸实践,联合国要借助什么方式、程序以及参与形式,恰当地处理新的种族-宗教冲突?

第一个问题的目标是为了联合国的正当性,即需要确定的多边决断途径,不仅要避免滥用权力,还要使各国利益政治最小化。只有全球主导性的政治和经济强国在安理会占据常任位置,在这一问题中才有可能建立基于具体秩序思维的正当性。[167] 只有这样,个别强国在安理会的主导地位及其基于1939年至1945年战争冲突一直以来对安理会的霸占,才会朝着有利于新的权力政治格局多元性方向改变,而多元性会有利于现实格局。

第二个问题具有技术操作性的特点,在这里关键是要提高联合国军队的机动性和威慑力,使他们能够成功执行和平使命。这就提出了建立一支永久可用的统一军队的问题。

对于联合国未来在全球范围内执行"警察使命"而言,具有重大意义的还有另外一个情况,这是全球范围内的武力和联合国行动激增所暗示出来的,即军事高科技和大规模杀伤性武器的不断扩散。针对冲突各方,以人道、创造和平、维持和平的方式执行的和平使命,只有那些具有军事高科技的参与者才有可能成功地做到。这尤其适用于《联合国宪章》第七章所有强制和平的措施,即拥有联合国委任状而采取的战斗行为。①

倘若伊拉克具有核报复能力的话,1991年的第二次海湾战争也许就不会发生。此外,科技上占优的联盟和科技上处于劣势的对手之间的战争过程也表明,只有一开始就能够使国际联盟(在此次海湾战争即联合国)以高风险陷入冲突的国家,才可以对该联盟造成挑战。战争不经意地向意图改变安全政策"现状"者表明,对于他们而言,武器上的平等和占有长距离弹道导弹是必要的。

现代武器的激增似乎不会因为国际、经济、民事、军事等纠缠和利益而止步,随着它不断的扩散,"世界警察"的风险也不断增加。如果推行国际法首先意味着承受不可挽回的损害和损失,那么,这些"警察"就不再能被人接受。因此,抛开利益格局、内政上的顾虑、迫切性、成功前景、风险以及延续性等因素,在联合国框架内推行国际法,将与武器科技和工业上占优的国家的垄断地位息息相关。而拥核国家的数量越来越多和核物资的非法运输,恰恰动摇着这一前提。[168]只有稳固的核强国的参与,全球范围内裁减和管控大规模杀伤性武器的愿景才可以想象。由

---

① B. Boutros-Ghali, *An Agenda for Peace. Report of the Secretary Genera, United Nations*, New York, 1992。

于科技进步具有内在的侵略性,所以出现了更为有效的和"智能的"反制武器,而人们要求国际社会放弃核武器,又使得它们变成科技占优的国家的手段,这些国家借助这些手段,拒绝赋予未来的发展中国家以武器的平等和安全政策选择上的平等。

在这个语境中,施米特的批判性问题就显得很在理并且具有现实性,他曾说:

> 难道我们要设想一番联合国的全体会议吗?或者至少设想安理会的一次会议,设想它像1789年8月4日夜晚的会议那样进行,特权者在会议上郑重其事地放弃了自己的封建特权。……难道超级大国应该放弃他们的霸权优势及其根基吗?这些根基扎根何处?核物资会被一干二净地沉到大洋深处还是被运往月球?无论大国还是小国,他们难道会毫无保留地向世界泄露一丝生产的秘密吗?他们难道会打开档案库,将秘密档案公之于众,以便把人类迄今为止的敌人送上伟大的世界法庭?①

如果将核武器托管给联合国安理会,这就意味着,少数国家占有这类武器是正当化的事实。考虑到各自的国家利益格局和风险,他们在必要情形下会决定武器的授权使用。

联合国有可能会被利用这个问题似乎是无解的。1991年解放科威特时——如《联合国宪章》所规定的——安理会并没有可以用来派遣到战场的军队,相反,联合国只是授权它的成员国采取一切必要的措施,取消占领科威特这个与国际法相悖的

---

① Carl schmit, Die legale Weltrevolution(1978), S. 338.

行为。"专门"组建的反伊拉克联盟在美国的统一领导下，凭借不受任何国际组织政治管控的"正当性"，执行了代号"沙漠风暴"的作战行动。从根本上看，此次海湾战争是一次美国行动，尽管许多国家参与了进来，但是它们无法制止这次行动，或者说无法从目的上改变它。美国于1992年在索马里的行动和1994年对海地的干涉，也获得了同样形式的"正当性"。同样，法国于1994年夏在卢旺达、俄罗斯于同年在格鲁吉亚的行动都有类似的"正当性"。这次行动尤其使俄罗斯通过联合国授权再次将格鲁吉亚纳入掌控之中，并且使其对《海地决议》的支持与干涉格鲁吉亚挂钩。在上述所有情形中，联合国都在被利用，尤其是因为，[169]它在制度上没有能力对区域危机点采取军事行动。

冷战期间，联合国通常是不起作用的安全工具。在柏林危机中，在1953年的柏林大起义中，在1956年苏联占领匈牙利和1968年苏联占领捷克斯洛伐克中，联合国扮演的角色更像是个看客。古巴危机被视为美国和苏联之间的一场双边事件。

在过去的岁月中，联合国既无法阻止危机，也无法阻止战争。即便在侵略情况下，它作为一个组织，也无法以武力抵制。某些成员国——尤其是美国——过去曾经且将来也会，在无论有还是没有委任状的情况下，为了所谓的世界共同体利益而主导一切。即便在不断投入干涉部队的情形下，也总是个别成员国提供部队兵源、支付资金、在国家主权问题上决断是否授权使用。联合国成员国决断是否授权使用，与各个国家的利益格局息息相关，同时也与军事行动可预见的或不可预见的成功、职责的终止、内政的顾虑以及民众的接受等挂钩。

联合国的困窘体现在，多边的政治管控虽然使得某些举措的正当性更为可信，但是在危机情形中却阻碍了快速决断，极大地降低了世界组织的效率。鉴于区域冲突在世界范围内与日俱增、没完没了的商量和推延决断，任何安全政策都会行不通。作为大国的美国也有着类似的困境。虽然美国总统是军队的总司令，但是，只有议会才有权宣战。美国对问题的解决是《战争权力决议案》，该法律赋予总统两天的辩护期限和六十天动用军队的限制。在这六十天战争与和平的过渡状态中，可以颁布许多安全政策文件，这些文件需要得到议会的进一步批准。然而，这种对于国家权力和势力投射而言绝佳的模式，却无法被复制到集体安全体系中来，比如早期的国联、联合国以及欧安组织。虽然这些机构能够通过相互之间的管控机制，通过监控军事行动和其他塑造信任的措施，及时分辨清和平受到威胁的局势，并在开始阶段使其得到缓和，但是作为组织，这些机构并不能提供针对侵略的保护，比如基于共同利益格局的联盟所采取的侵略。此外，它们也无法共同反对潜在的侵略者，[170]或者通过相应的平衡力量均衡既存的威胁。

因为这个原因，而且由于被一战战胜国利用，国联也归于失败。尤其从法国人的视角来看，国联的主要目的是，长期削弱近邻德国，并尽可能提供反对德国的军事援助。1921年法国对莱茵兰的占领，在法国人看来，符合法国自身的安全政策利益格局。基于表面的国际法自主权，占领行为强烈地侵犯了无论如何已经受到限制的德国自主权。众所周知，对于1932年日本侵略东北或者1938年德国入侵捷克斯洛伐克，国联没有做出任何反应。国联仅仅对1935年侵略埃塞俄比亚帝国的意大利做出了原油禁运的决定。

总而言之，关于集体安全体系的政治效率，我们可以说，这些体系无法阻止侵略或者终止正在进行的侵略。相反，它们为各种形式的国家权力和势力政策提供了特许状和正当性。利用普世秩序观念服务具体权力政治目标的例子层出不穷，自中世纪天主教－经院哲学的普世性，到法国大革命的诸原则，再到美国门罗主义随机应变的律令，以至于一战末威尔逊总统的"十四点原则"等。后来的例子还有国联和《非战公约》以及威尔逊传统下的《大西洋宪章》(1941年8月)，后者对爱好和平和富有侵略性的世界国家做了非政治性的敌友区分，这导致了美国于1941年9月对德国采取海战，并使后来"对欧洲的十字军东征"正当化。1945年的《联合国宪章》和1979年的《赫尔辛基协定》，都是普世性目标的暂时终点，在安全政策实践上，它们继续被证明不具有约束力，只要它们没有被用来服务受利益引导的具体秩序思维。倘若各个国家，尤其是其中的大国一致同意只将武力用于阻止违法的武力，那么，联合国就成了多余；倘若它们不能达成一致，那么，联合国的安全保障又不能够起作用。

普世性国际法和安全政策原则的共性体现在，基于人性和无私精神的国际领导与权力诉求是正当的。道德范畴将替代或者遮蔽对安全政策和战略利益的理性评价，它们勾连并且混合了道德与权力政治、[171]国家理由和普世诉求以及宗教与政治。在现实和激烈的利益对立中，普世正当性之绝对诉求会导致冲突、武力和战争的全面升级。相反，如果冲突对象不是那么生存性的，那么，在冲突情况下，集体安全体系的安全政策利益一旦欠缺一致性就会导致的情况是：由于人们在对冲突派系的呼吁、在协商－外交斡旋、在徘徊于党派利益之间半心半意的措施中缺乏一致性，军事行动将会没完没了。

集体安全体系摇摆在两个极端之间：一方面是高度的非约束性，一方面是基础性原则的绝对化，以及由此而出现的对搅局者的排除。因此,世界范围内行之有效的集体安全愿景是以"整个人类的爱国主义"为前提,如施米特所言,从历史－政治性的世界经验来看,它必将导致最高程度的不对称和不平等(同上,页336及以下)。如今,对未来具有指导意义,并且在安全政策上更具决定意义的是大国、G7国家以及同盟体系的协商和决议,比如北约和西欧联盟,它们基于共同的利益而有着高度一致性,目标是避免同盟地区内部的冲突,并且在势力区域内限制正在进行的冲突。

十四　政治与全球权力投射

[172] 国际外交,尤其是海权国家的外交,可以让人们看到全球权力和势力投射途径、选择以及手段的广泛可能性。除了经典的——无论有或者没有施压——游说外交之外,还存在好战的外交形式,比如"胁迫外交"和"使用武力的外交"。[1] 军事力量尤其被应用在后两种国际外交"交往"方式中,作为克劳塞维茨意义上的对外政策政治工具。[2] 抛开其作为邪恶外交(vicious diplomacy),[3] 也就是说"受唾弃的外交"这样的骂名不谈(同上,页2),这种胁迫外交(coercive diplomacy)概念总是以克劳塞维茨的名言"混杂其他手段,继续政治交往"为依据,[4] 目的是"迫使对手满足自己的意志"(同上)。正如克劳塞维茨已经认识到的那样,"我们必然强加给对手的胁迫,将会视我们和他们政治要求的大小而定"。胁迫必须顾及"手段上的差异性"、不同的"国家的局势和状况",以及"政府的意志力、特点和能力"(同上,页703)。

---

[1] J. Cable, *Gunboat Diplomacy 1919–1979. Political Applications of Limited Naval Forces*, London, 1981.
[2] 克劳塞维茨,《战争论》,页731及以下。
[3] Th. C. Schelling, *Arms and Influence*, Yale University Press, 1966.
[4] 克劳塞维茨,《战争论》,页731及以下。

这三个考量为预估将会看到的反抗、应使用的手段以及应该设定的目标等带来不确定性。(同上,页 703 及以下)

因此,胁迫外交是"某种强化的外交,是更为强势的协商方式"(同上,页 710 及以下),它在武力威胁和付诸武力等多样化的可能形式中包含了军事上有限的选择。

时至今日,外交和对外政策的胁迫形式,在权力和势力政治框架内已经丧失了现实性。克劳塞维茨在作品中很大程度上没有考虑由海军支撑的全球性权力和势力政治的战略可能性,[1][173]尽管它们在克劳塞维茨的时代对于大陆战争具有决定意义(1797 年圣文森海战和坎珀当海战、1789 年尼罗河河口海战、1805 年特拉法加海战与布雷斯特和土伦的封锁),在此之后,在 19 世纪末出版的《海权对历史的影响》一书中,美国海军上将马汉展示了海军战略非凡的可能性和局限,这是他的功绩所在。对于马汉而言,权力的军事投射之所以必要,是因为存在商船航行以及有保障地使用海外航道的政治意志。[2] 在分析 17 世纪英国与荷兰的海战时,他已经证明,一个国家的生存和在世界上的政治发言权,与它的海外贸易线密不可分。除了几次大的海战——1665 年洛斯托夫特海战(四日海战),1666 年北福尔兰角海战,1672 年索尔湾海战,以及 1673 年斯胡内维尔德和特

---

① H. J. Arndt, Clausewitz und der Einfluß der Seemacht, in: Clausewitz–Gesellschaft (Hsg.), *Freiheit ohne Krieg?*, Bonn, 1980; J. E. Tashjean, Clausewitz: Naval and other Considerations, in: *Naval War College Review*, May-June 1986, S. 51ff.

② A. T. Mahan, *Der Einfluß der Seemacht auf die Geschichte*, S. 21ff. [译按] 下文引用本书仅随文夹注原书页码。

塞尔海战——之外,马汉的方案中还给出了不同强度的权力和势力投射的例子,它们的现实性和安全政策意义,时至今日也丝毫未减。

一、1664年,也就是第二次英荷海战开始的前一年,一组英国中型舰队在非洲西海岸连破荷兰贸易据点,进而占领新阿姆斯特丹(即纽约;同上,页43)。

二、英国强烈要求荷兰人完全承认其在英国水域的自主权,同时要求荷兰人对所有英国战船行点旗礼。若不遵从,英国战舰将会开火(同上,页53)。

三、荷兰海军上将德·鲁伊特及其舰队向与英国结盟的法国舰队示威,以便令人信服地支持单边求和的外交努力(同上,页54)。

四、[174]18世纪初,英国舰队仅仅出现在太平洋和地中海就足以保证本国的贸易政策:

> 自1706年开始,我们每年派遣一支强大的舰队到海上和法国海岸。我们不仅在太平洋,而且在地中海都占有优势,仅仅亮出我们的旗帜,就完全可以驱逐他们。由此,我们不仅保护了我们与地中海东部地区的商贸,而且也巩固了我们同意大利君主们的外交关系。(同上,页87)

五、1718年俄罗斯与瑞典战争期间,英国的外交政策试图与法国结盟,以阻止俄罗斯在波罗的海地区的统治地位,以便未来畅通无阻地到达该地区的造船木材和船具用品产地。英国派遣舰队在波罗的海示威,以强调这一政治意图的严肃性,俄罗斯沙皇立即撤出舰船(同上,页95)。

六、在1725年的秘密条款中,德意志神圣罗马帝国皇帝对西班牙国王许诺,必要时会以武力支持西班牙对战略上重要的英国据点直布罗陀海峡和马翁港的诉求,而且俄罗斯似乎也在靠近这一联盟,这时,英国派遣舰队到波罗的海,以震慑俄国沙皇并使其打消内心的政策。同时,英国的另一支舰队出现在西班牙海岸严阵以待,另外一只舰队则封锁了南美港口波托韦洛,借以敲打西班牙国王:西班牙依赖海外贸易,而英国舰队控制着贸易通道(同上,页156)。

七、在马汉看来,1775 年至 1783 年美国战争的拐点是 1781 年 4 月,法国海军将领德·格拉斯领导舰队封锁切萨皮克湾,掩护了华盛顿向陆地挺进的部队。英国的海上突围战被击退,直至 10 月英国军队投降,封锁仍在继续(同上,页 156)。

八、[175]1780 年,波罗的海沿岸国家俄罗斯、瑞典、丹麦、普鲁士,组成了针对英国在波罗的海统治利益的北方同盟,随着 1801 年《吕内维尔和约》的签订,法国在欧洲大陆的主宰地位得以确立,二者对英国形成了生存性的威胁。英国在政治上决定突破北方同盟,以便在有利的条件下与法国协商和平条约。除了外交活动之外,英国在战略上通过针对波罗的海列强的"武装示威"实施了这一决定(同上,页 210)。1801 年 3 月末,英国舰队开到哥本哈根,几次小规模交火之后,尤其当尼尔森将军威胁击沉所有哥本哈根舰艇分队时,丹麦人做好了谈判的准备。英国舰队的出现造成丹麦内政上的混乱,导致丹麦王储被弑、停火以及丹麦接受退出北方同盟。5 月 12 日,尼尔森率领舰队到达塔林,以便给正在进行谈判的俄罗斯沙皇施加压力。1801 年 6 月 2 日,英国与俄罗斯签订和约,调解了所有具有争议的内容。 北方同盟解体之后,英国在半年后(1802 年 3 月 25 日)与法国签订了蓄谋已久的和约。

对于马汉而言,《海权对 1660 至 1812 年历史的影响》一书从经验上证明了全球战略理论的正确性。

即便在冷战期间、在核时代的条件下,也存在大量由海军支持的耀武扬威——作为国际政策和外交手段——的例子。

> 1981 年 9 月,上百艘军舰演习"西方 81",最终以在波兰门前的大规模水陆两栖登陆和引起一阵巨大的政治骚动收场。用优秀的法国作家库托(Couteau-Begarie)的话来说:这是再清楚不过的警告。[1]

前苏联主导的同盟以及其他例子都表明,和平的耀武扬威和胁迫外交之间的过渡会是多么流畅。1984 年 12 月,两个美国航母战斗群开到接近符拉迪沃斯托克(海参崴)五十英里的地方,[176] 同时,作为示威,苏联战斗机随即升空。1986 年 3 月,美国巡洋舰"约克城号"和随行的驱逐舰"卡伦号"靠近克里米亚海岸,与此同时,苏联一方提出激烈的外交抗议。卡布尔(James Cable)认为,上述两种情况仍是"挂旗示威"(showing the flag)的和平外交框架内的活动。[2]

如果人们在类似于上述情形的事件中能有意识地考虑到武装反抗,"当遭遇武装反抗的危机被蓄意操纵时"(同上,页 38),那么,从"挂旗示威"到炮舰政策的胁迫形式就会发生质的飞跃。

---

[1] Hervé Couteau-Bégarie, *La puissance maritime soviétique*, Paris,1983 ; Zitier aus: J. Cable, *Britannia in the Baltic*, Unveröffentliches Manuskript, S. 7.

[2] J. Cable, *Showing the Flag. Past and Present*。[译按]下文引用本书仅随文夹注原书页码。

即便和平的挂旗示威也是实用的对外政策，它试图引起对象应有的反应。1984年3月，萨尔瓦多选举期间，美国两艘军舰的出现是要向选民声明美国的利益，同时向其邻国尼加拉瓜表明，美国的做法是在保护民主。卡布尔在这里也说明了克劳塞维茨已经指出的对象感知的问题。所有通过"挂旗示威"表达的和平-政治意图，都出现在整体政治环境中，出现在军舰或者示威出现的时刻，以及军舰下水的具体画面出现的时刻（同上，页40）。因此，政治和军事决断委员会的整体战略思维和行动，都是必要的前提。此外，在准备重大任务时，顾及对象的感知尤其十分必要。

卡布尔以其他例子说明了这一点。1984年6月，正值"霸王行动"（Operation Overlord）四十周年纪念之际，美国巡洋舰"艾森豪威尔号"和其他两艘军舰拜访英国港口朴次茅斯。然而，此时正值英国大选，其中富有争议的主题是美国在英国的核基地问题，在这个节骨眼上本应受欢迎的拜访就不太合适了，而且受到了误解。"艾森豪威尔号"穿越大西洋参加纪念活动，让英国人感到些许失望，因为，它让他们想到，诺曼底登陆行动的总指挥是艾森豪威尔将军，而不是英国人蒙哥马利。另外，英国媒体由于都聚焦于诺曼底的盛况，完全没有关注朴次茅斯港。因此，从根本上来看，美国舰队的这次任务是失败的。

［177］另一边，让人令人吃惊的是，德国人因为没有收到邀请而怨声载道，这表明，不想奚落盟友的意图却在盟友的感知中被理解为奚落。英国海军部曾在1940年邀请法国海军军官参加"特拉法加纪念日"，之后被人说成是不得体的行为。出于类似原因，1981年，里根总统在切萨皮克湾的德格拉斯驱逐舰甲板上受到法国总统密特朗接待。上文提到，1781年，德格拉斯

指挥法国军舰击退了英国的突围,决定性地使华盛顿在约克城战胜英国人。

在卡布尔看来,对于军舰访问是否成功,并不存在普遍有效的标准。不过,重要的是细致的计划、小心且灵活的实施、预先清晰和政治上确定的目标定位、兼顾对象国家的政治环境(以及风俗、习惯、传统、偏见、历史势力影响)。成功的军舰访问,比起胁迫外交措施,常常更为复杂,

> 比起海军访问,从受到围攻的海岸临时组织一次海军撤退要更为容易,因为后者能够安全地确保得到一定程度上的感激。(同上,页44)

此外,还可以想见的是如下外交格局,其中,只有胁迫和武力冲突形式才能确保成功。它们总是隐含了很大程度上的风险和对不确定性的考量。后果常常并不完全可以计算,因为,对象的反应常常只能靠猜。胁迫性安全政策和外交的典型例子就是1986年4月14日美国针对利比亚的军事行动,[①]该例子表明,安全政策、外交以及军事权力投射是相互关联和相互影响的。

1979年到1983年期间,国际恐怖主义袭击的数量平均每年500次。1984年上升为每年约600次,其中1279人受伤,312人死亡。1985年则为每年800次,其中死亡人数877人。1983年贝鲁特美国大使馆遭炸弹袭击和美国海军军营遇袭,造

[①] T. Zimmermann, The American Bombing of Libya. A Success for Coercive Diplomacy, in: *Survival*, 29, 1987, 3, S. 195ff; Autor anonym, Documentation. American Bombing of Libya, in: *Survival*, 28, 1986, 5, S. 446ff.

成295人死亡。1985年,时任美国总统任命了一支由副总统布什领导的工作组,专门研究克服恐怖主义的问题。1986年2月发表的报告证明,利比亚、叙利亚、伊朗是主要的支恐国家。

［178］美国在其反制措施中,之所以聚焦利比亚恐怖主义,主要出于两个原因。其一,两个国家之间的关系到达了低谷:1979年12月,的黎波里发生美国大使馆被纵火事件;1981年5月,作为利比亚司令部在美国所作所为的后果,利比亚驻华盛顿大使馆被关门,利比亚外交官被驱逐。其二,比起叙利亚和伊朗,通过政治、经济、军事施压,即胁迫外交手段,对利比亚造成的伤害程度更大。利比亚百分之八十的原油出口到西欧,原油禁运会对利比亚造成更高程度上的伤害。此外,在阿拉伯世界,利比亚无论在政治上还是军事上很大程度上都是孤立的。

1985年12月起,美国政府首先使用了尝试——所谓"试探"(Try and see)——策略,以便检验对手的反应,并与盟友制定针对利比亚的协同政策,以便能够在经济上进行制裁和在军事上进行威胁。1986年1月3日,美国"珊瑚海号"航空母舰驶离那不勒斯港,开往利比亚海岸。在同一个月,美国开始在利比亚海岸展开频繁的空中和海上活动,不过,仍然在利比亚单方面宣布的领海之外,即所谓的"死亡线"(Line of Death)。1986年1月至3月,美国在利比亚海岸进行的空中和海上活动有三个目标:

一、卡扎菲的警告和苏联军舰的在场,并不能阻止美国在利比亚海岸进行一场"武力秀"(show of force);

二、美国清楚地向盟友表明了自己的意愿,必要时也会通过军事方式解决与利比亚之间的冲突;

三、应该以考虑采取军事手段的可能性,来表现美国反对国际恐怖主义的决心。

"武力秀"框架内的行动之后是由政治-经济措施向军事行动的转变。情报机构的调查显示,尽管美国在施压,利比亚方面仍在计划多次针对美国外交官的恐怖活动。紧接着,1986年3月14日,接到美国总统命令之后,三个航母群越过"死亡线",挑衅利比亚,使其作出武装反抗。3月24日,利比亚发射的地对空导弹击落了苏尔特湾上空的两架美军飞机。美军飞机随后袭击了利比亚的导弹基地,并且总共击沉和打伤了三艘利比亚巡逻艇。[179]美国的这次军事行动之后,利比亚反对卡扎菲的军队反对派也受到鼓舞,再次展开反对独裁者的活动。单单1985年在利比亚就有过四次叛乱。

情报机构指出,利比亚政府派给其境外团体三十个任务,以谋杀美国人作为报复。此外,1986年4月5日,柏林舞厅受到炸弹袭击,这些情况最终促使美国总统下令,袭击在的黎波里和班加西选定的五个目标。1986年4月14日至15日,从英国出发的24架F-111战斗轰炸机和5架EF-111战斗机,从"美利坚号"航母出发的6架A-6E入侵式攻击机和As7,以及从地中海上"珊瑚海号"航母出发的8架A-GE和6架F-18开始了袭击。美国成功地打击了利比亚,很大程度上无视国际法和无辜的第三者的领空主权,这次打击的结果是,由利比亚支持的恐怖主义活动明显减少。

上文的一些思考可以为对外政策和外交框架内的军事选择提出如下准则:

一、展现军事力量的武装力量,并不只是在战争中才作为政治工具得到突显。在和平时期,它作为政治的多种手段之一,服务于国家的对外政策,此外还有其他手段,比如经济和财政力量、技术和科研水平、文化发展水平、公共关系、国家的心理状态等等。有限使用武力是政治活动的极端手段。不过,武力威胁或者使用武力的代价,是使现存的冲突军事化。

二、细微到施行有限军事行动的细节也需要政治决断,以避免武装冲突在军事上自成一体并升级到一发不可收拾的程度。

三、权力和势力投射以及"挂旗示威"都是安全政策的手段,比如,通过有限的武装力量活动来实现对外政策意图,或者促使对手收回作出的决断和行为。从"挂旗示威"——所谓的军事力量的和平示威——向胁迫外交和军事干涉——尽管其目的是在低于战争的限度之下展开冲突,但必须已经考虑到使用武力——的灰色地带的过渡,需要得到政治决断担纲者预先同意,[180]并且必须是整体战略决断过程的结果。

四、在克劳塞维茨认识到的"双重战争"框架内,军事上有限的选择,被他视为本国政治势力范围边界上的军事行动和第二种战争。① 通常情况下,这些选择发生在战争冲突的前沿,不过,代价是冲突有可能不断升级。这些军事上有限的选择,越是接近纯粹的对外政策和外交,对于继续使用武力和军事措施而言,空间就越少。

五、对立双方政治目标的不对称,是有限使用军事权力的 conditio sine qua non[必要前提]。那些以武装力量在政治势力范围边界上示威和干涉的对手,必然关注重要的但并不直接威胁生存的对外政治利益,他们尤其愿意以有限的政治手段抵御有可能不计任何手段的敌人。

---

① 克劳塞维茨,《战争论》,页 6。

因此可以得出结论,只有那些在当下冲突中不被动地"绝对"使用军事手段——用克劳塞维茨的话来说,即以打倒敌人并在政治上断掉其生路的第一种方式——的国家,才能通过使用军事手段来践行其对外政策目标(同上)。只有那些在政治、经济、军事上占优的国家才有能力这么做。因此,前提条件是相关国家充足的军事经济力量及其政治地位。

相应地,对于军事权力投射和使用而言,存在如下政治性的问题:

一、使用军事力量,是否必然能够保护国家和(或)同盟的生存性利益?

二、是否存在清晰的政治和军事胜利的意图?

三、在使用军事权力时,政治和战略目标是否明确?

四、武装力量的结构和能力是否与政治-战略目标相符?

五、[181]人民代表和公众意见是否接受?

六、使用武装力量是否是可用手段中的"最终手段"?

胁迫外交带来的事态升级,会由言语上的威胁上升到动用武力。一般的目的是劝服对手不要去做,即依靠威慑的胁迫外交(coercive diplomacy by deterrence),或者终止某种行为,令其放弃意图并恢复先前的状态,即依靠强制的胁迫外交(coercive diplomacy by compellence)。在将对外政策的预设转化为胁迫外交时,可以区分以下两种策略:

一、"试探"策略是最弱的变体,它首先会对对手整体上施加对外政策压力,但不是施加时间压力,反而是为了获得时间,以摸索对手会对自己的行动作出怎样可能的反应。这种策略保留军事打击为最后的可能性。

二、所谓 Tacit ultimatum[默许的最后通牒]策略,在这个策略中，会实施行动，同时会表达强硬的要求，并告知对方，倘若未能兑现要求，将会采取进一步行动。

为了适应胁迫外交的有限性特点，实施本国军事行动的对象和强度，必须与追求的政治目标保持一种平衡的关系，因此，殊为必要的是多样化的外交活动，比如掩护性措施、与大部分间接受到影响的盟友磋商、请联合国介入以及与对手保持沟通。胁迫性的安全政策有争议性的因素表现在：目的和达到目的的政治动机过于明显和有限、敌对双方在动机上的不对称、公众意见的支持、达到目的的迫切性和紧迫性、对手对事态进一步扩大的担忧、存在的军事选择多样性，以及处理冲突的清楚明晰的条件。

胁迫外交框架内联合起来的海上和空中武装力量，在使用上富有灵活性，这一点为这些武装力量赋予了超群的危机支配能力，它能够迅速机动地、针对各种情形定量地、集中地、有控制地发挥作用。

世界上其他区域的不稳定导致西方国家必然思考"出海"（out of sea）的选择，以维持和投射其政治和经济权力。"二战"后的历史表明，核武器虽然制止了超级大国的大规模战争，[182]但是无法阻止区域性的武装冲突和战争。世界各国在政治和经济上很大程度是相互依赖的，这也就总意味着，发达工业国家会直接或间接介入第三世界的冲突。因此，为了支撑对外政策，可以支配迅速和机动的武装力量成为必需。这些武装力量虽然由海军力量组成，但是，如80年代的先例所证明的那样，在胁迫外交框架内也需要空军和陆军的补充。与对手的军事技术能力相比，干涉同盟必须形成明显更高的现代化程度，因为只有这样，对手扩大事态的意愿才会得到控制，"热战"才能得到制止。此外，政治决断担纲者必须当机立断保证直接的可行性。

总而言之,我们确定五条现代战略概念准则:

一、不能把国际政治化约为最终的安全政策参与者的数量。国际政治的决断担纲者,会远远超出国家和政府的化身,政府和国家所涵盖的是部门、机关、机构、利益集团、党派、集团等。单个参与者的集体理性问题,尤其会出现在相互竞争的国家和同盟中。

一国或者同盟的大战略,不是个别决断担纲者的理性计算,而是一项使命,它涵盖了整个政治领域以及如外交和内政这样的部分战略。克劳塞维茨早已认识到:

> 所有大的战略构想的总体轮廓很大程度上都是政治性的……整个战争计划都直接来自交战双方国家的政治存在及其相互间的关系。[1]

在克劳塞维茨的思想传统中,整体战略的安全政策格局分析和对安全政策状况的定义及评价,是最重要但也最困难的战略任务。只有完成这一任务,人们才可以防止战略性的意外,后者在冷战后也可能具有两种形式,即"意想不到的时间点和意想不到的行动模式"。[2]

二、[183]在国际政治中不存在规定的游戏步骤和规则。如我们所看到的,即便国际法也可以得到不同的解读。基于这些理由,对于对方潜在战略的认识就不会是确定无疑的,因此,

---

[1] Zwei Briefe des Generals von Clausewitz. Gedanken zur Abwehr, in: *Militärwissenschaftliche Rundschau* (Sonderheft), Jg. 2, Berlin, 1937, S. 6.

[2] H. A. Kissinger, *Kernwaffen und auswärtige Politik*, S. 81.

这个认识就是不现实的猜想。

在思考保障和平和战略等问题时,克劳塞维茨——就像霍布斯在其政治哲学中那样——总是从各民族的自然状态出发,即"从国际性无序的事实"出发。[1] 在这个语境下,我们可以联想康德的《永久和平论》,其中谈到"人类天性的卑劣在各个民族的自由关系之中可以赤裸裸地暴露出来"。[2]

倘若参与者不能充分认识到安全政策挑战者的战略,如克劳塞维茨所说的,这一战略表现的是"活生生的反应和相互影响,它从天性上与一切计划性背道而驰",[3] 他将会使自己的战略方案变得困难。反过来说,

> 任何对对手设置了规范的效果,都是所有行为中最为特殊的。(同上)

由于所有行为的不确定性,符合这一方案的战略构想和行为"在某种程度上都是在一片朦胧中展开的"(同上)。

不可估量性、各种可能性、各种或然性、常常无法计算的战略行动的相互影响以及非常规的心理因素的影响,使得决断将要采取的战略变得困难。决断处境下,判断力——如克劳塞维茨所说的,"迅速的判断"——是不可避免的(同上,页704)。战略方案必须获得这个自由的空间,

---

[1] P. Paret, *Clausewitz and the State*, Oxford, 1976.
[2] 康德,《永久和平论》,页20。
[3] 克劳塞维茨,《战争论》,页96。[译按]下文引用本书仅随文夹注原书页码。

因此，在这里理智活动离开了严格的科学领域，即逻辑学和数学，而成为艺术(就这个词的广义而言)，也就是成为一种能够通过迅速的判断从大量事物和关系中找出最重要的和有决定意义的东西的能力。(同上)

三、[184]或然性的可计算性，只能有限地用在国际政治领域。由于每个安全政治挑战者的参考值很大程度上都是未知的，因此，特定事件出现的或然性只是在主观上可以计算。实际上，这种主观或然性常常依赖于预估者外部世界的内在模式。

弄清政治目标是表述战略的前提，

必须考虑敌国和我国的力量和状况，必须考虑敌国政府和人民的特性、它们的能力，以及我方在这些方面的情况，还必须考虑其他国家的政治结合关系和战争可能对它们产生的影响。不难理解，考虑和比较这些错综复杂地交织在一起的多种多样的事物是一道难题，只有天才的真正的眼力才能在其中迅速地找出正确的东西，仅靠呆板的研究是绝不可能占有这些复杂的事物的。(同上)

同样，克劳塞维茨也强调了判断者的主观性，

我们首先必须承认，只有根据对各种状况的总的观察(包括了解当时的具体特点)，才能判断即将来临的战争、战争可以追求的目标和必要的手段。其次，我们必须承认，这种判断像在军事活动中的任何判断一样，绝不可能是纯客观的，它取决

于君主、政治家和统帅的精神特点和心性特点(不管这些特点是否集中在一个人身上)。(同上,页705)

四、定义安全政策中有意为之或者已然出现的事件的利用价值,是一个复杂的过程,因为,人们必须从政治、外交、经济、军事、法律、社会以及道德范畴来观察它。因此,安全政策活动的每个利用价值都是主观性的价值。从这一个标准来看是优势,从另一个标准来看就成了劣势。故而,接受某一战略的前提是,某一利用价值具有得到普遍赞成的优势。克劳塞维茨从维持政治平衡和现状的普遍趋势中看到最高的、能够得到赞同的利用价值。根据他的认识,

> 国家和民族的大大小小的利益毫无疑问都是极为复杂地和变化多端地交织在一起的(我们在这里不谈一贯保持的、力量和利益的均势,这种均势实际上并不存在,因此往往理所当然地被否定掉)。[185]每一个这样的交叉点都是一个起稳定作用的结,因为在这种结上,一个趋向是另一个趋向的平衡力量;这些结又联系成较大的整体,任何变化都必然部分地影响到这种联系。(同上,页386)

由克劳塞维茨预设的国际体系的内在关联自发地得到巩固。在克劳塞维茨看来,以保持现状为目标的战略,即所有防御战略,具有更大的效果,而且"同盟者"还会强化它(同上)。比起任何进攻性的战略,它基于自身更为有利的目的－手段关系而更为有效。此外,防御是以保持现状为目的的同盟原初的战略。与此相反,旨在全球播散其世界观的政策在防御地实现这

一目标时会面临许多困难。如果人们赞同克劳塞维茨的如下说法,即"战争目标本身对战争起着决定性的影响"(同上,页728),那么,"从政治上看处于进攻的一方,即抱有积极动机的一方",才能进攻地实现其意图(同上,页726)。

五、国际政策的决断担纲者或者委员会,需要解决的不仅限于一个领域,在安全政策现实中,有许许多多活动在同时发生。随着利益的转移,某一领域被赋予的意义也在发生着改变。因此,与经济、财政、内政政策一样,安全政策也永远只是局部战略。用克劳塞维茨的话来讲,它不能遵循自身的法则,"必须把它看作另一个整体的一部分,而这个整体就是政治"(同上,页732)。追求绝对安全的努力,会对其他局部战略带来消极后果,会威胁到整体战略的内在平衡。利用军事工具作为"纯粹的威胁、武装的消遣或者单纯的佯动",就已经是个"政治活动"了,[1]其具体的有用性只来自整体战略框架内的优先顺序,这种顺序由政治领导层来设定。因此,必须从一个国家或同盟的整体战略语境来观察和评价所有的军事战略。

[186]安全是一项整体战略任务。它要求人们有计划地整体审视政治、经济、生态、社会以及军事。在这里,军事手段永远都只是"最终手段",不过所谓"最终手段"应该理解为极端的手段,而不是被翻译为时间性的概念。[2]冒险的意愿无法排除任何战略构想,无论它是否放弃行动或者反击。

---

[1]　Zwei Briefe des Generals von Clausewitz, S. 8.
[2]　瑙曼(Naumann)于1994年1月19日在汉堡海外俱乐部的报告。

十五　安全政策的秩序与冲突线

［187］第一条为人所熟知的将全球地表分开的界限，是1493年5月4日——刚刚发现美洲之后不久——教宗亚历山大六世规定的分界线，教宗用它分开了西班牙与葡萄牙之间的陆地与海洋。① 这是一条"占取陆地与海洋的势力之间的分界线"。

到了16、17世纪，这条"分界线"被所谓的"友谊线"（amity lines）所取代，比如赤道或者回归线。友谊线是"一条斗争线"，超过它之后，就不存在权利，相反，"强者的权利"区域在这里开始。它是英国"海盗和私掠者，以及17世纪中南美洲海盗和西印度海盗"的活动区域。

---

① 参施米特, Die letzte globale Linie, 页36及以下；也许施米特在构思全球空间和统治分界线时参考了如下作品：Erich Staedler, Die westindische Raya von 1493 und ihr volkerrechtliches Schicksal, 见 Zeitschrift für Völkerrecht, 卷22, 2, 1938, 页165及以下；Zur Vorgeschichte der Raya von 1493, 见 Zeitschrift für Völkerrecht, 卷25, 1, 1941, 页57及以下；关于葡萄牙在大西洋和非洲扩张的历史，参 G. G. Kinzel, Die rechtliche Begründung der frühen portugiesischen Landnahmen an der westafrikanischen Küste zur Zeit Heinrichs des Seefahrers, Göppingen, 1976；W. G. Grewe, Epochen der Völkerrechtsgeschichte, 页163及以下；S. Huntington, The Clash of Civilization, 见 Foreign Affairs, 1993夏季, 页22及以下。

第三条国际分界线是基于1823年门罗主义所规定的美国和欧洲半球的分界线。施米特认为,20世纪初,美国的对外政策将门罗主义解读为扩张的教义。[①]在他看来,无论愿不愿意,这条线分开了自由的美利坚合众国与独立王权的欧洲君主国。如果说门罗主义一开始仅限于大陆,那么,通过1939年10月3日的《巴拿马宣言》,它已经得到了拓展,美国的"安全区域"被固定在太平洋和大西洋中300海里的地方,也就是说,远远超出领海的三海里区域。同时,这条线也成为一条"隔离线",针对的是由希特勒德国主宰的欧洲。门罗主义分界线并不适用于太平洋区域,1854年,日本被迫打开国门通商;1896年,夏威夷被吞并;1898年,菲律宾被购买;1903年,巴拿马脱离哥伦比亚,继而成为美国的势力范围。

1922年,华盛顿海军协议最为清楚地说明,美国在一战中取得了与英国在权力政治上的平等地位。在此之后,美国在"二战"中与苏联一起作为世界强国得到普遍认同。在反对德国、意大利、日本等轴心国的世界大战中,[188]美国将其势力和利益线推进到欧洲中心以及远东地区。欧洲和远东逐渐成为美国地缘政治的桥头堡,正如苏联在欧洲和亚洲的cordon sanitaire[防疫带]。

冷战之后,地缘政治的分界线和分割线重新得到确立。可以看到,新的世界冲突线不再是意识形态上的,而主要是文化-文明性的。新的分界线不再与国家和同盟的边界相一致。人们再也无法以传统的外部安全手段来保障和防守它。迁徙、文化以及文明的转移都在以和平的方式进行,并

[①] 施米特,《论断与概念》,"以大空间对抗普世主义"。

且超出国境线。欧洲冷战的分界线似乎已经被文化分界线所替代：一方面是西方欧洲基督教，另一方面是东正教以及伊斯兰教。在全球可能的竞争性斗争中，暗藏着不同文化和文明冲撞的危险，比起冷战的意识形态对峙，这种冲撞会更加激烈和强烈。

每条秩序线和冲突线的走向都视具体的安全政策格局而定。一般来看，在民族国家和民族性国家理由时代，它与国境线走向一致。20世纪，它主要标示了意识形态对立阵营的边界走向。20世纪中期表现为共产主义、纳粹－法西斯主义以及西方自由主义之间的意识形态对立，冷战时期则是共产主义与西方自由主义之间的对立。如今有人指出，当下世界的"友谊线"游走在文化和文明之间。①冷战期间基于经济所做的三个世界的划分，在安全政治上似乎不会长久地发挥作用。相反，很能说明情况的是，今天大的世界政治二选方案是基于西方和非西方世界之间的文化－文明对立的。文化、种族以及民族上的分界趋势似乎是对世界日益趋同的反应。由经济所决定的国际生活方式同一化进程，更强化了如下趋势：坚守本国的习惯和风俗、语言、文学、艺术以及宗教，并由此出发来定义自身。

［189］另一方面，尤其在以西方为取向和经济发达的地区流行的是不同价值体系的大族群多元文化共存理念。比起在仍然致力于成为被平等对待的安全政策和经济参与者的国家

---

① 参施米特，Die letzte globale Linie，页36；思想史与友谊线之间具有内在关联，因为在施米特看来，在思想的世界也存在一种"界限之外"，"因此，尼采的《善恶的彼岸》（*Jenseits von Gut und Böse*）是对界限之外（Beyond the Line）的神学化，它照射着友谊线这个事实，使得大批量地掠夺知识成为可能"，同上，页277。

中，价值多元在这里得到更为积极的对待。与美国、日本等发达国家和中国以及东南欧发展中国家不同，欧洲在这方面尤其表现为认同相对开放的区域。欧洲所欠缺的政治统一恰恰注定成为空间外部的安全和经济政策的对象。对不同价值体系和多元文化共生等可能共存的信念，也在欧洲这边表现在最多样甚至最细微的文化、科技、技术方面，创造了合适的意识形态框架。用施米特的重要语式来讲，奠定了西方安全政策根底的决定性的"精神中心领域"，欧洲的规范和价值——如个体主义、自由主义、平等、自由、人权、民主、国家与教会的分割、对开放的经济市场的要求等——在伊斯兰世界、儒家、印度教、佛教或者正教文明中——就上述价值观的理念内容而言——几乎产生不了共鸣。今天世界上的主要警察国家都是西半球成员和最主要的工业国。美国在西方处于主导地位，首先使西方的国际法立场得以正当化。在最后一场海湾战争中，最大的阿拉伯军队被美国领导下的主要的西方国家联盟打败，这导致了阿拉伯国家得出相应的认知：反对西方的国际法和人权"帝国主义"。

很明显，以欧洲-北美为主要代表并有着共同自由、正义、道德观的西方文明，与其他"精神中心领域"、世界观以及文明是一种竞争的关系。未来最重要的冲突似乎会出现在文化与文明分野的前线。这里将会是未来危机和战争冲突的焦点，其趋势突出表现为无规则、去限制、再度野蛮化。不同文化和文明之间对峙之所以不可避免，原因有很多，主要体现在根本观念的无法兼容，比如宗教领域、个体与组织的关系、男人与女人、自由与威权、平等与隶属。此外，如我们在另外的语境中已经指出的，随着世界不断相互依赖，基于种种宗教、精神、文化传统的人们，逐渐意识到人类的差异。［190］文化与文明塑造了身份，并提供了超越民族界限的分界标准。伴随着人们以非西方的方式理解并塑造历史－政治世界，西方世界观的主导地位在这一过程中愈发被拒绝。

对于文化冲突中愈发严峻的格局来说，另一个决定性的原因是，每个人都被确定为高度文化性的，而且各种文化－文明阵营之间的转换是不可能的。在源头上所理解的亚、欧、北美新政治和经济大空间秩序，增强了人们的文化归属感。与之相反，同文同种使得政治和经济结构的发展变得容易。共同的文化和宗教使得经济上合作变得更加可能，比如伊斯兰教的非阿拉伯国家之间的合作，如伊朗、巴基斯坦、土耳其、阿塞拜疆、哈萨克斯坦、吉尔吉斯斯坦、土库曼斯坦、塔吉克斯坦、乌兹别克斯坦以及阿富汗等国。此外，对于中国与新加坡之间愈发强劲的经济合作来说，文化要素起着决定性作用。

欧洲国家之间不断增长的一致和融合，同时也是它们与欧洲融合之外的国家拉开界限的原因。融合的东部分界线在欧洲基督教与东正教之间。这条欧洲的秩序线和分割线，从北方开始，一直沿着芬兰－俄罗斯边界，以及爱沙尼亚、拉脱维亚和俄罗斯边界行进。它分开了主要是天主教的白俄罗斯和乌克兰部分地区与这两个国家东部的东正教部分，该线继续向前沿着哈布斯堡与奥斯曼帝国在巴尔干地区的古老军事分界线行进。这条线北部或者西部的人们，都信仰天主教或者新教。他们对欧洲历史有着切身的体会，比如文艺复兴、宗教改革、启蒙运动、法国大革命以及19和20世纪的工业革命。这条线东部或者南部的人们，都信仰东正教或伊斯兰教，背后是沙皇和奥斯曼帝国的传统。

将西方－欧洲和东正教欧洲与伊斯兰文明分隔开的，是另一条重要的分界线。这条欧洲－伊斯兰分割线的走向是,沿着北非海岸线经过巴尔干半岛和高加索山地区,直到巴基斯坦和中亚地区的共和国。塞尔维亚、克罗地亚以及穆斯林之间以武力和"种族清洗"展开的冲突,使文化－宗教所定义的冲突线具体化,同样如此的还有塞尔维亚与阿尔巴尼亚之间的对峙,保加利亚和希腊与各自的土耳其、阿尔巴尼亚少数民族之间的紧张,奥塞梯人与印古什人之间、[191]亚美尼亚人与阿塞拜疆人之间日益增长的武力意愿,俄罗斯人与中亚的穆斯林之间的紧张关系——这是俄罗斯大规模驻军所引起的。另外的冲突线在穆斯林与印度教之间,它在过去曾导致巴基斯坦与印度展开多次军事冲突。

中国与美国对于人和人权的看法由于文化不同而有差异,这加强了二者间的经济对抗和在人口增长问题上的意见分歧。分隔开非洲次大陆的冲突线,位于北部的伊斯兰文明与南部大陆愈发基督教化的非洲(译按:撒哈拉沙漠以南非洲)之间。原则性的对立表现在苏丹、乍得、好望角地区以及尼日利亚的战争。此外,还有三个变得日益重要的迁徙线:一是沿着欧洲经济和社会发展落差走向的欧洲内部迁徙线,二是地中海、拉美迁徙线,三是从巴基斯坦经印度和越南直到菲律宾的亚洲迁徙线。

可以清楚地看到,世界上早期的主要冲突轴心,从东西方对峙的横向格局,转向了南北冲突的垂直格局。在地缘政治方面,欧洲如今主要面对两大不安定的冲突区域。一个是从波罗的海地区到巴尔干地区的东部地区。它逼停了欧亚空间向西方的纵深,各种势力状况在这里开始发生变化,空间的未来政治形态显得无法定义。二是从马格里布到中亚地区的亚非和伊斯兰危机弧区的南部地区。抛开伊斯兰教在欧洲地区已经开始的迁徙活动与和平地占取文化和宗教地位不谈，伊斯兰教可能会在欧洲南侧的地缘政治薄弱地带进行安全政策部署，比如巴尔干地区、爱琴海地区、西色雷斯地区以及塞浦路斯，与西班牙隔海相望的休达和梅利利亚，西西里和非洲（尤其是马耳他）之间的地中海岛屿，以及法国南部－西班牙海岸线一带。宗教激进主义运动在阿尔及利亚和摩洛哥具有了危险的特征。利比亚是国际恐怖主义的中心之一，这个国家的野心是向南（乍得）、向西（突尼斯）以及向东（埃及）拓展。宗教激进主义在埃及呈现出越来越强的劲头，萨达特（Anwar El Sadat）总统就沦为其牺牲品。巴勒斯坦人和什叶派教徒在近东地区是强大的不稳定因素。与伊拉克一样，叙利亚也有野心成为区域大国。伊朗的神权政制明显表现出世界使命的特征。

［192］鉴于人口的发展，大多数伊斯兰国家都面临着生存空间的生死存亡问题。伊斯兰未来可能会在巨大的人口压力、灾难性的经济和社会状况推动下谋求空间发展。这似乎只是时间问题。它既可能威胁俄罗斯的南侧，也可能威胁中欧和西欧国家。中东和近东地区的三大人口膨胀国家——土耳其、伊朗以及埃及——的权力政治影响日益增强。由于人口、经济以及社会原因，马格里布将会成为欧洲的南部危机区域。在可能的对峙中有两个关键方面：一是维持北纬30度到60度之间高度发达地区的稳定，二是仍通过南方和东方的迁徙活动占取这块区域。蜿蜒其间的罗马帝国界墙（Limes）可以为"界外"划定界线，也就成为对立生存方式的界线。

上文提到的文化－文明性的友谊线和冲突线，首先区分的是"实体"，它们虽然在一定程度上仍没有形成，但是能够呈现出精神上潜在的势不两立。

> 实体必须首先找到一种形式,它们在作为有对抗能力的动因、对抗各方相互对峙之前,首先必须以某种方式给自己赋予形式。①

世界新的分配线和分界线以不同的紧张程度和形式,既表现在西-西,也表现在南-北、东-西以及东-东的现存对立中。它们是全球性的安全政策挑战,只有以如下方式才能对此作出应对,即利用新的国际秩序体系,并在整体战略上以更为开阔的视野理解安全。在共生和日益狭小的世界里,安全政策依然面临着地缘政治因素的相互影响,以及地缘政治分配线和分界线沿线不断改变的问题。

---

① 施米特,《政治的神学续篇》,页202。

十六　中间状态

[193]法的进程是历史－政治生活永恒往复且根本性的过程。在所有时代，在人类活动能够进入的空间中，被占取的事物总是被划分、被分配，所获得的事物总是在生产上被利用和消费。安全政策和法权秩序总是与空间相关，并且仍然是具体的历史因素。它们必然以特定的权力政治格局为根据，并表达具体的权力和力量状况。

三阶段进程造就了不同时期的大地法。如我们已经看到的，第一个大地法是陆地属性的，任何政治性的社会有机体都自视为"地球的中心"，并将统治区域视为和平之家"。① 随着世界海洋的洞开和五百年前美洲大陆的发现，第一个大地法被摧毁，不过，随即从中产生了第二个大地法，它以欧洲为中心，将世界的大洋囊括进来，一直持续到第一次世界大战。这个大地法的标志是英国的海上霸权、由英国保障的欧洲均势体系（作为"均势"原则，它不容许欧洲大陆出现任何霸权）以及从根本上改变了的秩序观和对陆地与海洋、陆战与海战以及政治友谊与敌对等意涵的理解。

1945年之后，20世纪的欧洲内战孕育出两极化的第三种大

---

① Carl schmit, Der neue Nomos der Erde, in: *Gemeinschaft und Politik*, Jg. 3, Heft 1, 1955, S. 7ff (im Nachlaß: RW 265–429/B34).

地法。"冷战"区分开了西方的海洋性世界与东方的陆地性、大陆性欧亚大陆。20世纪80年代,这种对峙性的世界均衡状态一方面被西方的科技优势,另一方面被(尤其是俄罗斯和德国的)政治发展所消解。施米特早在1955年就认为,法极有可能会得到发展,这一可能性似乎已成为现实:

> 有可能会形成许多独立的大空间或者集团,它们会在各自的内部形成平衡,并建立大地的秩序。(同上,页10)

在施米特看来,伴随着第四个大地法的形成,"传统准则、概念、习惯等整个体系"都将必然崩塌(同上,页10)。

[194] 从还未最终得到定义的世界多样性——它有着更多的政治-文化发展空间——和新的大空间潜在的平衡中产生了如今大地法的具体问题。[1] 此外,还有工业发达与欠发达的地球空间之间的对立,以及处在初期、有可能"成为人类环境的新元素",它们尤其表现在对太空的占领。

意识形态对立和过时的敌对结束后,会出现新的精神冲突。今天,重压欧洲的古老"殖民主义污点"是普遍适用的,它重压着整个西方发达国家,从一般的南方视角来看,西方世界越来越被视为"世界-侵略者"。施米特认为,当下的污点来自欧洲,产生于16、17世纪的反西班牙宣传(所谓 leyenda negra [黑色传说]),经过18世纪启蒙运动,19、20世纪平等人权的诉求,继而发展为

---

[1] 参施米特,Übersicht über das konkrete Problem des heutigen Nomos der Erde, Münster, 1957, 见遗产 RW265-229/M15; 早在1952年, 施米特就曾写过, 他"并不把今天世界的两极视为其统一的预备阶段, 而是视为通往新的多极化的过渡", 参施米特, Die Einheit der Welt, 页11。

当下时代人权普世论的矛盾。人权问题和平等理论越来越成为世界上不发达地区反对发达工业社会的思想武器,另一方面,坚持"人权"仍然是工业社会干涉不发达国家的武器。

保护自身政治利益,并通过政治、经济、文化、科技、社会、人口等方面的整体战略平衡,积极代表自身政治利益,永远都是安全政策的目标。作为最小功率的平衡,它既保持了战争与和平的中间状态,也以这种方式维持了没有战争的状态。与之相反,战略则是一种方式、途径、手段:在政治、外交、经济、科技以及军事等行动领域,协调地利用政治单位的事实可能性,以应对对抗。

在可预见的世界政治多样性中,会出现新的安全政治挑战。显而易见,我们的星球正处于彻底的重新定位和变革过程中。国家冲突和再次复苏的古老历史对立造成了对峙格局,军事力量在其中承担了保障领土不受侵犯(比如政治自主权和国家利益)等使命。[195]如今,整个欧洲大空间在安全、经济、空间秩序等政策方面,都正在被重新和再次塑造。在这一方面亟需解决的核心问题表现在,新的欧亚主权国家在空间上进入或者被排除出眼下的欧洲新秩序。此外,欧洲外围——非洲、巴尔干地区、近东、前苏联解体后的国家以及前苏联南部危机区——的安全政策发展,直接影响着欧洲的安全局势。远东－太平洋地区的安全政策和经济发展,也很强烈地反过来影响着欧洲,虽然不是针对美国在(in)欧洲和为(für)欧洲所作的安全政策投入。

在深刻的宗教和种族分歧背景下,巴尔干危机仍在持续,也就是说,基本上在两个安全政策的活动层面上:一个是克罗地亚和塞尔维亚与区域邻国之间的外交关系,另一个是围绕波黑地区的冲突和对该区域的政治统治。

这两个活动领域对于区域未来，尤其对于波黑地区而言，具有核心意义。就实质而言，这里的关键是克罗地亚与南斯拉夫联邦共和国之间对空间的权力政治分配。

被伊斯兰国家明显感知到的巴尔干危机的国际化，表明了"冷战"之后区域冲突的威力和内在的蔓延潜力。危机的国际化曾使美国通过声明解除武器禁运，采取了有利于穆斯林世界的立场。即便在全球语境下来看，也就是说，将穆斯林世界在前苏联南部走廊一带的活动考虑进来，这也必须被视为危机的国际化。与其说欧洲不如说美国才有能力掌控危机，不过，从施米特政治思想的视角来看，这并不能推导出，冲突参与者是独立自主的并且具有权力政治的塑造能力。

[196] 就连近东地区被第二次海湾战争复苏的和平进程，基本上也是在美国的政治压力下被逼迫出来的。其中，约旦河以西地区和加沙地带的以色列-巴勒斯坦问题、以色列-叙利亚的领土争端问题、以色列与约旦之间正在进行的和平谅解——这也许可以解决以色列一方因缺乏空间战略纵深而产生的安全政策问题——尤其是叙利亚、伊拉克、伊朗和土耳其等国未来的安全政策发展，都被证明是核心问题。

在所有区域争端中扮演关键角色的无疑是美国。无论阿拉伯国家还是穆斯林世界，美国因为攻打伊拉克和萨达姆·侯赛因的决定，既获得了朋友也招来了敌人，不过，它作为区域主要的秩序维护力量，也因此获得了新的可信性。欧洲与近东地区的安全政策关联体现在，特别是有穆斯林人口的巴尔干地区国家、高加索地区以及南部中亚地区的共和国，都是欧洲与近东和中东地区直接的关节。

独联体国家内部和它们相互之间的经济社会危机,以及正在上演和日益突出的种族冲突,愈发增强了走地方自治特殊道路的趋势。如果人们听从民族－种族利益代理人宣扬的意图的话,那么,近乎三分之一的前苏联国家地区,都有意向对空间进行政治上的重组和重新划分。作为政治自主权的表现,新成立的国家会努力争取独立的国家军队,这些军队自1993年中期以来就不再隶属于某个共同的总司令。同时,俄罗斯以新的盟约和联邦结构,竭力控制自己急速瓦解的权力。俄罗斯军队的原则和结构发生了改变,这暗示了它参战的多种新可能性,尤其在小规模战争、中强度战争以及内战方面。俄罗斯于1992年底与中国达成的外交和安全政策和解,促成了四千公里长的共同边界上的形势得到缓和,并且改善了两国经济关系。

[197]如下事实确实是个安全政策问题:四个独联体国家(俄罗斯、乌克兰、白俄罗斯、哈萨克斯坦)拥有核武器,解除其军备会造成一系列问题,比如互惠和安全保障、禁止非法武器买卖和扩散以及核科学家和技术人员的外流。此外,问题还有,在如何定义"战略"武器体系方面,俄罗斯与新兴的共和国之间有分歧,俄罗斯与乌克兰之间还没有最终议定如何分配黑海舰队。高加索地区被证明是前苏联不稳定的南部一线危险的危机区域,这将会吸引利益第三者。特别是,地中海与里海之间的区域、黑海沿岸国家、高加索地区国家以及中亚新的共和国(土库曼斯坦、哈萨克斯坦、乌兹别克斯坦、吉尔吉斯斯坦以及塔吉克斯坦)之间的区域,正处于大变革时期,其安全政策的发展仍然不确定。

在这个即便从种族方面来看也还没有自成一体的区域,虽然政治和经济上存在一致和分歧,但是,在种族－宗教领域,存在着一直可以延伸到中亚地区的高度共性。土耳其民族在种族、历史以及语言上的近亲性,将中亚与土耳其联系起来,如今,后者的势力政治早已通过卫星电视渗入到中亚地区。对于这些国家而言,土耳其首先是欧亚之间的关节,具有桥梁作用,由此可以连接西方国家的经济福利。作为逊尼派,这些国家拒斥伊朗的什叶派,因此,伊朗的势力要迈入这个区域如今就很难,不过,如果本已紧张的经济和社会局面进一步加剧的话,就会转移到其他可能的领域。与伊朗、巴基斯坦、阿塞拜疆、土库曼斯坦、乌兹别克斯坦之间的经济合作愈发紧密的土耳其,在这片地区具有日益强大的权力和势力政治地位。由土耳其推动的黑海地区沿岸国家经济合作,为四亿人创造了一个经济空间,不过,诸多公开的冲突——希腊与土耳其、亚美尼亚与阿塞拜疆、摩尔多瓦与俄罗斯以及格鲁吉亚与俄罗斯之间——削弱着这种团结。

前苏联的五个中亚地区的共和国和阿塞拜疆,在种族上不具有共性,而且无一例外,都面临着边境和领土冲突。此外,移民压力也重压着生活在这片土地上的俄罗斯少数民族。1991年,中亚地区的共和国组成了经济共同体,阿塞拜疆随后也加入进来,自1992年起,该共同体也将安全政策问题考虑进来。

[198] 总之,中亚地区首先是个亟需定义的权力政治真空地带,它为"利益的第三者"——比如土耳其、伊朗、俄罗斯、巴基斯坦、印度及周边国家——敞开了安全政策视野和可能性。由于其他国家在该区域获得了势力影响,中亚与国际性的大安全格局联系起来。

在远东-太平洋地区起决定作用的,首先是不断扩张的美日两极地位。目前,二者在科学-科技方面都是世界领先的国家,它们生产着世界国民生产总值的五分之二。美国在亚洲市场上的贸易总额如今的占有率在百分之四十以上。美国在太平洋地区的安全政策势力,首先由双边关系进行调节和保障。此外,中国对东盟国家区域发展发挥着强大的影响,因此,越来越被看作一个促进统一性的亚洲强国。1989年成立的亚太经合组织,是对经济领域的安全政策合作的补充,这一合作吸纳了1967年成立的东盟组织。1991年,又增加了中国大陆、中国香港和中国台湾地区,从而囊括了美国、加拿大、澳大利亚、新西兰、日本、韩国、泰国、新加坡、菲律宾、印尼、文莱以及马来西亚等创始成员国。亚太经合组织的创始成员国代表着世界国民生产总值的百分之五十和国际贸易总额的百分之三十八。该组织的进一步扩充,仍将深化亚太经合组织国家的政治意义。

美、日作为远东地区的两极,在安全政策上与日益强大的中国处于一种相互依存的关系,中国在此地区的诉求显而易见。在美国看来,不断壮大的中国将极有可能成为美国在安全政策上的重要挑战者。[199]总而言之,冷战结束之后,旧的美苏对立——至少在增加了印度、土耳其、日本、欧洲之后——将会扩充为安全政策大空间新的战略六角关系。如施米特所言,向新的"世界多样性"发展的进程并没有结束,它会赋予我们星球的政治结构以不同的形态。

十七　欧洲：大空间秩序与国家利益格局之间

[200]人们通常将欧洲视为欧亚大陆的西方部分。乌拉尔山山系——经乌拉尔河、里海,直到亚速海——和博斯普鲁斯海峡、马尔马拉海以及达达尼尔海峡,被视为东部的地理边界,南部边界则是地中海,大西洋及其附属海域构成了欧洲的西部边界。不过,出于政治、历史、经济以及文化等原因,欧洲主要被视为一个整体。于是,人们看到一幅空间上更具有差异性的大陆图像。

目前,通过经济和货币联盟、政治联盟,发展斯堪的纳维亚半岛国家、中欧和东欧国家为欧盟成员国,制定共同的对外和安全政策,我们正在尝试促成欧洲的统一。与这一尝试一道得到推进的是,试图统一欧洲的历史进程,该进程的开端大约是两千年前。

持续深刻影响着这一进程的尤其是基督教和罗马帝国,也就是说,教会的和世俗的权力。基于军事权力的具有约束力的司法裁决以及统一的行政和经济秩序,罗马世俗帝国首次使得欧洲大一统成为可能。然而,反对中心力量的对立势力一直存在。经过文艺复兴、宗教改革、启蒙运动以及民族国家运动,1806年,"德意志民族神圣罗马帝国"最终瓦解了。

德意志民族神圣罗马帝国接续的是罗马帝国传统,在中世纪时期囊括了德意志、意大利、德法边境地区如勃艮第和阿尔萨斯-洛林、卢森堡、西班牙及西属尼德兰、后来的比利时,自15

世纪起扩张到大部分中美洲和南美洲地区。帝国内部的权力斗争,尤其是帝国皇帝对各国国王、大公及教宗的战争,也就是说,针对领主的斗争摧毁了整个欧洲帝国。1806年,拿破仑最终将其推翻。

欧洲飘摇和凄惨的命运,尤其在过去的两百年间突出表现为武力的政治变革和与此相联系的安全政策参照体系的不断变更。类似于拿破仑战争、一战、二战等世界性的大战,人们如今第四次尝试去实现一种持久的欧洲政治和平秩序及政治联盟。这个处于中途的进程,在1945年2月雅尔塔会议开创的世界秩序崩溃的背景下不断前进。[201]美国和俄罗斯等欧洲侧翼势力出于不同的理由,在欧洲和为欧洲的主导诉求都有所减少。一个明显的表现就是,俄罗斯军队撤出德国和"华约"卫星国家,美国在西欧看起来急剧收缩。世界范围内正在形成新的安全、权力以及经济中心。北美、欧洲、日本三驾马车明显地体现了这种发展。

由俄罗斯主导的"独联体国家"的安全政策格局和未来,很大程度上都无法预估。在西方眼中,倒退的可能性在这里远大于进步。这些新兴的国家都处在历史上未成熟的边界,部分国家拥有核武器,经济和社会发展落后几十年,在种族和文化成分上异质,为中西欧地区形成了空间和时间上敞开的巨大冲突区域。"独联体国家"的政治未来决定着欧洲的政治形态,决定着欧洲边界在东部的走向问题,决定着我们究竟能够实现一个小欧洲还是大欧洲的政治同盟方案,尤其决定着德国仍然会是欧洲的中心还是处于欧洲的东部外围。因此,欧亚大陆东部将会对西欧国家构成首要的安全政策挑战。

欧洲新的安全政策挑战可以总结如下:

一、鉴于美国针对欧洲所做的外交与安全政策定位，普世性的"美式和平"与区域性的"欧洲和平"关系如何具体安排；

二、可确定的欧亚危机弧区——从波罗的海沿岸国家，经高加索地区直到前苏联解体形成的各中亚地区的共和国——一带的"独联体国家"面临无法预估的安全政策格局和未来；

三、巴尔干地区的战争可能在加剧，并在空间和时间上蔓延，并对欧洲造成政治后果；

四、从马格里布到印度洋地区的欧洲南翼一带因为种族、宗教问题而存在潜在冲突；

五、[202]核武器及高科技武器在世界范围内激增；

六、近东和中东地区的冲突尤多，它们由获取生存性的原材料而引起，比如原油和水资源；

七、世界大部分地区经济和社会问题日益增多，整个南－北以及东－西走向呈现大规模贫困和迁徙活动；

八、由军事支持的国际性毒品贸易和恐怖主义频仍。

今时今日，欧洲面临的任务是，如何定义自身及其未来的政治形态。纵观欧洲史可以确定，一家独大和独霸已经被证明不适合统一欧洲。尤其过去四百年的欧洲史已经足以说明这一点。不过，在成员平等的基础上是否可以达成长久的欧洲大一统，迄今还没有被尝试过。对于进一步发展而言，具有决定性意义的是如下问题，抛开言辞激烈的意向声明不谈，哪种竞争性的国家利益将决定欧洲的大一统进程。基于地缘政治的民族性利益格局，将会长久地渗透在政治的塑造过程当中。

美利坚合众国在地缘战略上处于世界范围内投射权力和势力的有利位置，它被两大洋环绕，对岸的西欧和远东地区有很大程度上稳定的海岸线，日本和韩国为美国进行全球活动提供了开阔的前沿地带和后勤上的转盘。美国首要的安全政策目标是,确保其作为世界强国的现状,在经济方面经受住欧洲和日本的竞争。维持北约并使其适应欧洲的新事务尤其为美国获得主导权提供了一个多民族论坛。它使欧洲海岸与美国的安全联合在一起,保持了欧洲的"美式和平"。此外,它阻止了欧洲利益之争的再次复苏。美国参与塑造欧洲的意志表现在美军在欧洲大陆的事实存在。西欧成为美国通往亚欧地区的桥头堡。苏联威胁的消失一方面导致接受美国主导诉求的盟友越来越少,另一方面导致美国张扬其政治上的领导和参与塑造的意志。

[203] 英国的首要利益是维持作为超越欧洲大陆的核中坚力量,作为联合国安理会常任理事国,以及与美国不同于其他盟友的"特殊关系"的角色等地位。这种"特殊关系"既表现了两个海权国家共同的安全政策理解,也表现了一种世界性的安全政策参与。几百年来,英国首要的战略目标一方面是独霸海洋——不过如今与美国分享了这一统治地位,另一方面是在欧洲大陆施行"均势"原则的外交政策。英国人根据这一原则在欧陆进行活动,因此,他们在历史上总是反对追求欧陆独霸地位的欧洲国家。英国的首要国家利益总是确保英吉利海峡沿线英国海岸的安全,并为海外商路提供保障。因此,人们可以将1941年的《大西洋宪章》和1949年的《北大西洋协定》视为英国安全政策的精神根基。针对欧洲,英国在历史上更多的是扮演一种反动角色,他们只会在两次世界大战的前沿出于"均势"理由放弃这个角色。英国在其中总是很实际地着眼于当时的国家利益格局。在外交和安全政策以及利用核武器支配权的问题上,将国家主权权利让渡给超国家的机构是不可能的。

法国也特别在意维持其作为欧洲大陆核中坚力量及作为安

理会常任理事国的地位。与英国一样,法国也有世界性的权力和势力政治抱负。在所有生存性的安全政策问题上——这一点可以从20世纪直到海湾战争的历史上看到——法国都站在美国一边,反之亦然。此外,法国明确的政治意志——参与塑造欧洲安全体系——也清晰可见。对此,法国有西欧联盟可以利用。法国以这种方式规避了由美国主导的北约,试图独自实现自己在欧洲的政治主导诉求。

在这个问题上,德国是法国的挑战者。对于法国而言,重要的是以相应的组合机制阻止形成一个强大和独立的德国,排除会对法国造成安全威胁的德国,在安全政策上将德国视为副手约束起来。自19世纪起,令一个不独立自主的德国成为安全的前沿地带,一直是法国推行独霸政策的战略手段。国家利益也决定了法国的安全政策活动。

[204]如今,俄罗斯关心的是通过合作的协作方式,来巩固其权力和势力区域。其中,西欧尤其是德国扮演着关键角色。冷战期间,维持并扩建卫星国"防疫带",是前苏联重要的地缘战略目标。如今,俄罗斯不会同意空间外部势力和联盟以权力政治手段对其曾经的共和国施加影响。此外,既针对美国和北约框架下的欧洲,又针对远东的中国,这样的两线局面会直接影响到俄罗斯的安全。短期内,俄罗斯仍是东欧继续发展的关键因素。如果不将俄罗斯考虑进来,并顾及其利益格局,就谈不上建立欧洲安全体系。

在试图取得欧洲霸权地位的尝试中,20世纪的德国已经吃了两场灭绝性的败仗。这表明,德国在政治、经济、军事方面曾短期超过了欧洲的邻国,但是,想长期主导欧洲,德国还太过虚弱。如今回过头来看,德国想建立长期欧洲霸权的所有尝试都归于失败，比如通过采取均势政策、形成中欧同盟、攫取殖民地、俄德合作甚或诉诸军事途径。因此，从地缘政治和历史原因来看，可以设想的是，德国要实现自己的政治利益，不能走民族一意孤行甚或对峙的道路，而应该与法国合作，在欧洲奉行积极的德国一统政策，用俾斯麦针对德国的名言来说，要为"欧洲地位永固"作出贡献。在欧洲防御政策能力的设想上，德国必须拥有基本的兴趣，并积极参与其中，以便获得影响和塑造的可能，这符合德国在全球的政治和经济影响。德国的外交和安全政策的活动空间，依赖于德国的历史、德国在欧洲的地理中心位置和利益，以及欧洲其他安全政策参与者的政治意图和目标。尤其在冷战结束后，各种条件改变而且没有确定的情况下，德国

> 仍是欧洲中央的一个比较小的、精神上并不封闭且不可能封闭的空间，是来自东西南北的种种力量和思想的交点和通道。德国不曾作过明确和一致的抉择，也不可能作出这种抉择，因为，[205]德国不能屈从于任何一种从外部侵入的问题提法。这便是其弱点和优势的秘密之所在。①

回顾欧洲历史，可以确定，欧洲中央的德国与其说是安全政策活动的参与者，毋宁说是其对象。不计其数的欧洲权力政治对立者在这个空间中角逐，无论是以外交、政治还是军事方式。令人印象深刻的例子就是三十年战争。欧洲中央的地缘政治薄弱使得其邻国乘虚而入，进行政治干涉和领土扩张。直到17、18世纪之交，随着勃兰登堡－普鲁士的崛起，这一点

---

① 施米特，《从囹圄中获救》，页332。

才有所改观。在这一时期,普鲁士的、(自 1871 年起)德意志的外交和安全政策基本问题愈发明显。出于自保、生存、保障分散的国土等原因,大选帝侯早就认为有必要通过领土扩张来补全国家周边的棱角。于是,被邻国从主观上视为侵略者,成为普鲁士这个欧洲国家共同体新秀的命运。其后果即是潜在的和事实的反普同盟,并在 19 世纪加剧为 cauchemar des coalitions［同盟噩梦］。

从普鲁士德国一方来看,这一事实的影响就是先发制人的战争考量,这个手段可以创造更为有利的安全政策起点。腓特烈大王已经考虑到这些手段,众所周知,他于 1756 年通过奇袭萨克森,打响了针对反普同盟的七年战争,这个同盟当时对普鲁士形成了合围之势。在不同前提下和不同安全政策处境中,先发制人的战争可能性在一战爆发前夜的军事方案中也发挥着重要角色,而且不只是在德国一方。尤其在 19 世纪,"同盟噩梦"一度上升为包围恐惧症,促使普鲁士德国一方试图阻止邻国携手针对自己这个欧洲的中央。这反过来又制约了德意志外交政策中所谓的"选择问题",即如何通过明智的结盟和均势政策来突破持续存在的威胁性包围。此外,俾斯麦试图通过在欧洲外围的积极活动,来消除德国的外部政治压力,不过,这一成功并没有持续很久。

殖民政策和建造军舰成为欧洲帝国主义时期的德国在欧洲邻国面前表达平等诉求的手段。众所周知,［206］这反过来导致了老牌欧洲列强采取反击政策,于是一战爆发。

随着一战结束后巴黎《市郊条约》的签订,新的和平秩序在德国付出代价的条件下得以建立。德国在 30 年代试图改变现状的尝试最终导致二战爆发,这场战争的结果是两极化的雅尔塔和平秩序，以及欧洲被划分为两个分别以美国和前苏联为主导的对立阵营。

在两次世界大战中，德国都未能在敌人的世界同盟面前保持住霸权地位。1945年之后，战败和被分割的德国接受了作为两个军事同盟前线的功能，此外，它也是潜在的战场。随着东西对峙结束之后，这种由地缘政治所决定的对象角色必然消失不见。因而，德国重新面临着为自己负责的外交和安全政策问题。地缘政治因素和安全政策格局，将影响德国的国家利益和行动选择。其中，决定性的安全政策挑战在于，尤其得针对俄罗斯来巩固奥德河与尼斯河以东的空间。倘若东欧邻国在这方面的预期没有得到满足，就会对德国产生直接影响。

欧洲一体化进程的不断向前发展，对于德国而言，尤其从历史原因来看，是不可避免的。因为，只有以这种方式，它才能使自己的安全利益与势力利益得到承认。德国的地理状况、与东欧国家的空间距离以及它自身的政治和经济地位等，都赋予德国在整个欧洲的发展中以关键角色。德国位于欧洲中央的位置、欧洲封锁的终结、来自东欧的剧烈挑战等，都迫使德国在奥德河与尼斯河以东国家的稳定上扮演一个欧洲性的角色。由于东欧的不稳定可能会对德国和欧洲带来灾难性影响，因而，东欧的稳定就成了德国的优先任务，但同时也是欧洲的任务。德国位于欧洲中央的位置及其历史经验，迫使德国促成欧洲统一，以便平衡欧洲的民族主义竞赛，德国几乎一直都被迫深受这种竞赛的祸害。

在这一语境下，只要欧洲大一统尚未实现，对于德国而言，与美国的跨大西洋友谊就具有生存上的意义。目前，如果美国在欧洲结束其投入,毫无疑问就会在日常政治秩序上首先造成一大问题,即德国受到牵制和控制。

[207]冷战后的新格局迫使德国在战略上与盟友积极互动。这包括了定义德国利益的政治意志,以及作出国家和整体战略规划的能力。

作为世界经济强国和欧洲区域强国,德国依赖于整个欧洲以及欧洲边缘国家的稳定。德国国家利益的表现程度,必定会决定德国在联合国框架下的安全政策活动的方式以及强度。在这里成为国家利益框架条件的,应该是当下的事实和未来的挑战,而不是针对德国历史上的权力政治和势力政治问题所表现出的怀疑。亟需建设的欧洲安全体系的目标,不应该是限制、束缚或者在安全政策上搞垮德国,相反,这一目标必须是,在不威胁欧洲伙伴的同时,使德国的政治、经济以及军事影响得到完全发挥。德国的安全政策不能仅仅理解为单纯地服务伙伴,相反,它必须在德国和欧洲利益上促进欧洲的大一统。大一统并不是目的,而是德国利益——这表现在德国的历史和地缘政治格局——的表达。没有强大的和自信的德国,欧洲既不会在经济政策上有竞争力,也不会在安全政策上有行动力。另一方面,德国只有在欧洲才能找到新的政治与精神认同。

我们从中可以就国家利益格局的定义得出以下结论:

一、尽管曾经暂时领先,但是,德国在欧洲寻求主导的实践,在两次世界大战中都以失败告终,而且这一失败成了德国的一种历史负担,德国必须将这一负担作为安全政策因素考虑进来。因此,安全政策的一意孤行是行不通的。尽管如此,这一点不能成为积极的外交和安全政策制定问题上"消极的无计划性",这一政策"很乐见其不被搅扰"。①

二、[208]欧洲一体化的过程在现实中还受制于相互竞争的国家利益,这些利益首先必须得到满足。因此,对于德国而言,与美国保持 partnership in leadership [领导中的合作关系] 具有生存意义。

三、德国在欧洲的中央位置迫使它进行平衡,不过不是在东方与西方的预期之间持一种骑墙政策。德国应作为东欧与西欧之间的地缘政治桥梁。在东西方之间持一种"优选政策",具有极高的安全政策风险。由于这个原因以及政治上的可计算性原因,制定清晰的安全政策方针势在必行。

四、奥德河与尼斯河以东地区(主要针对俄罗斯)的地缘政治空间,对于欧洲和德国而言,将会成为决定性的安全政策挑战。

五、两德成功统一之后还面临如下"德国问题",即德国如何在欧洲一体化框架中和大西洋同盟中实现自己的利益。这一问题同时是整个欧洲发展的关键问题。

六、必须推进欧洲一体化进程的理由,不是要在安全政策上牵制德国,而是不断发展的世界政治格局,它由新的世界经济和政治大空间中心所决定。地缘政治必须与这种新的地缘经济发展相适应。

七、无论出于历史原因,还是地缘政治和地缘经济原因,任何将视线限制在欧洲大陆的做法都要不得。作为世界经济强国

---

① Brief Otto von Bismarcks an Leopold von Gerlach v. 30. Mai 1857, in: H. Rothfels (Hsg.), *Bismarck–Briefe*, 2 Auflage, Göttingen, 1955, S. 217ff; Vgl. dazu auch U. von Hassell, *Im Wandel der Außenpolitik*, München, 1939, S. 105ff.

和欧洲中央强国,并且由于核武器的打击范围,德国很大程度上依赖于外国和海外贸易通道,因此,德国的安全政策始终着眼于走出去(out of area)。

总而言之,德国紧要的安全利益可以确定如下:

一、维持同美国的跨大西洋联盟;

二、有计划并积极地参与塑造同北约、欧盟、西欧联盟、联合国以及欧安组织的安全政策关系网;

三、[209]及早弄清、评估并检验欧洲和世界的权力政治变化;

四、在政治和军事上有能力通过政治、外交、经济以及军事手段迅速终止危机和冲突;

五、限制并控制全球范围内军事高科技、大规模杀伤性武器以及常规军备的激增;

六、维持对于德国具有生存必要性的国际自由贸易和商品交换,与盟友保持国际商路的畅通,并创造、维持、保障世界安全政策的稳定。

综上,我们可以看到,欧洲距离外交和安全政策上具有行动力,还有很长的路要走。倘若没有美国,欧洲既不会有安全——从巴尔干冲突就可以看出来,而且也无能力对欧洲外部的安全作出决定性的贡献。由于各国的利益格局各有侧重,因此,欧洲一体化最大的目标投射就在于,实现没有独联体国家参与的国家联盟。

欧洲的安全面临一系列迫切需要作出清确决断的问题:

一、欧盟的欧洲是否有意愿并且能够在对外和安全政策上一致行动?

二、欧洲国家不同的地缘政治利益格局是否会因为欧盟而得到克服？

三、是否能够为整个欧洲创造平等的繁荣？

四、北美、欧盟以及日本三巨头的安全政策和经济方案，在政治和经济上如何继续发展？雅尔塔体系下的欧洲终结之后，将美国包括在内的"欧式和平"是否可能？抑或，长期来看，"美式和平"与"欧式和平"是否无法兼容？

五、[210]如海湾危机、1991年的莫斯科八月政变或者南斯拉夫危机所证明的那样，欧洲的会议外交在效率上很有限，这种外交是否可以用清晰的、共同的欧洲外交和安全政策来代替？

六、是否可以通过扩展和壮大西欧联盟，并且在没有美国参与的情况下，促成欧洲的安全？

七、我们的目的是欧洲国家联盟，还是美国和俄罗斯主导下的短暂的再次民族化时期？

八、是否可以通过借鉴改良的北约协定及其结构，来促成欧洲的安全？

十八　对和平的定位

［211］时至今日，普世性的和平概念仍未确定下来。如施米特所言，随着这一概念的引入，国家战争不可避免地成为意识形态战争，以及为了未来的和平秩序及更美好的世界所展开的十字军东征。这样一种绝对致力于和平的目标，将会消除和平地调解争端以及党派间签订和平条约的可能性。绝对的普世和平概念，必然催发绝对的和无限制的冲突，这种冲突将席卷所有的人类生活领域。① 相对地，在安全政策上势均力敌的大空间秩序之间，似乎可以建立相对的和平。只有同质的文化-文明单位才能普遍接受一种法权与和平秩序。在这些单位之外，系于具体空间秩序的法权概念将会失去其有效性和约束性。

除了和平概念的不同意涵之外，还存在如下核心问题：

> 谁来决定，和平具体是什么，破坏或者危及和平具体包含什么内容，以及通过什么具体手段维护受到威胁的和平和恢复遭到破坏的和平。问题始终是 Quis iudicabit［谁做决定］？②

---

① 参施米特，Inter pacem et bellum nihil medium, in: *Zeitschrift der Akadmie für Deutsches Recht*，第 6 期，1939 年 10 月 1 日，该文有大量批注，见遗产 RW 265-429/B24。

② 施米特，《论断与概念》，"现状与和平"，页 29。

有决定地位的只是在每个大空间内部得到所有参与者接受的大国,而非以普世安全政策为目标并单独代理权利诉求的超级大国。[①] 如上文所言,施米特将安全政策大空间定义为"民族自由和具有很大程度上独立性和分散性的区域",[②] 它既区别于跨空间的世界强国的普世统治欲,也区别于小型区域同盟的巴尔干效应。在施米特看来,现实的和平只可能是一种空间秩序和平(Raumordnungsfrieden),它反映的是具体的权力和力量关系,以及具体的历史－政治格局。因而,和平不是永久和普世的,相反,它永远都是具体的并且取决于空间。[212]"在人类的伟大历史中,任何真和平都只是一次为真。"(同上)因此,人们需要依赖于持续发展的安全政策处境,不断重新定义和平。从欧洲视角来看,人们在冷战结束后必须追问,如何定义新形势下的欧洲大空间秩序,如何塑造"美式和平"与"欧式和平"目标投射的关系,冷战(以及近代"旧政制")的安全政策机构和组织形式在多大程度上过时了、亟需改革或者充满希望,以及Quis iudicabit [谁做决定] 在今天的世界组织中应具有什么样的特点。新和平概念的准则表现如下:

一、安全政策决断权能,愈发从国家转移到新的政治大空间主导强国,它们是国际关系的核心组织形式。

二、对和平的保障不再仅仅由军事来规定,未来它尤其会基于如下能力:维持经济、生物、生态的生存基础,防止掠夺性开采,以及满足人类的生存愿景。

---

① 关于"拿破仑的爱好和平",它激发了对手们战争的意志,参施米特,《作为政治思想家的克劳塞维茨》,页21。

② 参施米特,Die Raumrevolution,见 *Das Reich*,第19期,1940,该文有大量批注,见遗产 RW 265–199/B39。

三、只有当不具备其他所有措施，并且关系到施米特所说的个体和集体自卫的生存性问题时，军事措施作为 ultima ratio[最终手段]——作为恢复和平与法权关系的极端手段——才是正当的。

四、科技进步迫使人们不断探究具体的途径和措施问题，它们是否适合维持国际平衡，是否能平衡扩张与侵略的可能选择。

五、插手某个政治大空间秩序主权的国外干涉，比如出于人道动机，对和平的危害程度远远大于客观存在的对国际法和人权的践踏。安全政策实践中的军事干涉，总是伴随着投机和利益。因此，出于人道、维护和平、创造和平等理由而进行的军事干涉，只有在某个政治大空间内部才是正当的。反对某个潜在侵略者的多国专门干涉（Ad-hoc-Interventionen），即便有联合国授权书，[213]在原则上也无法与为了达到具体权力政治目的而进行武力冲突的古典形式区分开来。

六、对世界范围内和平的维护只能通过在安全政策上势均力敌的大空间合作来取得，而无法通过集中化和普世性的维和。相比于尝试进行假设的多元文化社会的文化内部对话，各政治大空间的跨文化对话更能稳固国际和平。

作为促成稳定的世界和平秩序的手段，大空间方案在今天必须具有如下特点：

一、每个政治大空间必须自行负责各自的人口结构。

二、所有政治大空间只具有内部干涉权。人道或者维和性的参战必须得到相关大空间的同意。

三、政治大空间具有不受限制的领土主权，必须尊重种族或宗教在自身有效范围内的自决权。

四、大空间之间的相互不动武必须建立在国际性的均衡上,这种均衡会平衡各大空间的霸权野心。

中长期来看,可能的安全政策大空间秩序表现如下:

一、由美国锻造的美利坚大空间,包括了大西洋和太平洋对岸国家及利益和势力范围。

二、主要由德、法锻造的欧洲–斯堪的纳维亚大空间,包括其北美势力范围、前沿的巴尔干地区以及南欧的危机区域。

三、俄罗斯锻造的独联体大空间,包括以中欧、中东以及远东地区为目标的势力范围。

四、[214]亚洲东部大空间,利益目标为东部中亚地区的共和国、南海地区以及印度洋和东南亚地区。

五、深受日本影响的太平洋大空间,其利益在远东和东南亚地区。

六、印度大空间,其势力范围在中东和远东地区。

七、土耳其大空间,其势力范围在近东、中东、高加索、巴尔干地区,以及前苏联的穆斯林共和国。

可以预估,未来的冲突区域尤其可能是北非、近东和远东地区、印度次大陆北部地区、高加索地区,以及中亚地区的共和国。21世纪初的国际体系将会由新的政治大空间来决定,也许还会包括像巴西这样的国家,以及许多支配着大规模杀伤性武器的中小型国家。可能会出现一段没有主导性维和力量以及没有全球安全秩序的过渡时期。比起大规模军事冲突,有"利益第三者"参与的、会产生国际影响的局部和区域冲突更有可能发生。

世界经济中心自16世纪起逐渐从地中海转移到西欧,继而在20世纪转到大西洋,如今,这一中心从大西洋转移到经济上极具扩张的太平洋地区,它几乎两倍于美国和欧洲经济地区的总和。太平洋地区的国民生产总值,将会在2000年明显超过欧洲,并且与美国持平。

21世纪初,在亚洲生活的人口将会占世界总人口的三分之二,中国极有可能成为继美国之后最大的经济生产单位。[①] 东亚和东南亚是地球上发展最为迅速的地理空间,美国通过其西海岸直接参与到这个区域。从地缘经济学方面来看,美国的加利福尼亚州属于太平洋经济空间的地区,在世界国民经济中排在第6位。[215]因此,美国经济重心转向太平洋地区,将会为欧洲经济区带来压力。

决定性的改变在欧亚大陆尤其可以预见。从安全政策方面来看,欧亚的两大区域(即欧洲和亚洲)还没有得到完全定义。俄罗斯联邦的未来悬而未决。它极有可能被中欧分隔开。中欧国家在上述文化秩序线一带的政治依靠是欧洲。尤其在中亚地区的共和国这块土地上,土耳其和伊朗将会是两股竞争的制度性力量。二者的势力范围也一直延伸到近东和中东地区,它们在这里主要是叙利亚和伊拉克的竞争者。迅速发展和繁荣的中国,将会作为迅速壮大的权力中心,出现在东边的日本、同样趋于繁荣的东南亚国家、南部的印度、西部和北部的中亚地区的共和国以及俄罗斯中间。

东亚和东南亚所表现出来的是不断扩张的经济区域,其中隐含了全球安全政策的意味。这个地区有一些区域冲突,比如在朝鲜半岛、中国南海周边,另外还有一些内政冲突,比如

[①] G. Segal, China Changes Shape: Regionalism and Foreign Policy, in: *Adelphi Paper* 287, March 1994.

菲律宾、缅甸、柬埔寨等国，以及印度与中国之间可能长期存在的利益冲突。尽管如此，与中欧前沿的危机区域、马格里布、近东、中东以及东欧相比，这个地区的安全政策风险相对小得多。此外，这里的经济增长和作为商品销售市场的地区，看起来也远远比欧洲的情形更为乐观。因此，美国利益的经济政治重心向这个区域转移不可避免，相继而来的可能是其相应的安全政策重新定位。中国将会是中期甚至长期与美国势均力敌的天然区域强国。从中欧到欧亚大陆"边缘地带"，[1] 途经印度大空间、东南亚，再到中国和日本的重心转移是确定无疑的。麦金德的欧亚"腹地"（Herzland，译按：又译"心脏地带"），包括俄罗斯与中亚地区的共和国，愈发剧烈地沦为安全政策和经济政策对象。

从俄罗斯的视角来看，冷战的结束为本国权力和势力范围向南扩张打开了前景，而土耳其和伊朗是两个主要的挑战者。[216] 俄罗斯的这一趋势可以证明自己的正当性，因为我们同样可以从其他政治大空间那里看到安全政策和经济政策上的向南定位：比如美国、加拿大、墨西哥都着眼于中美洲和南美洲，西欧着眼于北非，日本及其相邻大国着眼于东南亚地区。与北非国家对于西欧的安全一样，充满风险的南部地区对于俄罗斯也同样具有性命攸关的安全政策意义。

地缘政治学家麦金德和斯皮克曼（Nicholas John Spykman）的老问题重新被抛出来：谁将会主宰欧亚大陆的世界岛？谁将会在安全政策上控制欧亚大陆的"边缘地带"？

---

① 关于1945年之后对美国外交和安全政策具有指向作用的边缘地带理论的发展，参 N. J. Spykman, *The Geography of Peace*, New York, 1944.

在麦金德看来,空间格局、人口发展情况、科技-经济能力、军事力量潜能以及相应的安全政策野心等因素,对于回答上述问题具有决定意义。欧亚问题的悬而未决所具有的全球安全政策重要性,表现在同美国安全利益的关联上,

> 就地缘政治而言,美国是欧亚大陆海岸外的一座岛屿而已,欧亚大陆的资源和人口都远远超过美国。不论冷战存在与否,任意一个大国主宰欧亚大陆两大范围之一(欧洲或亚洲),都会对美国构成战略意义上的威胁。因为这样的组成会在经济上胜过美国,最后在军事上也凌驾于美国之上。[1]

从欧亚大陆原则上悬而未决的发展可能性可以看到,安全政策是在一个自由的空间中得到贯彻的。统一与多元、和谐与对立、融合的与对抗的动机、潜在的和平与敌对局面等,都处在持续的相互作用之中。安全政策进程的结果是常量与变量因素的产物。

冷战之后国际体系的突出特征是,随着新兴国家的兴起,也形成了新的政治大空间,也许还产生了在政治冲突中——无论以和平还是武力手段——亟需裁决的新对立。于是,如施米特在《空间革命》中所说的,"超越空间的普世性世界强国"的统治诉求会受到动摇和挑战。[2] 代替它的是作为政治和经济大空间核心国家的新"帝国"。[217] 从这种新的"多元"中,必然会形成诸多安全政策大空间新的安全政策均衡,

---

[1] 基辛格,《大外交》,顾淑馨、林添贵译,海口:海南出版社,1997,页253及以下。

[2] Vgl. Carl schmit, Die Raumrevolution.

这些大空间基于新的层面并以新的维度,各自创造出新的国际法,不过,与18、19世纪欧洲国际法也有些类似,后者同样基于列强的均衡,并以此获得其结构。①

必然会出现一种揭示并认可具体秩序进程和利益格局的地缘政治现实主义(geopolitischer Realismus),它会代替那种以道德律令为原则的"世界内政"(Weltinnenpolitik),后者在实际操作中掺杂了带有国家利益的绝对诉求。②

---

① Vgl. Carl schmit, Die Einheit der Welt, S. 5.
② 施米特在《政治的概念》中写道:"'人类'这个概念,尤其是帝国主义用以扩张的得力意识形态工具,在其伦理－人道主义形态中,则成为经济帝国主义的特殊工具。"(页68)

十九 总结与展望

一、[218]顾及人性所有侧面的人性观,符合危险且成问题的政治领域。与此相对,理想化的人本学不能被当作安全政策理论的根基。此外,与其说人是政治的主体,毋宁说是其对象。在政治空间中,人更多的是受到威胁而非享有安全。经过理想化和美化的人性观,和享乐、个体自我实现、消费以及物质主义的伦理学,更适合于安全政策的长期和平环境,但无法承受政治不断的变化和变革(即政治的规律性)、关键时期、危机以及例外情形。

政治的内在结构要求纪律、戒备、理性的危机意识以及某种无私且为公众福祉负责的严厉和耐力。

二、在外交和安全政策实践中,所有普世主义永远都是为了达到具体权力和势力政治目标的手段。普世主义创造了人和人之间毫不留情和残忍冲突的精神前提。在安全政策中,超越价值的理念概念是斗争概念和用以区分敌友的手段。

三、在安全政策中,人得面对统治与空间秩序的不断变化、扩张与占取、社会重新分配与再分配的长期进程以及不断变化的物质财富生产与消费等问题。只有以持续的安全政策范式转变途径,也就是说,不断地适应安全政策格局的具体挑战和危险,才有可能成功地为生存作出预防。

四、地球的空间和空间秩序,早已不再与国家边界相一致。

安全政策的现代空间概念是行星性的（planetarisch）。它将以前被分开的地缘政治元素（陆地、海洋、天空、太空），融合为全球性的整体，因而成为多维的人类活动区域。当下和未来的政治、经济、文化、文明、国际法利益格局、对立、区别等，都在这里得到协调，并且在冲突情形中决出胜负。和平和武力的变迁和改变，永远都在动摇现存的地球空间秩序。

五、[219]位于政治背后的，是促进文化和文明认同的核心、约束性以及区分性的世界观。这些世界观是安全政策、科技、工业以及经济的思想参照框架。安全政策的任务在于，领会并兼顾发挥作用的精神力量，阻止其不受控制的爆发。在安全政策和空间与实践中不断变化的世界观之间，存在一种无法消解的关联，分析安全政策格局必须顾及这一点。

六、必须从可能的冲突情形出发来思考所有的安全政策理论。它永远都着眼于"例外情形"以及随之而来的政治决断。任何政治秩序都表达了一种具体的利益格局，因此，它必然得面对武力冲突影响之下潜在的敌友局面，人们在其中争夺定义和决断。在政治领域中必然被定义为敌人的，并不是需要被消灭的非价值（Unwert），而是政治上的他者，人们根据这个他者来自我划分和自我认识。只有从政治敌人概念和使对手无罪化，才有可能限制和约束冲突。政治中需要注意的最极端冲突和例外情形，是对本国政治和社会生存方式的否定。作为最终手段的战争，只有在这种生存性情形下才是正当的。

七、安全政策的首要任务是对外的利益代理，以及防止政治性的，如今所谓文化－文明体系的和对立的世界内战。这一语境下关键的挑战是，国际体系中的政治定义权力（Definitionsmacht）以及相互对抗的世界观和"正当性"的普世权力和势力诉求。此外,至关重要的是控制并平衡国际舞台上的一些参与者,它们会不可避免地追逐更多权力和势力,在新兴的列强局面中依格局来定义"保护"与"顺从"的关系,以及利用空间和意涵上得到扩展的安全和战略概念,提前看清朝着充满冲突的例外局面发展的趋势。

八、在不可避免的政治领域里,不可能存在无风险的安全。历史-政治世界的基本现实并不是由安定的和平而是由战争对和平永久的威胁组成的。放弃自主的、定义安全和国家利益格局的政治决断,[220]会由于"保护"与"顺从"的政治关系,导致主权被移交,并"顺从"于"利益第三者"的政治决断。"主权者就是决断例外情形的人",也就是那个支配着定义权力的人,该权力判定国际法概念在具体冲突情形中是否有效,就是那个能够和允许区分"敌""友"的人,就是那个在安全政策实践中不被框在国际法概念条例中,而是把这些概念当作政治活动框架的人。此外,主权者就是支配着高科技、航天能力以及核武器的人,就是有能力在武器激增的时代也同样支配着对应选择的人。

九、权力和势力政治既非"善"也非"恶",相反,它是不可避免且必要的。政治、经济、金融、科技、军事等权力,越多地集中于某个安全政策参与者身上,且这个参与者支配着越多的安全政治选项,它就越可以"平和地"、有能力稳保成功地实现其外交和安全政策目标,并可以利用战略性的策略和战术的所有可能性。

十、要把国际和平秩序确立为国际法原则,不是通过普世主义的道路,而是通过接受多元性,通过具体的秩序思维,以及承认独立的政治大空间。

十一、武装冲突一如既往是国际关系的核心特征。世界上大多数冲突都是"利益第三者"支持下国际化的即行星性的冲突，这些五花八门的支持有明有暗。这既适用于国家间也适用于国内的冲突。

十二、在"北方"发达工业国家之外，并没有表现出国际关系的去军事化。在这个地理空间中可以确定的是，武力冲突在持续增多。在世界上许多区域，在可以预见的未来，战争都将会是政治手段，它会以各式各样的武力表现出来，甚至出现返祖式的退步。

十三、[221]尽管联合国在全球积极行动，但是在防止、制约以及终止冲突上，联合国的秩序功能被证明不那么有效。被利用、效率低下、冲突派系的科技能力低下以及无法承担的大量维和行动等，动摇了联合国作为世界维和媒介的可信度。

十四、在越来越多的种族－宗教安全政策正当性背景下，新千年的科技变革展现出如下特征：电脑科技、半导体、现代通讯技术、自动化、机器人技术、新能源、原材料、高性能塑料以及太空和宇宙飞行。无论以民用还是军用方式应用科技，都将导致现代武器科技的激增。人们对人权平等的诉求，对应着全球范围内奋力追求的武器平等。

十五、国际体系的核心标志是，安全政策大空间和新的同盟体系不断发展的多元性。针对可预见的行星性的世界冲突分配和再分配，人们会结成同盟体系。因此，尽管现存的国家利益仍需得到克服，部分程度上有着分歧，但是欧洲统一符合具体的国际格局发展趋势，在安全政策上是必要的。

十六、当前和未来的世界秩序线和冲突线，主要是文化性和文明性的。人们会越来越将文化和宗教归属视为科技上愈发趋同的世界中的区分标准。大的世界政治二选方案体现在西方与非西方世界模式的文化对立中。着眼欧洲来看,这种二选方案体现在同伊斯兰世界的对立中,它既触及西欧也触及俄罗斯的安全利益。

十七、全球范围内,无论是个人,还是国家,抑或是大空间,都面临着花样繁多的权力和势力投射方式,这些方式会威胁并使用武力。然而,扩展的安全与战略概念不再仅仅是军事性的。扩展的安全理解必须在仍有待做出的整体评价中,兼顾世界上的科技、社会政治、生态、地缘经济、文化以及军事发展。[222]预防与合作将会成为这一新安全概念的核心组成部分。在危机管理中,除了外交、经济以及科技之外,军事权力成为最终手段,它并非时间上的最终手段,而是极端手段。

从扩展的安全概念可以得出,无论在国家还是国际层面,都有必要将安全政策的计划和决断职权进行跨部门的结合。

有目共睹,我们正处于安全政策的时代转折点。赫拉克利特的万物皆流(panta rhei)在全世界都显而易见,它向我们表明,我们星球的政治发展是在一个自由的空间中进行的。

人们能够做的只是如下尝试,即毫无偏见地理解现存的安全政策实践,在考虑历史经验空间的深度并进一步分析的条件下,以批判的方式去承受它,以便对现实有一个更好的理论把握。在安全政策领域中,以实践为指导的认知探索目标是理解事实背后的国际关系结构,并领会政治活动由人本学决定和在历史－经验上有据可循的核心。

国际关系的安全政策实践,突出表现在以利益为目标、利益的竞争、利益的代理,并且伴随着使用和利用政治、外交、和平、非和平甚至武力等手段。在政治领域中始终重要的是,或明或暗地代理权力和势力诉求，以及践行这些诉求以抵抗安全政策联盟内部或外部的对立政治意图。大事件现场的安全政策参与者深谙政治的这一特征，它体现在具体政治问题中至少两个派系之间不可避免的冲突中。在如此理解的政治世界中，重要的是具体的政治野心、力量以及强国之间的冲突。人们关心的是重新分配和利用赢得的地位，以利益为导向积极地重新塑造政治统治和依附关系，理想的世界观和物质的成本－收益考虑，获取权力和分配权力，以及发挥权力和势力的机会。在这里具有决定性作用的是：[223] 潜在的和事实的政治敌友局面、冲突情形中具有定义权力的可能和能力、武力和法权的内在关联的问题、政治空间和秩序思维的方式方法，以及利用政治和军事战略对这些方式方法的践行。

只要安全政策问题对于急速变化的安全政策实践是敞开的，那么，在上述问题上，安全政策问题就能够在政治学科框架中为具体的挑战提供决断辅助。作为经验科学的政治理论并不是超逾时间、空间、具体政治－历史处境的实践和经验。只有前瞻性的（perspektivisch）政治思维和跨学科的政治理论概念，才符合安全政策格局的复杂性和对种种决断提出挑战的特性，以及只能粗略预见的进一步发展。

从这一方面来看，施米特遗留下来的政治和战略理论作品以及他的方法论，可以为我们提供新的思辨可能性和视野。

雨果的一尊纪念碑坐落在滑铁卢与四臂村（Quatre-Bras）之间的一条街道上——1815 年 6 月 18 日，争取拿破仑之后欧洲政治新秩序的最后一场战役在这个狭小的空间里打响。人们在纪念碑上可以读到雨果《巴黎和平代表大会开幕词》（1849 年 8 月 21 日）的一段节选文字，

> 终有一天，不会再有别的战场，只有向商业敞开的市场，只有向思想敞开的精神。

雨果的愿望无意间预言了20世纪冲突的主要起因，他希望，不断向前的经济发展和思想的对话会成为保障和平的手段。不断开放的市场和不断展开的思想，促进了政治的经济化及其意识形态化。经济与贸易战以及毫不妥协的意识形态对峙，成为决定性的和触发冲突的因素，其结果是惨不忍睹的斗争和战争。整个20世纪都深受其害。

20世纪末的乌托邦是这样的安全政策愿望，人们希望人权、民族自决权，以及自由、民主、多元文化社会秩序在全球范围内蓬勃发展。因此，这同时也预示了早期意识形态对立之外的全新冲突对象，在政治领域，人们只有通过理性地回应这一格局的具体挑战，并借助安全政治的现实主义，才可以将其掌控。

出处与文献

一　说明

施米特遗产在北威州杜塞尔多夫国家档案馆标记为RW265，包括通信、资料以及个人藏书。

关于遗产的概貌可参范拉克（Dirk van Laak）和威灵格（Ingeborg Villinger）编辑的目录《施米特遗产》（*Nachlass Carl Schmitt*, Siegburg, 1993）。

托米森（Piet Tommissen）教授的记录差不多涵盖了全部的文献，仅列如下：

施米特文献，见 Hans Barion 等编，《施米特纪念文集》（*Festschrift für Carl Schmitt*, Berlin, 1959），页273及以下；

1959年施米特文献补遗，见 Hans Barion 等编，《Epirrhosis——施米特纪念文集》（*Epirrhosis – Festgabe für Carl Schmitt*, Berlin, 1968），页739及以下；

1959年施米特文献补阙，见 Piet Tommisen 编，《论施米特》（*Over en in zake Carl Schmitt*, Eclectica, 第5期, 21、22、23号, 1975），页127及以下；

1975年施米特文献二编，见《欧洲社会学杂志》（*Revue européenne des sciences sociales et cahiers Vilfredo Pareto*, 卷14, 1978, 第44期），页188及以下；

下面列出本书使用的杜塞尔多夫国家档案馆藏施米特文章和杂志文章：

RW 265：31/M3，33/M 9，93/61，150/M 5，174/BO，199/B 39，199/B 40，199/B 41，200/B 9，204/M 6，204/M 7，204/M 9，204 Nr.2，206/B，206/BO，229/M 10，229/M 15，243/M 3，337/B 3，338/BO，338/B 10，342/B 3，395/BO，398/B 6，403/BO，407/M 5，407/M 7，417/B 15，418/M 1-8，424/B 3，429/B，429/B 14，429/B 23，429/B 24，429/B 25，429/B 34，432/M 4，447 Nr.4，456/B 20，457/B 13，459/B 7，482/B 18，482/B 19

这些文献的关键词是：

袭击战；例外状态，戒严；克劳塞维茨；欧洲；大空间秩序；正义战争；战争与和平；马基雅维利；关于权力的对话；神话；法；游击队；规划；空间；军备；斯佩德将军；恐怖主义；联合国；国际法；反抗权

此外，还使了施米特遗产中的如下资料：

RW 265：Nr.31/M 2, 35 Nr.32, 54, 120/B, 150/M 5, 191/B, 191/Nr.3, 229/M 12, 280/M 1, 284/M 6, 323/M 2, 329, 342/B, 343/M 3, 349/M l, 353, 407/M 2, 412/M 4, 413/M 5, 419/M 10, 451/B 11, 470/M 9, 472/M6

关于书信，使用了以下内容：

RW 265：Nr. 93/61, 329/K 1, 391/K 1, 407/M 2

另外，本书还参照了提及的、引用的以及发表的施米特专著和文章，以及其他在脚注中和第三章附录（其他文献）中提到的作品。施米特遗产中所有的出处都在注释里以括弧给出，必要情况下会提示出档案馆的资料。

出处和文献指的是本书中使用的作品。

注释1至530分为两类：第一类是脚注（FN），作为文献

提示，总结在附录二和三中；第二类是对正文作出解释说明的 (FN)，主要是下列注释：25, 53, 65, 70, 103, 174, 197, 215, 227, 232, 233, 245, 246, 309, 340, 341, 373, 377, 383, 387, 434, 442, 443, 447, 452, 465, 512, 517, 530。

二 施米特文章、专著、报告大纲

Die zitierten Werke werden in chronologischer Reihenfolge nach dem Erscheinungsdatum aufgeführt. In den Fußnoten sind die Ausgaben angegeben, aus denen zitiert wird. Im folgenden sind die z. Zt. erhältlichen, neuen Ausgaben angegeben. Soweit im Nachlaß vorhanden, sind die Kart.-Nrn. des Nordrhein-Westfälischen Hauptstaatsarchivs jeweils angegeben.
Soweit im folgenden bei den aufgeführten Werken Fußnoten (= FN) angegeben sind, wird im Text auf diese hingewiesen; in den Fällen, in denen keine FN aufgeführt sind, wurden die genannten Werke allgemein zugrunde gelegt.

Theodor Däublers "Nordlicht"
- Drei Studien über die Elemente, den Geist und die Aktualität des Werkes,
Unveränderter Neudruck der Ausgabe von 1916, Berlin 1991.
FN: - .

Recht und Macht,
in: Summa, Heft 1/1917 (Kopie, im Nachlaß: RW 265-418/M1-8).
FN: 231.

Politische Romantik,
1. Ausgabe Berlin/München/Leipzig 1919.
5. Auflage der 2. Ausgabe von 1925, Berlin 1991.
FN: 111.

Die Diktatur
- Von den Anfängen des modernen Souveränitätsgedankens bis zum proletarischen Klassenkampf,
6. Auflage der Erstausgabe 1921, Berlin 1994.
FN: 215.

Politische Theologie,
Vier Kapitel zur Lehre von der Souveränität,
6. Auflage der Erstausgabe von 1922, Berlin 1993.
FN: 35, 215, 232 - 235, 242, 345.

Römischer Katholizismus und politische Form,

1. Auflage 1923
 Neudruck der 2. Auflage von 1925, Stuttgart 1984.
 FN: 215.
Die geistesgeschichtliche Lage des heutigen Parlamentarismus,
 7. Auflage der Erstausgabe von 1923, Berlin 1991.
 FN: 111.
Die politische Theorie des Mythus (1923),
 in: Carl Schmitt, Positionen und Begriffe, Berlin 1988, S. 9 ff.
 FN: 15, 112.
Die Rheinlande als Objekt internationaler Politik,
 Köln 1925; in: Carl Schmitt, Positionen und Begriffe, S. 26 ff.
 FN: 227.
Der Status quo und der Friede (1925),
 in: Carl Schmitt, Positionen und Begriffe, Berlin 1988, S. 33 ff.
 FN: 227, 521.
Das Doppelgesicht des Völkerbundes (1926),
 in: Carl Schmitt, Positionen und Begriffe, Berlin 1988, S. 43 ff.
 FN: 227.
Macchiavelli. Zum 22. Juni 1927,
 in: Kölnische Volkszeitung und Handelsblatt, 68. Jg., 21. Juni 1927
 (im Nachlaß: RW 265-407/M7).
 FN: 170.
Der Begriff des Politischen,
 in: Archiv für Sozialwissenschaft und Sozialpolitik, Köln 1927,
 jetzt in: Carl Schmitt, Positionen und Begriffe, Berlin 1988, S. 67ff.
 FN: 191, 192, 215, 322.
Verfassungslehre,
 8. Auflage der Erstausgabe von 1928, Berlin 1993.
 FN: 215.
Der Völkerbund und Europa (1928),
 in: Carl Schmitt, Positionen und Begriffe, Berlin 1988, S. 88 ff.
 FN: 227.
Völkerrechtliche Probleme im Rheingebiet (1928),
 in: Carl Schmitt, Positionen und Begriffe, Berlin 1988, S. 97 ff.
 FN: 227.
Über den Ausnahmezustand,
 Resümee des Vortrages vor dem Hamburger Überseeklub am
 14. Nov. 1930
 (im Nachlaß: RW 265-204/M9).
 FN: 232.
Der Hüter der Verfassung,
 3. Auflage der Erstausgabe von 1931, Berlin 1985.
 FN: 215.
Legalität und Legitimität,

5. Auflage der Erstausgabe von 1932, Berlin 1993.
   FN: 215.
Die Vereinigten Staaten von Amerika und die völkerrechtlichen Formen/Methoden
des modernen Imperialismus,
   Resümee des Vortrages in Königsberg im Febr. 1932.
   (im Nachlaß: RW 265-204/M7).
   FN: 201.
Der Begriff des Politischen.
   Text von 1932 mit einem Vorwort und drei Corollarien,
   Unveränderter Nachdruck der 1963 erschienenen Auflage, Berlin 1991.
   FN: 16, 22, 23, 29 - 31, 36, 41 - 44, 87 - 90, 93, 97, 98,
         123, 125, 135, 137, 193, 194, 196, 204 - 207, 210 -
         214, 218, 226, 236, 238 - 241, 287, 313, 315, 322,
         424, 530.
Völkerrechtliche Formen des modernen Imperialismus (1932),
   in: Carl Schmitt, Positionen und Begriffe, Berlin 1988, S. 162 ff.
   FN: 195, 198 - 200, 201, 227, 427 - 429.
Frieden oder Pazifismus?,
   in: Münchner Neueste Nachrichten vom 11. Nov. 1933
   (im Nachlaß: RW 265-429/B23).
   FN: - .
Das politische Problem der Friedenssicherung,
   Unveränderter Nachdruck der 2. Auflage von 1934, Wien-Leipzig 1993.
   FN: 454.
Über die drei Arten des rechtswissenschaftlichen Denkens,
   Hamburg 1934.
   FN: 215.
Paktsysteme als Kriegsrüstung. Eine völkerrechtliche Betrachtung,
   in: Münchner Neueste Nachrichten vom 31. März 1935
   (im Nachlaß: RW 265-204/M9).
   FN: 201.
Die siebente Wandlung des Genfer Völkerbundes (1936),
   in: Carl Schmitt, Positionen und Begriffe, Berlin 1988, S. 210 ff.
   FN: 227.
Totaler Feind, totaler Krieg, totaler Staat (1937),
   in: Carl Schmitt, Positionen und Begriffe, Berlin 1988, S. 235 ff.
   FN: 349.
Der Begriff der Piraterie,
   in: Völkerbund und Völkerrecht, 4. Jg. 1937
   (mit Anmerkungen, im Nachlaß: RW 265-174/BO).
   FN: - .
Der Leviathan in der Staatslehre des Thomas Hobbes
   - Sinn und Fehlschlag eines politischen Symbols,
   Nachdruck der Erstausgabe von 1938, Köln 1982.
   FN: 38, 39, 176, 220, 221.
Die Wendung zum diskriminierenden Kriegsbegriff,

2. Auflage der 1938 erschienenen Erstausgabe, Berlin 1988.
   FN: - .
Über das Verhältnis der Begriffe Krieg und Feind (1938),
   in: Carl Schmitt, Positionen und Begriffe, Berlin 1988, S. 244 ff.
   FN: 193.
"Ist der liebe Gott Engländer?" Lebensraum gegen 'Gleichgewicht' und Einkreisung
   - Artikel der Münchner Neuesten Nachrichten vom 27./28./29. Mai 1939 über den Vortrag von Carl Schmitt
   (mit Anmerkungen und Markierungen, im Nachlaß: RW 265-33/M9).
   FN: - .
Völkerrechtliche Großraumordnung mit Interventionsverbot für raumfremde Mächte
   - Ein Beitrag zum Reichsbegriff im Völkerrecht,
   Berlin/Wien/Leipzig 1939,
   Neuauflage nach der 4. Auflage, Berlin 1991.
   FN: 14, 227, 279, 282, 284 - 286.
Inter pacem et bellum nihil medium,
   in: Zeitschrift der Akademie für Deutsches Recht, 6. Jg., 1. Okt. 1939
   (mit Anmerkungen, im Nachlaß: RW 265-429/B24).
   FN: 520.
Großraum gegen Universalismus (1939),
   in: Carl Schmitt, Positionen und Begriffe, Berlin 1988, S. 295 ff.
   FN: 227, 511.
Der Reichsbegriff im Völkerrecht (1939),
   in: Carl Schmitt Positionen und Begriffe, Berlin 1988, S. 303 ff.
   FN: 227, 283.
Positionen und Begriffe:
   im Kampf mit Weimar - Genf - Versailles 1923 - 1939,
   Unveränderter Nachruck der Ausgabe von 1940, Berlin 1988.
   FN: 3, 15, 193.
Über das Verhältnis von Völkerrecht und staatlichem Recht,
   in: Zeitschrift der Akademie für Deutsches Recht, 7. Jg., 1. Jan. 1940,
   (mit stenographischen Anmerkungen, im Nachlaß: RW 265-429/B25).
   FN: - .
Reich und Raum. Elemente eines neuen Völkerrechts,
   in: Zeitschrift der Akademie für Deutsches Recht, 7. Jg., 1. Juli 1940
   S. 201 ff. (mit Anmerkungen und Überarbeitungshinweisen,
   im Nachlaß: RW 265-424/B3).
   FN: 290.
Die Raumrevolution. Durch den totalen Krieg zu einem totalen Frieden,
   in: Das Reich, Nr. 19, 1940
   (mit Anmerkungen, im Nachlaß: RW 265-199/B39).
   FN: 291, 523, 524, 528.
Europäische Ordnung und Europäischer Friede,
   Resümee des Vortrages in Kiel am 30. Okt. 1940

(im Nachlaß: RW 265-204/M6).
FN: 281, 456.

Staatliche Souveränität und freies Meer.
Über den Gegensatz von Land und See im Völkerrecht der Neuzeit,
in: Das Reich und Europa, Leipzig 1941, S. 91 ff.
(im Nachlaß: RW 265-403/BO).
FN: 72, 78 - 81, 83, 85, 106, 202.

Das Meer gegen das Land,
in: Das Reich, vom 9. März 1941
(im Nachlaß: RW 265-199/B41).
FN: 76, 203.

La Mer contre la Terre,
in: Cahiers franco-allemands, Nov./Dez. 1941
(im Nachlaß: RW 265-417/B15).
FN: - .

Land und Meer.
Eine weltgeschichtliche Betrachtung,
Nachdruck der erstmals 1942 erschienenen Ausgabe, Köln 1991.
FN: 20, 74, 215, 252 - 277.

Beschleuniger wider Willen oder: Problematik der westlichen Hemisphäre,
in: Das Reich, vom 19. April 1942
(mit Anmerkungen, im Nachlaß: RW 265-199/B40).
FN: - .

Behemoth, Leviathan und Greif. Vom Wandel der Herrschaftsformen,
in: Deutsche Kolonialzeitung, 55. Jg. Heft 2, Feb. 1943, S. 29 ff.
(im Nachlaß: RW 265-429/B14).
FN: 72, 73, 77, 84, 86, 312.

Die letzte globale Linie,
in: Marine Rundschau, Heft 8, 1943, S. 36 ff.
FN: 223, 510, 512.

Beantwortung der Frage:
'Wieweit haben Sie die theoretische Untermauerung der Hitlerschen Großraumpolitik gefördert?'
Carl Schmitt an Prof. Dr. Robert M. W. Kempner, Nürnberg 18.04.1947
(im Institut für Zeitgeschichte (IfZ), AK: 7856/90, Best: 179/1
im Nachlaß: RW 265-92/12).
FN: 18.

Weisheit der Zelle,
in: Frankfurter Allgemeine Zeitung, April 1947
(im Nachlaß: RW 265-407/M5);
und in: Ex Captivitate Salus - Erfahrungen der Zeit 1945-47, S. 89 f.
FN: 136.

Drei Stufen historischer Sinngebung,
    in: Universitas, Zeitschrift für Wissenschaft und Kultur, 5. Jg.
    Heft 8, Tübingen 1950, S. 927 ff.
    (mit zahlreichen Anmerkungen und Überarbeitungshinweisen,
    im Nachlaß: RW 265-459/B7).
        FN: 103.

Existentielle Geschichtsschreibung: Alexis de Tocqueville,
    in: Universitas, Zeitschrift für Wissenschaft und Kultur, 5. Jg.
    Heft 10, Tübingen 1950
    (mit Anmerkungen und Überarbeitungshinweisen,
    im Nachlaß: RW 265-337/B3).
        FN: - .

Ex captivitate salus - Erfahrungen der Zeit 1945 - 47,
    Köln 1950
    (im Nachlaß: RW 265-407/M5).
        FN: 136, 518.

Der Nomos der Erde im Völkerrecht des Jus Publicum Europaeum,
    Unveränderter Nachdruck der 1950 erschienenen ersten Auflage,
    Berlin 1989,
        FN: 19, 74, 114, 148, 152, 175, 177 - 180, 188 - 190,
                 215, 248, 285, 288, 298, 304, 305, 327, 435, 437,
                 439, 452 - 455.

Glossarium - Aufzeichnungen der Jahre 1947 - 1951,
    hsg. von Eberhard Frhr. von Medem, Berlin 1991.
        FN: 49 - 52, 54, 55, 143 , 144, 183 - 185, 187, 209, 225,
               228, 230, 310, 397 - 399, 444.

Recht und Raum,
    in: Tymbos für Wilhelm Ahlmann, Berlin 1951, S. 241 ff.
    Sonderdruck, mit Anmerkungen, im Nachlaß: RW 265-342/B3).
        FN: 222, 224, 251.

Die Einheit der Welt,
    in: Merkur, 6. Jg. Heft 1/Jan. 1952, S. 5 ff.
    (mit zahlreichen Anmerkungen, im Nachlaß: RW 265-338/BO).
        FN: 292, 294, 295, 517, 529.

Der verplante Planet,
    in: Der Fortschritt, Nr. 15 vom 11. April 1952
    (im Nachlaß: RW 265-432/M4).
        FN: 292, 293.

Brief von Carl Schmitt von 7. August 1952 zu dem Einladungsschreiben der
    Evangelischen Akademie Hofgeismar
    (im Nachlaß: RW 265-93/61).
        FN: 1.

Im Vorraum der Macht,
>   in: Die Zeit, vom 29. Juli 1954
>   (im Nachlaß: RW 265-150/M5).
>   FN: 229.
Welt großartigster Spannung,
>   in: Merian, Heft 9, 1954
>   (Kopie, im Nachlaß: RW 265-398/B6).
>   FN: 314, 349.
Gespräch über die Macht und den Zugang zum Machthaber,
>   Pfullingen 1954.
>   FN: 37, 219, 229.
Der neue Nomos der Erde,
>   in: Gemeinschaft und Politik, 3. Jg. Heft 1, 1955, S. 7 ff.
>   (im Nachlaß: RW 265-429/B34).
>   FN: 71, 514 - 516.
Der Aufbruch ins Weltall.
>   Ein Gespräch zu dritt über die Bedeutung des Gegensatzes von Land und Meer,
>   in: Christ und Welt, 8. Jg., Nr. 25 vom 23. Juni 1955
>   (im Nachlaß: RW 265-206/B).
>   FN: 299.
Die geschichtliche Struktur des heutigen Welt-Gegensatzes von Ost und West,
>   in: Freundschaftliche Begegnungen. Festschrift für Ernst Jünger, Frankfurt a.M. 1955, S. 135 ff.
>   (mit zahlreichen Anmerkungen, im Nachlaß: RW 265-456/B20).
>   FN: 40, 72, 99, 101, 105, 110, 248, 302, 303, 306 - 309.
Übersicht über das konkrete Problem des heutigen Nomos der Erde,
>   vom 9. März 1957, Münster,
>   (im Nachlaß: RW 265-229/M15).
>   FN: 517.
Land und Meer,
>   Bericht über einen Vortrag im Süderlander Tageblatt, Nr. 275 vom 22. November 1957
>   (im Nachlaß: RW 265-204/M9).
>   FN: - .
Gespräch über den neuen Raum und den Gegensatz von terraner und maritimer Existenz,
>   in: Estudios de Derecho Internacional. Homenaje al Profesor Camilo Barcia Trelles, Santiago de Compostela 1958, S. 263 ff.
>   (mit Anmerkungen, im Nachlaß: RW 265-206/BO).
>   FN: 108, 109, 248, 278, 307, 311, 441.

Nomos - Nahme - Name,
    in: Der beständige Aufbruch. Festschrift für Erich Przywara,
    hsg. von Siegfried Behn, Nürnberg 1959
    (mit zahlreichen Anmerkungen, im Nachlaß: RW 265-395/BO).
        FN: - .

Der Partisan.
    Vorläufige Gliederung von Carl Schmitt, vom Nov. 1960.
    (Im Nachlaß: RW 265-243/M3).
        FN: 391, 392, 394, 395.

Gespräch über den Partisanen.
    Carl Schmitt und Joachim Schickel, München 1961
    (Kopie mit Anmerkungen, im Nachlaß: RW 265-429/B).
        FN: 380.

Dem wahren Johann Jakob Rousseau. Zum 28. Juni 1962,
    in: Zürcher Woche, 14. Jg., Nr. 26 vom 29. Juni 1962
    (Im Nachlaß: RW 265-200/B9).
        FN: 383, 389, 390, 393.

Theorie des Partisanen.
    Zwischenbemerkungen zum Begriff des Politischen,
    Unveränderter Nachdruck der Erstausgabe von 1963, Berlin 1992.
        FN: 33, 124, 327, 353, 373 - 382, 384 - 386.

Die vollendete Reformation.
    Bemerkungen und Hinweise zu neuen Leviathan-Interpretationen.
    in: Der Staat, 4. Bd. Heft 1, 1965
    (mit zahlreichen Anmerkungen, im Nachlaß: RW 265-482/B19).
        FN: 104.

Clausewitz als politischer Denker. Bemerkungen und Hinweise,
    in: Der Staat, 6. Bd. Heft 4, 1967, 479 ff.
    (mit vielen Anmerkungen, im Nachlaß: RW 265-482/B18).
        FN: 45, 96, 141, 348, 349, 388, 420 - 422, 522.

Clausewitz als politischer Denker,
    Resümee des Aufsatzes von Carl Schmitt
    (im Nachlaß: RW 265-31/M3).
        FN: 350.

Nehmen/Teilen/Weiden,
    in: Rechtsstaatlichkeit und Sozialstaatlichkeit, Darmstadt 1968
    (mit vielen persönlichen Anmerkungen,
    im Nachlaß: RW 265-338/B10).
        FN: 21, 24, 26, 48, 58 - 69, 70.

Von der TV-Demokratie.
    Die Aggressivität des Fortschritts,
    in: Deutsches Allgemeines Sonntagsblatt, Nr. 26 vom 28. Juni 1970
    (im Nachlaß: RW 265-229/M10).
        FN: 34, 126, 127.

Politische Theologie II,
>   Die Legende von der Erledigung jeder Politischen Theologie,
>   Unveränderter Nachdruck der 1970 erschienenen 1. Auflage, Berlin 1990.
>   FN: 122, 139, 325, 426, 438, 513.

Abschrift eines handschriftlichen Briefes von Carl Schmitt an Prof. Raymond Aron,
>   Collège de France (Paris), vom 17. Feb. 1972
>   (im Nachlaß: RW 265-391/K1).
>   FN: 353.

Die legale Weltrevolution.
>   Politischer Mehrwert als Prämie auf juristische Legalität und Superlegalität.
>   in: Der Staat, 17. Band Heft 3, 1978, S. 321 ff.
>   (mit zahlreichen persönlichen Anmerkungen,
>   im Nachlaß: RW 265-457/B13).
>   FN: 46, 140, 289, 301, 324, 430, 431, 463, 464.

Das internationalrechtliche Verbrechen des Angriffskrieges
>   und der Grundsatz "Nullum crimen, nulla poena sine lege",
>   hsg. - mit Anmerkungen und einem Nachwort versehen - von Helmut Quaritsch, Berlin 1994.
>   FN: 195, 435.

"Homo homini Homo"
>   Notizheft von Carl Schmitt zu anthropologischen Fragen
>   (im Nachlaß: RW 265-447 Nr. 4).
>   FN: 32.

Unveröffentlichtes Manuskript
>   (im Nachlaß: RW 265-204/ Nr. 2).
>   FN: 195.

三 其他文献以及施米特遗产的图书馆资料

Die zitierte Literatur ist nach Verfasser alphabetisch geordnet.
Soweit im folgenden bei den aufgeführten Werken Fußnoten (=FN) angegeben sind, wird im Text auf diese hingewiesen; in den Fällen, in denen keine FN aufgeführt sind, wurden die genannten Werke allgemein zugrunde gelegt.

H. Afheldt, Verteidigung und Frieden,
>   München 1979.
>   FN: 340.

F. Alt, Frieden ist möglich. Die Politik der Bergpredigt,
>   München - Zürich 1983.
>   FN: 146.

Th. v. Aquin, Summa Theologica, Band 17 B,

>   (Hsg.) Albertus Magnus-Akademie Walberberg.
>   FN: 412, 413.

H.J. Arndt, Clausewitz und der Einfluß der Seemacht,
>   in: Clausewitz-Gesellschaft (Hsg.), Freiheit ohne Krieg?
>   Bonn 1980.
>   FN: 474.

R. Aron, Penser la Guerre I/II,
>   Paris 1976 (im Nachlaß: RW 265-329);
>   FN: 353.
>   ders., Erkenntnis und Verantwortung. Lebenserinnerungen,
>   München 1985.
>   FN: 12, 344.

A. Augustinus, Vom Gottesstaat ('De civitate Dei'), Band I und II,
>   Zürich 1955.
>   FN: 408 - 410.

Autor anonym, Documentation. American Bombing of Libya,
>   in: Survival, 28, Heft 5, 1986, S. 446 f.
>   FN: 489.

N. Beschorner, Water and Instability in the Middle East,
>   in: Adelphi Paper 273, Winter 1992/93.
>   FN: 457.

Bibel - Neues Testament, Römerbrief, Kap. 7. Vers 15, 16 und 19.
>   FN: 56.

P. Billing, A. Busch u.a., Konflikte seit 1945,
>   Würzburg 1991.
>   FN: 451.

B. Bleckman, U.S. Security in the Twenty-First Century,
>   Westview Press 1987.
>   FN: - .

J. Bodin, Six livres de la République.
>   1576.
>   FN: 152.

E.-W. Böckenförde, Thesen zu Carl Schmitt,
>   Der Nomos der Erde im Jus Publicum Europaeum,
>   vom 25. April 1957
>   (mit Anmerkungen von Carl Schmitt, im Nachlaß: RW 265-323/M2);
>   FN: 58.
>   ders., Der verdrängte Ausnahmezustand.
>   Zum Handeln der Staatsgewalt in außergewöhnlichen Lagen,
>   in: Neue Juristische Wochenschrift, 31. Jg. Heft 38, S. 1881 ff.
>   vom 20. September 1978
>   (mit Widmung des Verfassers an Carl Schmitt und zahlreichen
>   Anmerkungen, Hervorhebungen und Unterstreichungen von Carl
>   Schmitt, im Nachlaß: RW 265-342/B).

FN: 232.
D. Bolton, The Utility of Maritime Power: Today and Tomorrow,
in: Journal of the Royal United Service Institute for Defense Studies,
131, 1986.
FN: - .
B. Boutros-Ghali, An Agenda for Peace.
Report of the Secretary-General, United Nations,
New York 1992.
FN: 462.
M. Brüggmann, Jelzin warnt den Westen vor einem Krieg,
in: Die Welt vom 9./10.09. 1995.
FN: 297.
J. Burckhardt, Weltgeschichtliche Betrachtungen,
Leipzig 1935; GW Band 4, Darmstadt 1962.
FN: 53, 165.
J. Cable, Gunboat Diplomacy 1919 - 1979.
Political Applications of Limited Naval Forces,
London 1981;
FN: 465.
ders., Showing the Flag. Past and Present,
in: Naval Forces, Vol. 8, 1987;
FN: 485 - 488.
ders., Britannia in the Baltic,
Unveröffentlichtes Vortragsmanuskript.
FN: 484.
E. Canetti, Masse und Macht,
Erstausgabe 1960; Frankfurt a.M. 1983.
FN: 120.
B. Clark, Idealism gives way to Disenchantment,
in: The Financial Times, 19. April 1994.
FN: 461.
C. v. Clausewitz, Vom Kriege,
Hinterlassenes Werk des Generals Carl von Clausewitz,
(Hsg.) E. Engelberg, O. Korfes, Berlin 1957.
FN: 352.
(Hsg.) W. Hahlweg, 18. Auflage, Bonn 1973;
FN: 163, 164, 321, 332, 351, 362, 364, 371, 388, 446,
466, 469 - 473, 490, 491, 496 - 507.
ders., Schriften - Aufsätze - Studien - Briefe,
(Hsg.) W. Hahlweg, Band 1, Göttingen 1966;
FN: 142, 335, 359, 366, 368, 369, 372, 423.
Band 2, 1. Teilband Göttingen 1990;
FN: 368, 369.
ders., Zwei Briefe des Generals von Clausewitz.

Gedanken zur Abwehr,
in: Militärwissenschaftliche Rundschau, 2. Jg., 1937;
FN: 347, 363, 492, 508.
ders., De la Révolution à la Restauration.
Ecrits et lettres.
Choix de textes traduits de l'allemand et présentés par Marie-Louise Steinhauser,
Paris 1976 (im Nachlaß: RW 265-120/B).
FN: 357.
ders., Umtriebe,
in: K. Schwartz, Leben des Generals von Clausewitz und der Frau Marie von Clausewitz,
2. Band, Berlin 1878,
FN: 365, 366.
ders., Über die politischen Vortheile und Nachtheile der preußischen Landwehr,
in: K. Schwartz, Leben des Generals von Clausewitz und der Frau Marie von Clausewitz,
FN: 370, 371.
Clausewitz-Gesellschaft (Hsg.), Freiheit ohne Krieg?
Bonn 1980.
FN: 432, 436, 474.
dies. (Hsg.), Frieden ohne Rüstung?
Herford-Bonn 1989.
FN: 340.
J. Conrad, The Mirror of the Sea,
The Albatross Modern Continental Library 305,
(mit zahlreichen Markierungen und Anmerkungen von Carl Schmitt, im Nachlaß: RW 265-191/ Nr. 3).
FN: 300.
H. Couteau-Begarie, La Puissance Maritime Soviétique,
Paris, Economica 1983.
FN: 484.
v. Dach, Der totale Widerstand,
4. Auflage, Biel 1972.
FN: 387, 400 - 402.
R. Dannreuther, Creating new States in Central Asia,
in: Adelphi Paper 288, March 1994.
FN: - .
F. Doepner, Die Familie des Kriegsphilosophen Carl von Clausewitz,
in: Der Herold, Vierteljahresschrift für Heraldik, Genealogie und verwandte Wissenschaften, Bd. 12, 30. Jg. 1987, Heft 3.
FN: 333.
T.N. Dupuy, A Genius for War.

The German Army and General Staff 1807 - 1945,
Prentice-Hall 1977.
FN: 328.
G. Dux, Die politische Philosophie Niccolo Macchiavellis ('Discorsi' und ' Der Fürst'),
Seminarvorlesung "Theorie des sozialen Wandels",
(im Nachlaß: RW 265-470/M9).
FN: 171.
J. Eberle, The Role of Maritime Power,
in: Naval Forces, Vol. 4, 1983.
FN: - .
G. Eisermann, Vilfredo Pareto - Ein Klassiker der Soziologie,
Tübingen 1987;
FN: 113.
ders., Aufstieg und Fall,
in: Der Staat, 30. Bd., Heft 1, Berlin 1991, S. 106 ff.;
FN: 86.
ders., Macchiavellis Rückkehr,
in: Der Staat, 32. Bd., Heft 1, Berlin 1993, S. 87 ff.
FN: 170.
L. Elliot, The Poor on Hire for Global Policing,
in: The Guardian, 28. Mai 1994.
FN: 461.
F. Engels, Die Lage der arbeitenden Klassen in England (1845),
MEW Bd. 2, Berlin 1957.
FN: 166.
Evangelische Akademie Berlin, Tagungsprogramm zum Thema: "Feind - Gegner - Konkurrent" vom 26. - 28. Nov. 1965
(handschriftlich von Carl Schmitt kommentiert,
im Nachlaß: RW 265-35 Nr. 32).
FN: 134.
A. Fadin, Spasmen der Gewalt.
Der soziale Sinn der postsowjetischen Kriege,
in: Blätter für internationale Politik, Juli 1993.
FN: 448.
T.J. Farer, An Inquiry into the Legitimacy of Humanitarian Intervention,
in: L. Damrosch, D. J. Scheffer (Hsg.),
Law and Force in the New International Order,
Boulder 1991, S. 185 ff.
FN: 460.
B. Ferencz, Defining International Aggression,
Bd. II, New York 1975.
FN: 433.
I. Fetscher, Thomas Hobbes. Leviathan,
Darmstadt/Neuwied 1966.

FN: 404.
J.L. Feuerbach, La Théorie du Großraum chez Carl Schmitt,
      in: H. Quaritsch (Hsg.), Complexio Oppositorum, Berlin 1988,
         S. 401 ff.
FN: 280.
J.G. Fichte, Der geschlossene Handelsstaat (1800),
    SW Bd. 3, 1845.
FN: 167.
W. Fredericia, Im Zeitalter der Angst vor dem Kriege.
    Zu einem neuen Buch von Carl Schmitt,
    in: Die Zeit, vom 12. Juni 1952, (im Nachlaß: RW 265-323/M2).
FN: - .
K.J. Gantzel, T. Schwinghammer u.a., Kriege der Welt,
    Bonn 1992.
FN: 449.
A. Gehlen, Moral und Hypermoral,
    Wiesbaden 1986.
FN: 53.
George, The Limits of Coercive Diplomacy: Laos, Cuba, Vietnam,
    Boston, MA, 1971.
FN: - .
V. Gerhardt, Immanuel Kants Entwurf 'Zum ewigen Frieden'.
    Eine Theorie der Politik,
    Darmstadt 1995.
FN: 153.
Goethe's Faust II,
    (mit Hinweis Carl Schmitt, im Nachlaß: RW 265-412/M4).
FN: 383.
J. Gottmann, La Politique des Etats et leur Géographie,
    Paris: 1952.
FN: 99.
W.G. Grewe, Epochen der Völkerrechtsgeschichte,
    1. Auflage, Baden-Baden 1984.
FN: 161, 510.
L. Gruchmann, Nationalsozialistische Großraumordnung
    - Die Konstruktion einer "deutschen Monroe-Doktrin",
    Stuttgart 1962.
FN: 280.
M. Hättich, Weltfrieden durch Friedfertigkeit?
    Eine Antwort an Franz Alt,
    München 1983.
FN: 146.
W. Hahlweg, Preussische Reformzeit und revolutionärer Krieg,
    in: Wehrwissenschaftliche Rundschau, Beiheft 18,
    Frankfurt a.M. 1962.

(handsigniertes Exemplar mit zahlreichen Hervorhebungen von Carl Schmitt, im Nachlaß: RW 265-54).
FN: 373.
K. Hansen, Feindberührungen mit versöhnlichem Ausgang,
in: K. Hansen, H. Lietzmann (Hsg.),
Carl Schmitt und die Liberalismus-Kritik,
Opladen 1988.
FN: 17.
U. v. Hassel, Im Wandel der Außenpolitik,
München 1939.
FN: 519.
G.W.F. Hegel, Grundlinien der Philosphie des Rechts
oder Naturrecht und Staatswissenschaft im Grundrisse,
Frankfurt a.M. 1976.
FN: 162, 309.
M. Heidegger, Platons Lehre von der Wahrheit,
Bern und München 1975.
FN: 411.
R. Hepp, Der harmlose Clausewitz.
Kritische Bemerkungen zu einem deutschen, englischen und französischen Beitrag zur Clausewitz-Renaissance,
in: Zeitschrift für Politik, Heft 3 u. 4, 1978.
FN: 341.
"Die Herrin der Meere"
Englands Flotte als Grundlage britischer Weltmacht,
Spiegel-Artikel 5, 1979
(im Nachlaß: RW 265-349/M1).
FN: 74.
K. Hesse, Der Feldherr Psychologos,
Berlin 1922.
FN: 121.
T. Hobbes, Leviathan (Introduction by A. D. Lindsay),
London 1962.
FN: 23, 149, 151, 217, 237.
H.J. v. Hößlin, Botschafter in Blau.
Ein Kampfschiffverband auf Auslandsreise,
in: Marineforum, S. 4, 1980.
FN: - .
W. Hofmann, Die Rolle von Steitkräften in der Außenpolitik,
in: Marineforum, S. 3, 1982.
FN: - .
S.P. Huntington, The Clash of Civilizations,
in: Foreign Affairs, Summer 1993, S. 22 ff.
FN: 102, 510.

A.J. Jongman, A.P. Schmid, Wars,
  Low Intensity Conflicts and Serious Disputes, 1993.
    FN: 450.
E. Jünger, An der Zeitmauer,
  Stuttgart 1959;
    FN: 316, 317.
  ders., In Stahlgewittern,
    Erstausgabe 1920; Stuttgart 1961;
      FN: 121.
  ders., Siebzig verweht III,
    Stuttgart 1993.
      FN: 8.
J.H. Kaiser, Europäisches Großraumdenken.
  Die Steigerung geschichtlicher Größen als Rechtsproblem,
  in: H. Barion u.a. (Hsg.), Epirrhosis - Festgabe für Carl Schmitt,
  2. Teilband, Berlin 1968.
    FN: 244.
K. Kaiser, S. Frhr. v. Welck (Hsg.), Weltraum und Internationale Politik,
  München 1987.
    FN: 440.
I. Kant, Zum ewigen Frieden. Ein philosophischer Entwurf,
  in: Abhandlungen nach 1781,
  AA, Band VIII, Berlin 1968;
    FN: 119, 153, 158, 160, 495.
  ders., Methaphysik der Sitten. Rechtslehre,
  AA, Band VI, Berlin 1968.
    FN: 154, 156.
H. Karst, Das Bild des Soldaten. Versuch eines Umrisses,
  3. Aufl. Boppard 1969
    FN: 121
G.F. Kennan, Around the Cracked Hill,
  A Personal and Political Philosophy,
  New York/London 1993.
    FN: 57, 329.
R. Kennedy, Thirteen Days,
  McCall Corp. 1968.
    FN: 243.
G.G. Kinzel, Die rechtliche Begründung der frühen portugiesischen Landnahmen
  an der westafrikanischen Küste zur Zeit Heinrichs des Seefahrers,
  Göppingen 1976.
    FN: 510.
H.A. Kissinger, Diplomacy,
  New York/London 1994;
    FN: 57, 527.

ders., Kernwaffen und Auswärtige Politik,
2. Auflage, München-Wien 1974.
FN: 493.
CH.W. Koburger, Military Power in Today's World. An American View,
in: Navy International, 6.86, 1981
FN: - .
A. Koestler, Der Mensch im Labyrinth der Sackgassen,
in: ders., Die Armut der Psychologie,
Bern/München 1980;
FN: 53.
ders., Der Trieb zur Selbstzerstörung.
Dankansprache anläßlich der Verleihung des Sonnigpreises an der Universität Kopenhagen im April 1968,
in: ders., Die Armut der Psychologie;
FN: 120.
ders., Sonnenfinsternis ('Darkness at Noon'),
engl. 1940, dt. 1948; Frankfurt/Berlin/Wien 1979.
FN: 27.
P. Kondylis, Planetarische Politik nach dem Kalten Krieg,
Berlin 1992;
FN: 173, 323.
ders., Die Rache des Südens.
Kommt die Epoche der Verteilungskämpfe?
in: Frankfurter Allgemeine Zeitung Nr. 97 vom 25. April 1992;
FN: 173.
ders., Theorie des Krieges.
Clausewitz - Marx - Engels - Lenin,
Stuttgart 1988;
FN: 341.
ders., Macht und Entscheidung.
Die Herausbildung der Weltbilder und die Wertfrage,
Stuttgart 1984;
FN: 100.
ders., Der Niedergang der bürgerlichen Denk- und Lebensform.
Die liberale Moderne und die massendemokratische Postmoderne,
Weinheim 1995;
FN: 28.
ders., Jurisprudenz, Ausnahmezustand und Entscheidung.
Grundsätzliche Bemerkungen zu Carl Schmitts 'Politische Theologie',
in: Der Staat, Heft 3, 1995, S. 325 ff.
FN: 232.
R. Kosellek, H.-G. Gadamer, Hermeneutik und Historik,
Heidelberg 1987.
FN: - .
C. Graf v. Krockow, Von deutschen Mythen. Rückblick und Ausblick,

Stuttgart 1995.
> FN: 2, 9.

D. van Laak, Gespräche in der Sicherheit des Schweigens.
> Carl Schmitt in der politischen Geistesgeschichte der frühen Bundesrepublik,
> Berlin 1993.
> FN: 7.

S. Lehming, Die Feindesliebe zwischen den politischen Systemen:
> Weder Ost noch West allein trägt das ganze Bild vom Menschen in sich,
> in: Deutsches Allgemeines Sonntagsblatt, Nr. 17 vom 28. April 1985.
> FN: 145, 147.

W.I. Lenin, Clausewitz' Werk "Vom Kriege". Auszüge und Randglossen,
> Berlin 1957.
> FN: 321.

B.H. Liddell Hart, Strategy,
> New York 1954.
> FN: 82.

K. Linnebach (Hsg.), Carl und Marie von Clausewitz.
> Ein Lebensbild in Briefen und Tagebuchblättern,
> Berlin 1917.
> FN: 358.

K. Löwith, Meaning in History.
> 1922.
> FN: 103.

M. Luther, Ob Kriegsleute auch in seligem Stande sein können?
> Weimarer Ausgabe 1526;
> FN: 414 - 418.

ders., Heerpredigt wider den Türken,
> Weimarer Ausgabe 1529.
> FN: 419.

H. Mackinder, Democratic Ideals and Reality.
> A Study in the Politics of Reconstruction,
> New York 1919.
> FN: 250.

A.T. Mahan, Der Einfluß der Seemacht auf die Geschichte 1660 - 1812,
> Übersetzung von Batsch und Paaschen, Berlin 1896/99.
> FN: 249, 475 - 483.

E. Marks, Clausewitz' Lehre vom Kriege,
> Sonderdruck aus: Wissen und Wehr, Heft 5, Berlin 1930 (im Nachlaß: RW 265-120/B).
> FN: 354, 355.

K. Marx, Der Bürgerkrieg in Frankreich (1871),
    MEW Bd 17, Berlin 1962.
    FN: 169.
G. Maschke, Carl Schmitt.
    Staat, Großraum, Nomos.
    Arbeiten aus den Jahren 1916 - 1969,
    Berlin 1995.
    FN: 280.
    ders., Der Tod des Carl Schmitt - Apologie und Polemik.
    Wien 1987.
    FN: 347.
H.W. Maull, Strategische Rohstoffe.
    Risiken für die wirtschaftliche Sicherheit des Westens,
    München 1988.
    FN: - .
Th.M. Menk, Frieden durch Weltlegalität,
    in: Der Staat, 32, 1993, S. 401 ff.;
    FN: 159, 459.
    ders., Gewalt für den Frieden.
    Die Idee der kollektiven Sicherheit und die Pathognomie des Krieges im 20. Jahrhundert,
    Berlin 1992.
    FN: 438, 459.
Gianfranco Miglio in der Einleitung zur italienischen Ausgabe von Carl Schmitt's "Begriff des Politischen".
    FN: 247.
Ch.O.E. Millotat, Understanding the Prussian-German General Staff System,
    Strategic Studies Institute,
    Carlisle Brks., March 20, 1992.
    FN: 328.
A. Mohler, Der heimliche Kanzler einer Koalition der Habenichtse.
    Zur Neuausgabe der Schriften des Geopolitikers Karl Haushofer,
    in: Die Welt, Nr. 275 vom 24. Nov. 1979
    (mit Anmerkungen und Unterstreichungen von Carl Schmitt, im Nachlaß: RW 265-472/M6).
    FN: - .
Viscount Montgomery of Alamein, Weltgeschichte der Schlachten und Kriegszüge,
    2 Bde., München 1975.
    FN: 244.
H.J. Morgenthau, Politics among Nations,
    New York 1960;
    FN: 57.
    ders., Macht und Frieden.

Grundlegung einer Theorie der internationalen Politik,
Gütersloh 1963;
FN: 296.
ders., Schranken der nationalen Macht: Das Gleichgewicht der Mächte,
in: ders., Macht und Frieden.
FN: 296.
K. Naumann, Vortrag vor dem Überseeclub Hamburg am 19.01.1994.
FN: 331, 509.
R. Niebuhr, Faith and History
- A Comparison of Christian and Modern Views of History,
New York 1949.
FN: 57.
E. Niekisch, Mystik gegen Maschine,
Rezension Werner von Trott zu Solz,
Widerstand heute oder das Abenteuer der Freiheit,
Düsseldorf 1958
(mit Unterstreichungen von Carl Schmitt,
im Nachlaß: RW 265-280/M1).
FN: - .
J. Niemeyer, Historische Briefe über die großen Kriegsereignisse im Oktober 1806,
Bonn 1977
(mit zahlreichen Anmerkungen und Hervorhebungen von Carl Schmitt,
im Nachlaß: RW 265-120/B).
FN: 356, 357.
F. Nietzsche, Also sprach Zarathustra,
Stuttgart 1975;
FN: 47.
ders., Menschliches, Allzumenschliches,
hsg. von K. Schlechta 2. Band, München-Wien 1980.
FN: 53, 512.
P. Noack, Carl Schmitt - Eine Biographie,
Propyläen Berlin/Frankfurt a.M. 1993.
FN: 10, 232, 334, 342.
J.E. Nolan, Ballistic Missiles in the Third World
- The Limits of Proliferation,
in: Arms Control Today, 1989;
FN: 445.
ders., Missile Mania - Some Rules for the Game,
in: Bulletin of the American Scientists, Nr. 46, 1990.
FN: 445.
E. Nolte, Der europäische Bürgerkrieg 1917 - 1945.
Nationalsozialismus und Bolschewismus,
4. Auflage 1989 Frankfurt a.M. und Berlin;
FN: 4.
ders., Geschichtsdenken im 20 Jahrhundert,
Frankfurt a.M. 1991.

FN: 4.
P. Paret, Clauswitz and the State,
Oxford 1976.
FN: 338, 494.
V. Pareto, Trattato di Sociologia Generale
(deutsche Ausgabe von C. Brinkmann:
Vilfredo Pareto, Allgemeine Soziologie, Tübingen 1955).
FN: 53, 113.
A. Peisl, A. Mohler (Hsg.), Der Ernstfall,
Berlin 1979
(mit zahlreichen Anmerkungen und Markierungen von Carl Schmitt,
im Nachlaß: RW 265-353).
FN: 233.
Pertz-Delbrück, Das Leben des Feldmarschalls Graf Neithardt von Gneisenau,
5 Bde., Berlin 1864 - 1880.
FN: 360.
S. Plaggemeier, Admiral A.T. Mahan, der Begründer des U.S. amerikanischen
Marineimperialismus,
in: Zeitschrift für Geopolitik, 13. Jg. Heft 11, Nov. 1941
(mit Unterstreichungen und Hervorhebungen von Carl Schmitt,
im Nachlaß: RW 265-191/B).
FN: - .
Platon, Sämtliche Werke, 3, Phaidon, Politeia,
Hamburg 1974.
FN: 116, 117.
H. Quaritsch, Positionen und Begriffe Carl Schmitts,
3. erweiterte Auflage, Berlin 1995;
FN: 5, 6, 208, 280, 337, 338, 425.
ders., Apokryphe Amnestien,
in: Politische Lageanalyse, Festschrift für Hans-Joachim Arndt,
Bruchsal 1993, S. 241 ff.;
FN: 181.
ders., Otto Brunner und die Wende in der deutschen Verfassungs-
geschichtsschreibung,
Unveröffentlichtes Manuskript vom Mai 1994;
FN: - .
ders., (Hsg.), Complexio Oppositorum - Über Carl Schmitt,
Berlin 1988;
FN: 10, 247, 342.
A. Rimbaud, Une saison en enfer, (1873)
Oeuvres, Paris 1950.
FN: 95.
H. Rothfels, Carl von Clausewitz,
Politische Schriften und Briefe,
München 1922;
FN: 361.
ders., Carl von Clausewitz,

Politik und Krieg. Eine ideengeschichtliche Studie.
　　　　　　Bonn 1980;
　　　　　　FN: 358, 367.
　　ders., Bismarck-Briefe,
　　　　　2. Auflage, Göttingen 1955.
　　　　　FN: 519.
E. v. Rotterdam, Die Klage des Friedens ('Querela pacis'),
　　　　München/Zürich 1985.
　　　　FN: 94.
J.J. Rousseau, Le Contrat social, (1762)
　　　　Paris 1964.
　　　　FN: 150.
A.H. Rueb, Die Schweiz hat keine Armee, sie ist eine Armee,
　　　　in: Die Welt, Beilage vom Juni 1985.
　　　　FN: 403.
B. Rüthers, Carl Schmitt im Dritten Reich,
　　　　2. erweiterte Auflage, München 1990;
　　　　FN: 2.
　　ders., Wer war Carl Schmitt?
　　　　Bausteine zu einer Biographie,
　　　　in: Neue Juristische Wochenschrift, 47. Jg. Heft 27, 6. Juli 1994.
　　　　FN: - .
D. Ruloff, Wie Kriege beginnen,
　　　　München 1985.
　　　　FN: - .
C.W. Sames, Pazifik - Weltwirtschaftszentrum von Morgen,
　　　　Düsseldorf 1988.
　　　　FN: - .
W. Schäfer, Der kritische Raum,
　　　　Frankfurt a.M. 1971
　　　　(mit Hervorhebungen Carl Schmitts, im Nachlaß: RW 265-31/M2).
　　　　FN: 458.
M. Scheler, Der Genius des Krieges und der Deutsche Krieg,
　　　　Leipzig 1915.
　　　　FN: 405 - 407.
T.C. Schelling, Arms and Influence,
　　　　Yale University Press 1966.
　　　　FN: 467, 468.
H. Schelsky, Der 'Begriff des Politischen'
　　　　und die politische Erfahrung der Gegenwart,
　　　　in: Der Staat, Jg. 22 Heft 3, 1983, S. 321 ff.
　　　　FN: - .
S. Schelz, Theorie des Partisanen.
　　　　Zu "Zwischenbemerkungen" von Carl Schmitt,
　　　　(im Nachlaß: RW 265-419/M10).
　　　　FN: 381.

H. Schmidt, Eine Strategie für den Westen,
    Berlin 1986.
        FN: 330.
M. Schmitz, Aporien der Staatstheorie(n) Carl Schmitts,
    in: W. Jäger, H.-O. Mühleisen, H.J. Veen (Hsg.),
    Republik und Dritte Welt.
    Festschrift für Dieter Oberdörfer zum 65. Geburtstag,
    Paderborn 1994, S. 393 ff.
        FN: 13.
D. Schössler, Revolutionäre Praxis und ihre Theorie.
    Der moderne bewaffnete Konflikt bei Clausewitz,
    in: M. Kaase (Hsg.), Politische Wissenschaft und politische Ordnung,
    Opladen 1986, S. 409 ff.;
        FN: 351.
    ders., Theorie und Praxis bei Clausewitz.
    Ein militärischer Revolutionär als Vorbild für die Bundeswehr?
    in: D. Bald (Hsg.), Militärische Verantwortung in Staat und Gesellschaft,
    Koblenz 1986, S. 49 ff.;
        FN: 351.
    ders., Das Wechselverhältnis von Theorie und Praxis
    bei Carl von Clausewitz,
    in: Archiv für Geschichte der Philosophie, Heft 1, 1989, S. 39 ff.;
        FN: 333.
    ders., Carl von Clausewitz, mit Selbstzeugnissen und Bilddokumenten,
    Reinbeck 1991,
        FN: 333, 336, 341.
R. Schroers, Der Partisan,
    Köln 1962.
        FN: 373.
U. Schulz, Kant,
    Hamburg 1965.
        FN: 157.
K. Schwartz, Leben des Generals von Clausewitz
    und der Frau Marie von Clausewitz,
    Zweiter Band, Berlin 1978.
        FN: 365, 366, 370, 371.
K.D. Schwarz, Carl von Clausewitz
    und das Verhältnis von Politik und Krieg heute,
    in: Geschichte und Gegenwart. Festschrift für K.D. Erdmann, hsg. von H. Boockmann, K. Jürgensen, G. Stoltenberg,
    Neumünster 1980, S. 443 ff.
        FN: 364.

Ferdinand Schwenkner, Brief an Carl Schmitt vom 27. Oktober 1980
(im Nachlaß: RW 265-329/K1).
FN: - .
G. Segal, China Changes Shape: Regionalism and Foreign Policy,
in: Adelphi Paper 287, March 1994.
FN: 525.
K. Seitz, u.a., Die planlosen Eliten,
München 1992.
FN: 89.
H.J. Sell, Patisan (Roman),
Düsseldorf 1962.
FN: 373.
A. Siegfried, La Fontaine, Machiavel Francais,
Ventadour, Paris 1955
(im Nachlaß: RW 265-229/M12-14).
FN: 37.
H. Speidel (Hsg.), Ludwig Beck. Studien,
Stuttgart 1955.
FN: 328.
N.J. Spykman, The Geography of Peace,
New York 1944.
FN: 526.
E. Staedler, Die westindische Raya von 1493 und ihr völkerrechtliches Schicksal,
in: Zeitschrift für Völkerrecht, Bd. 22, 2, 1938, S. 165ff.;
FN: 510.
ders., Zur Vorgeschichte der Raya von 1493,
in: Zeitschrift für Völkerrecht, Bd. 25, 1, 1941, S. 57 ff.
FN: 510.
R. Steinhaus, Konfliktfelder und Kräfte auf den Weltmeeren,
in: Europäische Wehrkunde, 8, 1984.
FN: - .
R. Suthoff-Groß,
in: Deutsches Recht, 13. Jg., 5./12. Juni 1943.
FN: 280.
J.E. Tashjean, The Transatlantic Clausewitz 1952 - 1982,
in: Naval War College Review, Vol. 35, 1982, S. 69 ff.;
FN: 349.
ders., Clausewitz: Naval and other Considerations,
in: Naval War College Review, Vol. 39 Nr. 2, 1986, S. 51 ff.;
FN: 349, 474.
ders., A Concept of War: Clausewitz Present and Future,
Arlington 1994.
FN: 362.

J. Taubes, Hebrew University Jerusalem,
> Brief an Armin Mohler vom 14. Februar 1952
> (mit Anmerkungen und Markierungen von Carl Schmitt,
> im Nachlaß: RW 265-407/M2).
> FN: 11, 343.

ders., Die politische Theologie des Paulus.
> Vorträge, gehalten an der Forschungsstätte der evangelischen Studiengemeinschaft in Heidelberg 23. - 27. Febr. 1987,
> München 1993.
> FN: 138, 186.

Thukydides, Geschichte des Peloponnesischen Krieges,
> München 1977.
> FN: 115, 118, 168, 244.

P. Tommissen, An Estimate of Carl Schmitt's Concept of the Partisan,
> (im Nachlaß: RW 265-284/M6);
> FN: 380, 396.

ders., Carl Schmitt - metajuristisch betrachtet.
> Seine Sonderstellung im katholischen Renouveau des Deutschlands der zwanziger Jahre,
> in: Criticón, 5. Jg., 1975, Nr. 30, S. 177 ff.;
> FN: - .

ders., De Guerillatheorie van Carl Schmitt,
> Sonderdruck aus: Recht in beweging.
> Opstellen aangeboden aan Prof. Mr. Ridder R. Victor,
> Antwerpen 1973, S. 1021 ff.;
> FN: 373.

ders., (Hsg.), Over en in zake Carl Schmitt,
> (Eclecticia, 5. Jg. Nr. 21 - 22 - 23), Brüssel 1975;
> FN: - .

ders., (Hsg.), Schmittiana I,
> (Eclecticia, 17. Jg. Nr. 71 - 72), Brüssel 1990;
> FN: - .

ders., (Hsg.), Schmittiana II,
> (Eclecticia, 19. Jg. Nr. 79 - 80), Brüssel 1990;
> FN: - .

ders., (Hsg.), Schmittiana III,
> (Eclecticia, 20. Jg. Nr. 84 - 85), Brüssel 1991;
> FN: - .

ders., (Hsg.), Schmittiana IV,
> Berlin 1994;
> FN: - .

ders., Liber Memorialis,
> Economische Hogesschool Limburg;
> FN: 216.

ders., Een Politicologische Initiatie in de Grootruimtetheorie van Carl Schmitt,
  in: Tijdschrift voor Sociale Wetenschappen, Rijksuniversiteit te Gent,
  33ste Jaargang, Nr. 2, 1988, S. 133 ff.
  FN: 279.
A.J. Toynbee, Krieg und Kultur ('War and Civilisation'),
  Frankfurt/Hamburg 1958;
  FN: 128 - 133.
  ders., The World and the West,
  1953.
  FN: 110.
F. Uhle-Wettler, Die Gesichter des Mars.
  Krieg im Wandel der Zeiten,
  Erlangen/Bonn/Wien 1989.
  FN: 172, 182.
G.L. Ulmen, Politischer Mehrwert.
  Eine Studie über Max Weber und Carl Schmitt,
  Weinheim 1991.
  FN: 92.
U.N.G.A. Official Records: 46th Session.
  Suppl. No. 10 (A/46/10).
  FN: 434.
E. Vad, Überlegungen zur Errichtung eines Generalstabes der Bundeswehr,
  Unveröffentlichte Denkschrift an den Generalinspekteur,
  Brüssel, im Juli 1993;
  FN: 328.
  ders., Gesamtstrategie und Nationale Führungsfähigkeit,
  in: Europäische Sicherheit, 6/1994.
  FN: 328.
E. Vietta, Raum, Ort und Recht,
  in: Frankfurter Allgemeine Zeitung, vom 11. April 1953,
  (im Nachlaß: RW 265-150/M5).
  FN: - .
P. Virilio, Geschwindigkeit und Politik,
  Berlin 1980
  (mit Unterstreichungen, Hervorhebungen und Anmerkungen von Carl
  Schmitt und seine Einlage im Buch,
  im Nachlaß: RW 265-343/Nr. 3).
  FN: 326.
E. Voegelin, Extended Strategy.
  A New Technique of Dynamic Relations,
  in: The Journal of Politics, Vol. II, 1940;
  FN: - .

ders., Some Problems of German Hegemony,
    in: The Journal of Politics, Nr. 1, February 1941.
        FN: - .
E. Vollrath, Das Verhältnis von Staat und Militär bei Clausewitz,
    in: J. Kunisch (Hsg.), Sonderdruck aus: Staatsverfassung und Heeresverfassung in der europäischen Geschichte der frühen Neuzeit, Bd. 28, Berlin 1986.
        FN: 348.
E. Wagemann, Clausewitz' rationale Theorie in Geschichte und Gegenwart,
    in: Clausewitz-Gesellschaft (Hsg.), Frieden ohne Rüstung?, Herford-Bonn 1989;
        FN: 340.
ders., "Neues Denken", Rückkehr zu Clausewitz!
    in: Clausewitz und das neue Denken in Europa, Sonderausgabe Militärgeschichtliches Beiheft zur: Europäischen Wehrkunde, 5, 1990.
        FN: 340.
J.L. Wallach, Das Dogma der Vernichtungsschlacht,
    Frankfurt a.M. 1967;
        FN: 328, 339.
ders., Misperceptions of Clausewitz' On War by the German Military,
    in: M. Handel (Ed.), Clausewitz and Modern Strategy, London 1986, S. 213 ff.
        FN: 328.
H. Walzer, Just and Unjust Wars.
    A Moral Argument with Historical Illustrations, Cambridge 1977.
        FN: 244.
M. Weber, Wirtschaft und Gesellschaft,
    Tübingen (1921) 1972;
        FN: 346.
ders., Gesammelte Aufsätze zur Wissenschaftslehre,
    (1922) 4. Auflage, Tübingen 1973;
        FN: 318 - 320.
ders., Politik als Beruf, (1919)
    München 1921, Stuttgart 1992.
        FN: 91.
C.F. v. Weizsäcker, Der Garten des Menschlichen.
    Beiträge zur geschichtlichen Anthropologie, München-Wien 1977.
        FN: 155.

S. Westphal, Der Deutsche Generalstab auf der Anklagebank,
    Nürnberg 1945 - 1948,
    mit einer Denkschrift von Walter von Brauchitsch, Erich von Manstein,
    Franz Halder, Walter Warlimont, Siegried Westphal,
    Mainz 1978.
        FN: 328.
B. Willms, Wo steht der Feind?
    in: Deutsche Zeitung. Christ und Welt, vom 7. Okt. 1977
    (im Nachlaß: RW 265-413/M5);
        FN: - .
  ders., Carl Schmitt - jüngster Klassiker des politischen Denkens?
    in: H. Quaritsch (Hsg.), Complexio Oppositorum. Über Carl Schmitt,
    Berlin 1988, S. 577 ff.
        FN: 10, 342.
L. Wittgenstein, Tractatus Logico Philosophicus.
    Logisch-philosophische Abhandlung,
    Frankfurt a.M. 1963.
        FN: 25.
G.-A. Wolter, A.T. Mahan.
    Der Einfluß der Seemacht auf die Geschichte 1660 - 1812,
    Herford 1967.
        FN: 249.
W. Wriston, Technology and Sovereignty,
    in: Foreign Affairs, Winter 1988/89, S. 63 ff.
        FN: 442.
E. Zechlin (Hsg.), Völker und Meere,
    Leipzig 1943
    (mit zahlreichen Anmerkungen, im Nachlaß: RW 265-451/B11).
        FN: 223.
T. Zimmermann, The American Bombing of Libya.
    A Success for Coercive Diplomacy,
    in: Survival, Vol. 29, Nr. 3, 1987, S. 195 ff.
        FN: 489.

First published in German under the title Strategie und Sicherheitspolitik: Perspektiven im Werk von Carl Schmitt, by Erich Vad, edition: 1
Copyright © Westdeutscher Verlag GmbH, Opladen, 1996
This edition has been translated and published under licence from Springer Fachmedien Wiesbaden GmbH, part of Springer Nature. Springer Fachmedien Wiesbaden GmbH, part of Springer Nature takes no responsibility and shall not be made liable for the accuracy of the translation.

版权所有，翻版必究。
北京市版权局著作权合同登记号：图字 01-2024-2436 号

图书在版编目（CIP）数据

施米特与国际战略 /（德）埃里希·瓦德著；温玉伟译. -- 北京：华夏出版社有限公司, 2025. -- （西方传统：经典与解释）.
ISBN 978-7-5222-0838-1
Ⅰ.B516.59；D5
中国国家版本馆 CIP 数据核字第 2025JH6423 号

施米特与国际战略

作　　者	［德］埃里希·瓦德（Erich Vad）
译　　者	温玉伟
责任编辑	马涛红
美术编辑	殷丽云
责任印制	刘　洋
出版发行	华夏出版社有限公司
经　　销	新华书店
印　　装	三河市万龙印装有限公司
版　　次	2025 年 8 月北京第 1 版 2025 年 8 月北京第 1 次印刷
开　　本	880×1230　1/32
印　　张	10.5
字　　数	236 千字
定　　价	88.00 元

华夏出版社有限公司　地址：北京市东直门外香河园北里 4 号　邮编：100028
网址：www.hxph.com.cn　电话：(010)64663331(转)
若发现本版图书有印装质量问题，请与我社营销中心联系调换。

西方传统：经典与解释
Classici et Commentarii
HERMES
刘小枫◎主编

古今丛编

罗马兴志　[古希腊]珀律比俄斯 著
迷宫的线团　[英]弗朗西斯·培根 著
伊菲革涅亚　吴雅凌 编译
哲学、历史与僭政　[美]伯恩斯、弗罗斯特 编
克尔凯郭尔　[美]江思图 著
货币哲学　[德]西美尔 著
追忆施特劳斯　张培均 编
施特劳斯学述　[德]考夫曼 著
欧洲中世纪诗学选译　宋旭红 编译
论源初遗忘　[美]维克利 著
阅读施特劳斯　[美]斯密什 著
施特劳斯与流亡政治学　[美]谢帕德 著
驯服欲望　[法]科耶夫 等著
孟德斯鸠的自由主义哲学　[美]潘戈 著
莫尔及其乌托邦　[德]考茨基 著
试论古今革命　[法]夏多布里昂 著
但丁：皈依的诗学　[美]弗里切罗 著
在西方的目光下　[英]康拉德 著
大学与博雅教育　董成龙 编
探究哲学与信仰　[美]郝岚 著
民主的本性　[法]马南 著
梅尔维尔的政治哲学　李小均 编/译
席勒美学的哲学背景　[美]维塞尔 著
果戈里与鬼　[俄]梅列日科夫斯基 著
自传性反思　[美]沃格林 著
黑格尔与普世秩序　[美]希克斯 等著
新的方式与制度　[美]曼斯菲尔德 著
科耶夫的新拉丁帝国　[法]科耶夫 等著
《利维坦》附录　[英]霍布斯 著
或此或彼（上、下）　[丹麦]基尔克果 著
海德格尔式的现代神学　刘小枫 选编
双重束缚　[法]基拉尔 著
古今之争中的核心问题　[德]迈尔 著
论永恒的智慧　[德]苏索 著
宗教经验种种　[美]詹姆斯 著
尼采反卢梭　[美]凯斯·安塞尔-皮尔逊 著
舍勒思想评述　[美]弗林斯 著
诗与哲学之争　[美]罗森 著
神圣与世俗　[罗]伊利亚德 著
但丁的圣约书　[美]霍金斯 著

古典学丛编

法律与理性　汪雄 娄林 选编
伊壁鸠鲁主义的政治哲学
　[意]詹姆斯·尼古拉斯 著
迷狂与真实之间　[英]哈利威尔 著
品达《皮托凯歌》通释　[英]伯顿 著
俄耳甫斯祷歌　吴雅凌 译注
荷马笔下的诸神与人类德行　[美]阿伦斯多夫 著
赫西俄德的宇宙　[美]珍妮·施特劳斯·克莱 著
论王政　[古罗马]金嘴狄翁 著
论希罗多德　[苏]卢里叶 著
探究希腊人的灵魂　[美]戴维斯 著
尤利安文选　马勇 编/译
论月面　[古罗马]普鲁塔克 著
雅典谐剧与逻各斯　[美]奥里根 著
菜园哲人伊壁鸠鲁　罗晓颖 选编
劳作与时日（笺注本）　[古希腊]赫西俄德 著
神谱（笺注本）　[古希腊]赫西俄德 著
赫西俄德：神话之艺　[法]居代·德拉孔波 编
希腊古风时期的真理大师　[法]德蒂安 著
古罗马的教育　[英]葛怀恩 著
古典学与现代性　刘小枫 编
表演文化与雅典民主政制
　[英]戈尔德希尔、奥斯本 编
西方古典文献学发凡　刘小枫 编

古典语文学常谈　[德]克拉夫特 著
古希腊文学常谈　[英]多佛 等著
撒路斯特与政治史学　刘小枫 编
希罗多德的王霸之辨　吴小锋 编/译
第二代智术师　[英]安德森 著
英雄诗系笺释　[古希腊]荷马 著
统治的热望　[美]福特 著
论埃及神学与哲学　[古希腊]普鲁塔克 著
凯撒的剑与笔　李世祥 编/译
修昔底德笔下的人性　[美]欧文 著
修昔底德笔下的演说　[美]斯塔特 著
古希腊政治理论　[美]格雷纳 著
赫拉克勒斯之盾笺释　罗逍然 译笺
《埃涅阿斯纪》章义　王承教 选编
维吉尔的帝国　[美]阿德勒 著
塔西佗的政治史学　曾维术 编
幽暗的诱惑　[美]汉密尔顿 著

古希腊诗歌丛编

古希腊早期诉歌诗人　[英]鲍勒 著
诗歌与城邦　[美]费拉格、纳吉 主编
阿尔戈英雄纪（上、下）
　[古希腊]阿波罗尼俄斯 著
俄耳甫斯教辑语　吴雅凌 编译

古希腊肃剧注疏

欧里庇得斯及其对雅典人的教诲
　[美]格里高利 著
欧里庇得斯与智术师　[加]科纳彻 著
欧里庇得斯的现代性　[法]德·罗米伊 著
自由与僭越　罗峰 编译
希腊肃剧与政治哲学　[美]阿伦斯多夫 著

古希腊礼法研究

宙斯的正义　[英]劳埃德-琼斯 著
希腊人的正义观　[英]哈夫洛克 著

廊下派集
　剑桥廊下派指南　[加]英伍德 编
　廊下派的苏格拉底　程志敏 徐健 选编
　廊下派的神和宇宙　[墨]里卡多·萨勒斯 编
　廊下派的城邦观　[英]斯科菲尔德 著

希伯莱圣经历代注疏
　希腊化世界中的犹太人　[英]威廉逊 著
　第一亚当和第二亚当　[德]朋霍费尔 著

新约历代经解
　属灵的寓意　[古罗马]俄里根 著

基督教与古典传统
　保罗与马克安　[德]文森 著
　加尔文与现代政治的基础　[美]汉考克 著
　无执之道　[德]文森 著
　恐惧与战栗　[丹麦]基尔克果 著
　托尔斯泰与陀思妥耶夫斯基
　　[俄]梅列日科夫斯基 著
　论宗教大法官的传说　[俄]罗赞诺夫 著
　海德格尔与有限性思想（重订版）
　　刘小枫 选编
　上帝国的信息　[德]拉加茨 著
　基督教理论与现代　[德]特洛尔奇 著
　亚历山大的克雷芒　[意]塞尔瓦托·利拉 著
　中世纪的心灵之旅　[意]圣·波纳文图拉 著

德意志古典传统丛编
　传奇与诗　[德]特蕾西娅·比肯豪尔 著
　论德意志文学及其他　[德]弗里德里希二世 著
　卢琴德　[德]弗里德里希·施勒格尔 著
　黑格尔论自我意识　[美]皮平 著
　克劳塞维茨论现代战争　[澳]休·史密斯 著
　《浮士德》发微　谷裕 选编
　尼伯龙人　[德]黑贝尔 著
　论荷尔德林　[德]沃尔夫冈·宾德尔 著
　彭忒西勒亚　[德]克莱斯特 著
　穆佐书简　[奥]里尔克 著

纪念苏格拉底——哈曼文选 刘新利 选编
夜颂中的革命和宗教 [德]诺瓦利斯 著
大革命与诗化小说 [德]诺瓦利斯 著
黑格尔的观念论 [美]皮平 著
浪漫派风格——施勒格尔批评文集 [德]施勒格尔 著

巴洛克戏剧丛编
克里奥帕特拉 [德]罗恩施坦 著
君士坦丁大帝 [德]阿旺西尼 著
被弑的国王 [德]格吕菲乌斯 著

美国宪政与古典传统
美国1787年宪法讲疏 [美]阿纳斯塔普罗 著

启蒙研究丛编
动物哲学 [法]拉马克 著
赫尔德的社会政治思想 [加]巴纳德 著
论古今学问 [英]坦普尔 著
历史主义与民族精神 冯庆 编
浪漫的律令 [美]拜泽尔 著
现实与理性 [法]科维纲 著
论古人的智慧 [英]培根 著
托兰德与激进启蒙 刘小枫 编
图书馆里的古今之战 [英]斯威夫特 著

政治史学丛编
普遍历史中的政治单元及其权力
[德]奥托·韦斯特法尔 著
启蒙叙事 [英]欧布里恩 著
历史分期与主权 [美]凯瑟琳·戴维斯 著
驳马基雅维利 [普鲁士]弗里德里希二世 著
现代欧洲的基础 [英]赖希 著
克服历史主义 [德]特洛尔奇 等著
胡克与英国保守主义 姚啸宇 编
古希腊传记的嬗变 [意]莫米利亚诺 著
伊丽莎白时代的世界图景 [英]蒂利亚德 著
西方古代的天下观 刘小枫 编
从普遍历史到历史主义 刘小枫 编

自然科学史与玫瑰 [法]雷比瑟 著

地缘政治学丛编
地缘政治学的黄昏 [美]汉斯·魏格特 著
大地法的地理学 [英]斯蒂芬·莱格 编
地缘政治学的起源与拉采尔 [希腊]斯托杨诺斯 著
施米特的国际政治思想 [英]欧迪瑟乌斯/佩蒂托 编
克劳塞维茨之谜 [英]赫伯格-罗特 著
太平洋地缘政治学 [德]卡尔·豪斯霍弗 著

世界历史地理丛编
黑格尔世界史哲学疏证 [美]彼得·霍奇林 著
施米特与国际战略 [德]埃里希·瓦德 著
布克哈特书信选 [瑞士]雅各布·布克哈特 著

荷马注疏集
不为人知的奥德修斯 [美]诺特维克 著
模仿荷马 [美]丹尼斯·麦克唐纳 著

阿里斯托芬集
《阿卡奈人》笺释 [古希腊]阿里斯托芬 著

色诺芬注疏集
居鲁士的教育 [古希腊]色诺芬 著
色诺芬的《会饮》 [古希腊]色诺芬 著

柏拉图注疏集
《苏格拉底的申辩》集注 程志敏 辑译
挑战戈尔戈 李致远 选编
论柏拉图《高尔吉亚》的统一性 [美]斯托弗 著
立法与德性——柏拉图《法义》发微 林志猛 编
柏拉图的灵魂学 [加]罗宾逊 著
柏拉图书简 彭磊 译注
克力同章句 程志敏 郑兴凤 撰
哲学的奥德赛——《王制》引论 [美]郝兰 著
爱欲与启蒙的迷醉 [美]贝尔格 著
为哲学的写作技艺一辩 [美]伯格 著
柏拉图式的迷宫——《斐多》义疏 [美]伯格 著
苏格拉底与希琵阿斯 王江涛 编译
理想国 [古希腊]柏拉图 著

谁来教育老师　刘小枫 编
立法者的神学　林志猛 编
柏拉图对话中的神　[法]薇依 著
厄庇诺米斯　[古希腊]柏拉图 著
智慧与幸福　程志敏 选编
论柏拉图对话　[德]施莱尔马赫 著
柏拉图《美诺》疏证　[美]克莱因 著
政治哲学的悖论　[美]郝岚 著
神话诗人柏拉图　张文涛 选编
阿尔喀比亚德　[古希腊]柏拉图 著
叙拉古的雅典异乡人　彭磊 选编
阿威罗伊论《王制》　[阿拉伯]阿威罗伊 著
《王制》要义　刘小枫 选编
柏拉图的《会饮》　[古希腊]柏拉图 等著
苏格拉底的申辩（修订版）　[古希腊]柏拉图 著
苏格拉底与政治共同体　[美]尼柯尔斯 著
政制与美德——柏拉图《法义》疏解　[美]潘戈 著
《法义》导读　[法]卡斯代尔·布舒奇 著
论真理的本质　[德]海德格尔 著
哲人的无知　[德]费勃 著
米诺斯　[古希腊]柏拉图 著
情敌　[古希腊]柏拉图 著

亚里士多德注疏集

亚里士多德论政体　崔嵬、程志敏 编
《诗术》译笺与通绎　陈明珠 撰
亚里士多德《政治学》中的教诲　[美]潘戈 著
品格的技艺　[美]加佛 著
亚里士多德哲学的基本概念　[德]海德格尔 著
《政治学》疏证　[意]托马斯·阿奎那 著
尼各马可伦理学义疏　[美]罗娜·伯格 著
哲学之诗　[美]戴维斯 著
对亚里士多德的现象学解释　[德]海德格尔 著
城邦与自然——亚里士多德与现代性　刘小枫 编
论诗术中篇义疏　[阿拉伯]阿威罗伊 著
哲学的政治　[美]戴维斯 著

普鲁塔克集

普鲁塔克的《对比列传》　[英]达夫 著
普鲁塔克的实践伦理学　[比利时]胡芙 著

阿尔法拉比集

政治制度与政治箴言　阿尔法拉比 著

马基雅维利集

解读马基雅维利　[美]麦考米克 著
君主及其战争技艺　娄林 选编

莎士比亚绎读

哲人与王者　[加]克雷格 著
莎士比亚的罗马　[美]坎托 著
莎士比亚的政治智慧　[美]伯恩斯 著
脱节的时代　[匈]阿格尼斯·赫勒 著
莎士比亚的历史剧　[英]蒂利亚德 著
莎士比亚戏剧与政治哲学　彭磊 选编
莎士比亚的政治盛典　[美]阿鲁里斯/苏利文 编
丹麦王子与马基雅维利　罗峰 选编

洛克集

洛克现代性政治学之根　[加]金·I.帕克 著
上帝、洛克与平等　[美]沃尔德伦 著

卢梭集

致博蒙书　[法]卢梭 著
政治制度论　[法]卢梭 著
哲学的自传　[美]戴维斯 著
文学与道德杂篇　[法]卢梭 著
设计论证　[美]吉尔丁 著
卢梭的自然状态　[美]普拉特纳 等著
卢梭的榜样人生　[美]凯利 著

莱辛注疏集

汉堡剧评　[德]莱辛 著
关于悲剧的通信　[德]莱辛 著
智者纳坦（研究版）　[德]莱辛 等著
启蒙运动的内在问题　[美]维塞尔 著
莱辛剧作七种　[德]莱辛 著

历史与启示——莱辛神学文选 [德]莱辛 著
论人类的教育 [德]莱辛 著

尼采注疏集
尼采引论 [德]施特格迈尔 著
尼采与基督教 刘小枫 编
尼采眼中的苏格拉底 [美]丹豪瑟 著
动物与超人之间的绳索 [德]A.彼珀 著

施特劳斯全集
思索马基雅维利
论法拉比与迈蒙尼德
苏格拉底与阿里斯托芬
论僭政（重订本） [美]施特劳斯 [法]科耶夫 著
苏格拉底问题与现代性（第三版）
犹太哲人与启蒙（增订本）
霍布斯的宗教批判
斯宾诺莎的宗教批判
门德尔松与莱辛
哲学与律法——论迈蒙尼德及其先驱
迫害与写作艺术
柏拉图式政治哲学研究
论柏拉图的《会饮》
柏拉图《法义》的论辩与情节
什么是政治哲学
古典政治理性主义的重生（重订本）
回归古典政治哲学——施特劳斯通信集

施特劳斯讲学录
《王制》讲疏
洛克的政治哲学
马克思的政治哲学
苏格拉底面对美诺
维柯讲疏
苏格拉底与居鲁士
追求高贵的修辞术
　——柏拉图《高尔吉亚》讲疏（1957）

斯宾诺莎的政治哲学

施米特集
宪法专政 [美]罗斯托 著
施米特对自由主义的批判 [美]约翰·麦考米克 著

伯纳德特集
古典诗学之路（第二版） [美]伯格 编
弓与琴（第三版） [美]伯纳德特 著
神圣的罪业 [美]伯纳德特 著

布鲁姆集
伊索克拉底的政治哲学
巨人与侏儒（1960-1990）
人应该如何生活——柏拉图《王制》释义
爱的设计——卢梭与浪漫派
爱的戏剧——莎士比亚与自然
爱的阶梯——柏拉图的《会饮》

沃格林集
自传体反思录

朗佩特集
施特劳斯与尼采
哲学与哲学之诗
尼采与现时代
尼采的使命
哲学如何成为苏格拉底式的
施特劳斯的持久重要性

迈尔集
施米特的教训
何为尼采的扎拉图斯特拉
政治哲学与启示宗教的挑战
隐匿的对话
论哲学生活的幸福